Julius Knipfer

Das kirchliche Volkslied in seiner geschichtlichen Entwicklung

Julius Knipfer

Das kirchliche Volkslied in seiner geschichtlichen Entwicklung

ISBN/EAN: 9783743431737

Hergestellt in Europa, USA, Kanada, Australien, Japan

Cover: Foto ©Lupo / pixelio.de

Weitere Bücher finden Sie auf **www.hansebooks.com**

Das

Kirchliche Volkslied

in seiner geschichtlichen Entwicklung

von

J. Knipfer,

Stiftspfarrer in Altenburg.

Bielefeld und Leipzig.

Verlag von Velhagen & Klasing.

1875.

Vorwort.

Die vorliegende Schrift will nichts anderes als ein monographischer Versuch sein, die Hauptmomente aus der geschichtlichen Entwicklung des deutschen Kirchenliedes in einer für weitere Kreise bemessenen Form und Auswahl zu einer übersichtlichen und zusammenhängenden Darstellung zu bringen.

Es besteht ja ohne Zweifel auch unter vielen von denjenigen deutschen Christen, die sich mit dem Kirchenliede nicht von Berufs wegen zu beschäftigen haben, ein ebenso erklärliches wie berechtigtes Bedürfniß, sich an den Liedern der Kirche nicht blos zu erbauen öffentlich und sonderlich, sondern auch in den Gang und Organismus ihres geschichtlichen Lebens einen tiefern Einblick zu thun, als dies mit Hülfe der allgemeinen Literaturgeschichte möglich ist.

Nicht wenige von den zahlreichen Mißverständnissen und Vorurtheilen, unter denen namentlich viele ältere Lieder selbst von Seiten sonst Wohlgesinnter noch andauernd zu leiden haben, dürften zum nicht geringsten Theile doch auch daher rühren, daß dem religiösen und ästhetischen Urtheil über die Lieder die unerläßliche geschichtliche Unterlage fehlt. Wir schauen ein Lied und ein Lied schaut uns ganz anders an, je nachdem es ent-

Inhalt.

1. Das geistliche Volkslied.

Die Anfänge des deutschen geistlichen Volksliedes liegen im IX. Jahrhundert. Es sind allerdings schon vor dieser Zeit verschiedene deutsche Stämme mit dem Christenthum bekannt und zu ihm bekehrt worden. Bereits in den Tagen der Römerherrschaft vernahm man in einzelnen deutschen Gauen die Kunde von dem gewaltigen Christengott. Im V. Jahrhundert predigte der Abt Severinus in dem heutigen Baiern und Oestreich, im VI. der fränkische Einsiedler St. Goar am Rhein das Evangelium. Von geistlichen Liedern in deutscher Sprache verlautet jedoch aus dieser frühen Zeit noch nichts. Eine geraume Zeit ist, so scheint es, verflossen, bevor bei einem der bekehrten deutschen Stämme die Möglichkeit oder das Bedürfniß sich zeigte, das Lob des Herrn in der Muttersprache zu singen.

Dies darf nicht überraschen. Denn wohl stand mit Sicherheit zu erwarten, daß die Botschaft vom Christenthum, dieser Religion des Kampfes und der Treue, der Lieder und der Waffen, gerade in dem germanischen Volksherzen schließlich einen mächtigen Widerhall finden werde. Es liegt eine Wahrheit in der Rede von der Prädisposition des Germanenthums für das Christenthum. Wir denken dabei zunächst an die religiösen Anschauungen unserer heidnischen Altvordern. Die nordische Mythologie, die doch zugleich auch die deutsche ist, enthält viele vereinzelte Wahrheitsmomente, welche blos geläutert und vertieft zu werden brauchten, um der christlichen Heilsbotschaft als höchst förderliche Unterlage zu dienen. Die heidnisch = germanische Weltanschauung ist eine durchaus geistig = sittliche. Es liegt ihr der Gedanke zu Grunde, daß diese Welt verderbt sei und darum untergehen müsse, damit sie zu einer neuen herrlichen Wiedergeburt gelange. Durch den germanischen Polytheismus geht, wie freilich mehr oder weniger durch alle Vielgötterei, ein ausgesprochen mono= theistischer Zug. In ihren heiligen Liedern singen die Skalden von einem mächtigen Gotte, der kommen soll. Doch ihn zu nennen wagen sie nicht.*)

Doch stieß die Botschaft von Christo auch in Deutschland zunächst auf ein hartnäckig widerstrebend Geschlecht. Offiziell längst christlich blieb unser Volk trotz aller natürlichen Berührungspunkte mit dem Christenthum in Sitte, Sprache und Gemüthsart noch Jahrhunderte lang wesentlich heidnisch. Schrittweis nur, in mühsamem Ringen mit einem Gegner, dessen ungezählte Bollwerke einzeln genommen sein wollten, gelang es den neuen christlichen Ideen, sich schließlich zu unbestrittener Herrschaft hindurchzuarbeiten. Es war wie ein Kampf der Winterriesen mit den Sommerriesen. Die alt= germanische Treue und der unbändige Freiheitstrotz in der Fülle jugendlicher noch ungebrochener Natur= und Volkskraft geboten das Festhalten an dem alten Götterglauben so lange, bis die siegreiche Ueberlegenheit des neuen durch Zeichen und Wunder unwiderleglich erwiesen war. Ja selbst als der

---

*) Eine populäre Darstellung der nordischen Mythologie gibt Werner Hahn in der Schrift: Edda, Lieder germ. Göttersage. Berlin 1872.

alte Eichstamm vom Strahle des Wortes Gottes getroffen am Boden lag und Bonifacius aus dem Holz der Donner= eiche bei Geismar die erste Kapelle errichtet hatte, wucherten die Wurzeln noch lange triebkräftig weiter. Der äußerlichen Bekehrung folgte die Gefangennehmung von Herz und Sinn unter den Gehorsam der Kirche nur sehr allmählich nach. Trug doch in den Tagen jenes großen Heidenapostels sogar ein deutscher Bischof, Gewilieb, kein Bedenken, an dem Mörder seines Vaters, des Bischofs Gerold von Mainz, das altheidnische Recht der Blutrache zu üben. Mit den Worten: »Zur Rache für meinen geliebten Vater!« stieß er dem Mörder, einem sächsischen Edlen, das Schwert in die Brust. Getaufte Franken verkauften ihre Leibeigenen an Heiden zu Menschenopfern. Opferfeste, Zeichendeuterei, Zauberei gingen auch noch in solchen Gegenden in Schwange, die schon längst für die Kirche gewonnen waren.

So lange aber der Kampf des Christenthums mit dem nationalen Heidenthum die Gemüther nicht zur Ruhe kommen ließ und immer nur einzelne, namentlich Frauen, den christ= lichen Glauben sich innerlich angeeignet hatten, so lange war an die Entstehung einer deutsch=christlichen Poesie aus des Volkes eigener Initiative nicht zu denken. Denn wovon ein Volk noch nicht im Innersten bewegt wird, was es noch nicht lebt, das singt es auch nicht aus eigenem Antriebe, wenn es anders wahr ist, daß in der Poesie sich spiegelt des Volkes Herz.*)

Gleichwohl behält der Dichter Platen recht, wenn er sagt: »So oft in erneuerndem Umschwung, in verjüngter Gestalt

---

*) Vgl. R. v. Raumer, Vom deutschen Geiste. 2. Aufl. 1850. Ferner von demselben Verfasser: Die Einwirkung des Christenthums auf die althochdeutsche Sprache. Stuttgart 1845.

aufstrebte die Welt, klang auch ein germanisches Lied nach.« Das Lied klang allerdings nach, aber nur nicht gleich. Der werdende deutsche Christophoros beobachtete, wie man annehmen muß, dem Evangelium gegenüber ein beredtes poetisches Stillschweigen. Noch genügten ihm seine alten Götter= und Heldenlieder. Die römische Kirche aber hatte ihrerseits auch kein zwingendes Interesse daran, das Bedürfniß nach geist= lichem Volksgesang zu wecken. Sie bedurfte desselben nicht. Denn das Christenthum, wie sie es verstand und verkündigte, schloß jegliche mitbauende Antheilnahme des Volkes prinzipiell aus. Ihr Kultus war ein bereits fertig ausgebautes, nach strengen Ordnungen geregeltes Priesterhaus, und ihre Aufgabe, für dasselbe Bewohner zu erziehen, die sich der kirchlichen Hausordnung schweigend und gehorsam unterwarfen. In dem kirchlichen Gottesdienste, der ausschließlich vom lateinischen Priester= und Chorgesang beherrscht wurde, war für deutschen Gemeindegesang kein Raum.

Trotzdem würde es höchst unpädagogisch und unrömisch dazu gewesen sein, wenn die Kirche den germanischen Volks= geist, der ihr ohnehin Mühe genug machte, gerade auf dem so wichtigen Gebiete des Volksgesanges lediglich sich selbst hätte überlassen wollen. Sie mußte vielmehr von allem Anfang an darauf Bedacht nehmen, der heidnischen Gewohn= heit des Mitsingens Rechnung zu tragen und die ausgesprochene Gesangeslust des Volkes, die sie nicht unterdrücken konnte, sich irgendwie dienstbar zu machen.

Es geschah dies aber in der Weise, daß man kirchlicher= seits das Volk an den Gesang eines kurzen Rufes zu gewöhnen suchte, der sich aus der morgenländischen in die abendländische Kirche verpflanzt hatte. Der Ruf bestand aus den Anfangsworten der römischen Litanei: Kyrie eleison! Herr, erbarme dich unser!

Dies war zunächst alles, was man dem Volke als Ant=
wort auf den Gesang des Klerus oder auch als selbständige
Weise gestattete. Möglich, daß das Volk überhaupt noch
nicht mehr vertrug. Es hat sich jedenfalls lange Zeit an
diesem bedeutungsvollen Rufe genügen lassen.

Bis tief ins IX. Jahrhundert scheint das Kyrie die ein=
zige Art des geistlichen Volksgesanges gewesen zu sein. Nicht
blos des Sonntags in der Kirche, auch auf dem Wege zur
Vesper und zu den Metten, beim Aus= und Eintreiben des
Viehs, bei Leichenbegängnissen, bei Bittgängen in schwerer
Zeit, bei der Installation eines Bischofs, wenn sich ein Wunder
ereignet hatte oder ein mit Wein beladener Ochsenwagen
von der Brücke ins Wasser gefallen war, wurde gerufen:
Kyrie eleison! oft in 300maliger Wiederholung. Auch als
Schlachtruf war das Kyrie allgemein üblich. In dem sog.
Ludwigsliede, welches den Sieg König Ludwigs III. über
die Normannen bei Saucourt (881) feiert, wird erzählt:
»Der König ritt muthig, sang ein Lied heilig, und allesammen
sungen: Kyrie eleison! Sang war ausgesungen, Kampf ward
begonnen.«

Der Ruf erlitt jedoch infolge seines häufigen Gebrauchs
im Volksmunde nicht nur arge Verstümmelungen (die hart=
köpfigen Slaven in der Merseburger Gegend verdrehten die
Worte Kyrie eleison in Ukrivolsa, d. h. eine Erle steht im
Busch), sondern scheint auch allmählich in ein wüstes Geschrei
ausgeartet zu sein. Das Volk muß fortwährend ermahnt
werden, nicht so dörperlich und rustice zu schreien, sondern
die Sache besser zu lernen. Die alte unbändige Gesanges=
art, von welcher Tacitus in seiner Germania*) eine so
drastische Schilderung entwirft, war noch zu sehr mit den

---

*) Tacitus Germania, übers. von Bacmeister. Stuttgart 1868. Kap. III.

neuen Christen verwachsen, als daß sie dieselbe alsbald hätten
verleugnen können. Vermeinten doch die ausländischen Gesang=
meister, welche Karl d. Gr. in sein Reich berief, bei dem
Gesang »dieser mitternächtigen Kehlen« das Getöse des
Donners und Unwetters oder das Geräusch schwerer Wagen
zu vernehmen, die von einer holperichten Anhöhe herabrollen.

Um nun den Uebelständen abzuhelfen, welche das Singen
ohne zureichende verständliche Worte mit sich brachte, begann
man im IX. Jahrhundert den lang hingezogenen Tönen des
Kyrie deutsche Worte unterzulegen. Auf diese Weise, die
jedoch andere Entstehungsursachen nicht ausschließt, gelangte
das Volk allmählich zu seinen geistlichen Liedern, von da an
Leisen oder Kirleisen genannt.*)

Die Verfasser derselben waren noch ausschließlich Geistliche
von christlicher Einsicht und nationaler Gesinnung. Einen
besondern poetischen Eifer im Dienste des Volkes bewies
namentlich auch die Klostergeistlichkeit. Der Mönch Ratpert
in St. Gallen dichtete ein Lied in deutscher Sprache auf
den h. Gallus und gab es dem Volke in der Kirche zu
singen. Das Lied existirt noch in einer lateinischen Ueber=
setzung des gesangskundigen Mönches Ekkehard IV. In einem
Bücherkatalog des Klosters Reichenau vom J. 821 werden
mehrere Bände deutscher Gedichte erwähnt, unter denen sich
wahrscheinlich auch manche geistliche befanden. Einem Kloster
entstammt vielleicht auch der nachfolgende althochdeutsche
Gesang auf St. Petrus, der in neuhochdeutscher Uebersetzung
(von Maßmann) also lautet:

---

*) Hölscher, Das deutsche Kirchenlied vor der Reformation. Münster 1848.
Hoffmann v. Fallersleben, Geschichte des deutschen Kirchenliedes bis auf Luthers
Zeit. 3. Aufl. Hannover 1863. Schletterer, Geschichte der geistl. Dichtung
und kirchlichen Tonkunst in ihrem Zusammenhange mit der politischen und
sozialen Entwicklung insbesondere des deutschen Volkes. 1. Bd. Hannover 1869.

Unser Herr hat verliehen
  St. Peter Gewalt,
  Daß er kann erhalten
  (Den) zu ihm bringenden Mann.
  Kyrie eleison, Christe eleison!

Er hat auch mit Worten
  (Des) Himmelreichs Pforten,
  Dahin kann er bringen
  Den er will erhalten.
  Kyrie eleison, Christe eleison!

Bitten wir den Gottes Freund
  Alle zusammen überlaut,
  Daß er uns fortan
  Würdige zu begnadigen.
  Kyrie eleison, Christe eleison!

Die Geistlichen des IX. Jahrhunderts waren, so weit dieselben auf der Höhe ihrer Aufgabe standen, ganz ersichtlich von dem nationalen Bestreben beseelt: „thaz wir Kriste sungun in unsara zungun" (Otfrid). Neben der lyrischen schufen sie auch eine epische christliche Volkspoesie. In derselben findet jedoch vorerst noch und ganz den thatsächlichen Zuständen entsprechend eine wunderliche Verquickung heidnischer Mythenbestandtheile und christlicher Heilswahrheiten statt. Die Lieder sind christlich fundamentirt, aber das Fachwerk der Liedstäbe ist aus deutschem Eichenholz gezimmert. Selbst im Heliand, diesem kerndeutschen christlichen Epos eines alten sagenhaften Sachsensängers aus der Zeit Ludwigs des Frommen, ist dies mehr oder weniger der Fall. Es war aber die wohlgemeinte Absicht jener Volksdichter, das Christenthum, insbesondere aber den gewaltigen Volksfürsten aus Galiläaland, der Heilande besten und hehrsten, im Ton und in den Lokalfarben des altgermanischen Epos ihren Landesgenossen verständlich und liebenswerth zu machen. Als Volksepos wird freilich der Heliand immer ein völkerpsychologisches Räthsel bleiben, wenn man die Zeit seiner Entstehung und die Mittel bedenkt, mit denen gerade die Sachsen ins Reich Gottes hineingenöthigt worden sind.

Um den anstößigen, sogar die Nonnen ansteckenden heidnischen Volksgesang*) zu verdrängen, dichtete der Benediktinermönch Otfrid v. Weißenburg auf inständiges Bitten einer ehrwürdigen Frau, Namens Judith, ein rein christliches Epos in althochdeutscher Sprache, den sog. Krist. Otfrid scheint einzelne Lieder desselben für den rhapsodischen Vortrag in der Volksgemeinde bestimmt zu haben. Ob es ihm jedoch gelungen ist, auf diese Weise den lasciven durch Kapitularien und Synodalbeschlüsse verpönten Heidenliedern in der Liebe des Volkes Abbruch zu thun, wissen wir nicht. Nur soviel ist gewiß, daß schließlich auch die poetisch gesunden und geschichtlich werthvollen Erzeugnisse der national heidnischen Epik dem blinden Ausrottungseifer der Kirche zum Opfer gefallen sind.

Man hätte mit der Vergangenheit unseres Volkes säuberlicher verfahren sollen. Denn wenn auch zugegeben werden muß, daß die Kirche nur Nothwehr übte, wenn sie das Herbergsrecht, welches sie einzelnen alten Göttern in der Gestalt von Teufeln oder Heiligen gastfreundlich gewährt hat, nicht auch auf die Lieder ausdehnte, weil in denselben das germanische Heidenthum gerade seine dauerhaftesten Stützen hatte, so würde es doch völlig unverfänglich gewesen sein, den kulturgeschichtlich so überaus werthvollen Denkmälern der ältesten deutschen Heldensage wenigstens in den Bibliotheken nach dem Vorgange Karls d. Gr. ein unschädliches literarisches Fortleben zu gestatten.

---

*) Vgl. W. Wackernagel, Literaturgeschichte. S. 38 ff. S. 63.

So erblühte auf den Trümmern der nationalheidnischen eine nationalchristliche Poesie, wenigstens in ihren Anfängen. Aus einer Wurzel zart war das Reis des geistlichen Volksliedes entsprungen. Aber bald fehlten die Hände, es weiter zu pflegen. Unter den sächsischen und fränkischen Kaisern war die Kirche zu einer Nonne geworden, welche lateinische Komödien dichtete. Die Geistlichkeit des X. und XI. Jahrhunderts hatte sich durch ihre klassischen Liebhabereien um alles Verständniß für die poetischen Bedürfnisse des Volkes gebracht. Das Dornröschen des geistlichen Volksliedes war entschlafen. Zu neuem Leben erwachte es erst, als nach langem Assimilationsprozeß deutsch und christlich zur untrennbaren Einheit eines Begriffs zusammengeschmolzen war.

Dies geschah um die Mitte des XII. Jahrhunderts. Damals bemächtigte sich der deutschen Nation jener eigenthümliche romantische Geist, der sich aufgelegt fühlte zu Unerhörtem und der sich schöpferisch erwiesen hat auf allen Gebieten des Lebens, vornehmlich im Reiche der Kunst und des Schönen. Beherrscht von der Idee der Kirche gedachte das deutsche Volk nicht blos das heilige Grab, sondern auch den Himmel im Sturm zu erobern. Erfüllt von der Herrlichkeit des Reiches Gottes war Deutschland gleichzeitig erstarkt zum Bewußtsein seiner Nationalität. Als Bernhard v. Clairvaux an den Ufern des Rheins das Kreuz predigte, als hell vom Staufen die Ritterharfe klang und auf Straßen und Märkten die fahrenden Leute anhuben zu singen und zu sagen von alten wunderbaren Mären, da erwachten auch Psalter und Harfe wieder aus dem Schlummer der vorhergehenden Zeit. An den lateinischen Kirchenmauern rankte sich's wie Epheu empor von deutschem geistlichen Lied und Sang. »Christ uns genade, Kyrie eleison, die Heiligen alle helfen uns!« so scholl es allerwegen. Die Poesie des Volkes

zeigte in deutlichen Aeußerungen, wo sie eigentlich hinaus
wollte. Vermochte sie es auch nicht, sich an die Stelle des
lateinischen Kirchengesanges zu setzen, so konnte sie doch die
Lücken ausfüllen, die jener offen ließ. Unter freiem Himmel,
bei Natur= und Volksfesten, bei Wallfahrten und Prozessionen,
bei Bittgängen und Leichenbegängnissen, im Leben des Hauses
mit seinem Wechsel von Freude und Leid war der deutschen
Liederlust ausreichend Raum gegeben. Die hohen Feste, die
Marienfeste, die zahlreichen neuen Heiligen und Legenden
boten ergiebige Anlehnungspunkte. Auch der Schlachtgesang
(Wicliet) blieb wesentlich geistlich. Unter den Kreuzfahrern
im gelobten Lande wird namentlich den Deutschen, deren
Sprache sich so gut für den Gesang eigne, nachgerühmt, daß
sie geistliche Lieder angestimmt hätten. Das romanische Volk
hatte keine eigenen Lieder. Und zwar sind es nun nicht
mehr blos einzelne Kloster= und Weltgeistliche, welche das
Volk mit singbaren Liedern versorgen, das Volk beginnt seine
Poesie selber in die Hand zu nehmen.

So brachte denn jene Zeit, um nur Bekannteres zu nennen,
das noch jetzt gesungene Osterlied hervor, dessen wunderbare
Klänge den Goethe'schen Faust ins Leben zurückrufen: »Christ
ist erstanden von der Marter aller, des solln wir alle froh
sein, Christ will unser Trost sein. Kyrieleison!« Aller Lieder,
sagt Luther, singt man sich mit der Zeit müde, aber das
»Christ ist erstanden« muß man alle Jahre wieder singen.
Hartmann von Aue und Reinmar der Alte dichten innige
Bet=, Buß= und Kreuzlieder. Spervogel aber, ein fahrender
Sänger aus der Frühlingszeit des Minnegesanges, singt fast
im Psalmton dem heiligen Christ das edle und kräftige
Weihnachtslied: »Er ist gewaltig und stark, der zu Weihnacht
geboren ward.« Ergreifend ist auch des nämlichen Sängers
Lied zum Lobe Gottes:

„Wurze des Waldes
Und Erz des Goldes
Und alle Abgründe,
Die ſind dir, Herre, kund,
Die ſtehn in deiner Hand,
Und alles himmliſche Heer
Das vermag dich nicht zu loben bis zu Ende.“

W. Wackernagel hat dies Bruchſtück in folgender Weiſe
ergänzt:

Die Blum in Waldesſchlüften,
Das Gold in Erdenklüften,
Des Himmels Dach, des Meeres Grund,
Das alles iſt dir, Herre, kund
Und hütens deine Hände,
    Und alles himmliſche Heer
Spricht deine Treu und Güte nicht zu Ende.

Die Läuber an den Zweigen,
Die Halme, die ſich neigen,
Des Meeres Sand, der Sterne Schaar,
Die bleiben unermeſſen gar
Mit Augen und mit Sinnen:
    So mag auch, Herre, deinen Preis
Nie Menſchen=Mund vollenden noch beginnen.

Die Minneſänger ſchlugen leider meiſt zu hohe Töne an.
In der Schule der ſtellenweis recht bedenklichen weltlichen
Minne aufgewachſen fanden ſie einen entſprechenden Gegen=
ſtand für ihre geiſtliche Minne vorwiegend in der heiligen
Jungfrau, der Minneglichſten aller Minneglichen. Dabei
werden ſie häufig viel zu weitſchweifig.

Der männlichſte unter dieſen frauenhaften Rittern iſt Herr
Walther v. d. Vogelweide.*) Er gleicht noch am meiſten
dem Ideal, das wir uns von einem Minneſänger machen.

_____

*) Walther von der Vogelweide. Herausg. v. Franz Pfeiffer. 2. Auflage.
Leipzig 1866.

In seinen Liedern steht er den Kreisen des Volkes am nächsten, mit denen sonst die höfische Poesie Berührungspunkte weder hat noch sucht. Auch er schaut in ehrfürchtiger Bewunderung auf zur Maria. „Daz ein maget ein kint gebar, hêre übr aller engel schar, was daz niht ein wunder gar?" Doch hat er in kühnem Zorn auf Rom und voll inniger Liebe zu Deutschland daneben auch Lieder gesungen von fast evangelischer Reinheit des Glaubens. Sein berühmtestes geistliches Lied ist ein Lied auf die heilige Dreieinigkeit.

»Nun hört, warum man Frauen ehren soll. Wir waren ewiglich todt, uns brachte eine Jungfrau aus aller Noth.« Dies Thema kehrt in hundertfacher Variation wieder bis zur Reformation. Selbst durchaus weltlich gerichtete Minne= sänger lassen ihr Saitenspiel erklingen zu Ehren der Rose ohne Dornen, der süßen Magd, ohne die niemand weder hier noch dort genesen kann. So wird dem Meister Gottfried von Straßburg ein berühmter Lobgesang auf Christus und Maria (Du Rosenblüthe, du Lilienblatt) wiewohl fälschlich zugeschrieben. Der Marienlieder, der Marienklagen und Marienlegenden ist fortan kein Ende. »Die liebe Mutter Gottes, Maria, hat viel schönern Gesang und mehr gehabt, denn ihr Kind Jesus« (Luther in den Tischreden).

Es ist aber ein wunderbares Gemisch von Wahrheit und Dichtung in diesen mittelalterlichen Liedern. Franz v. Assisi erzählte einmal seinen Mönchen von einer gewissen Gegend, Deutschland genannt. Er schilderte ihnen die Christen, die dort wohnen, als recht fromme Leute, die mit langen Stäben und in großen Stiefeln bei der heftigsten Sonnen= hitze oft nach Italien kämen, um die Schwellen der Heiligen zu besuchen. Dabei sängen sie Loblieder. Und fragen wir nun: Was sangen diese Wallfahrer? Eine alte Schifferleise: »In Gottes Namen fahren wir, seiner Gnade begehren wir.« Aber wenn sie dann angelangt waren am Gnadenort, so hieß es: »Sant Mari, muoter unde meit, all unsriu not sei dir gekleit.« In der Heimath, diesseits der Berge, predigte vielleicht inzwischen der Franziskanermönch Berthold von Regensburg*) († 1272) in erschütternden deutschen Worten vor zahlloser Volksmenge über die Anbetung Gottes im Geist, und die Zuhörer stimmten die Pfingstleise an: »Nu bitten wir den heiligen Geist um den rechten Glauben allermeist, daß er uns behüte an unserm Ende, wenn wir heimfahren aus diesem Elende. Kyrieleis.« Denn, sagte Berthold, glaubt ihr Vornehmen, daß dies Kirchenlied so um nichts willen erdacht sei? Es ist sehr ein nützlicher Sang; ihr sollt ihn je länger je lieber singen und sollt ihn alle mit ganzer Andacht und mit innigem Herzen zu Gott empor singen und rufen. Es war sehr ein guter Fund und ein nützlicher Fund, und es war ein weiser Mann, der das Lied gedichtet hat.«

Noch höhern Aufschwung als unter den Staufern nahm jedoch das geistliche Volkslied unter des Reiches Elend und Zerrissenheit. Als im XIV. Jahrhunderte Deutschland seufzte unter Faustrecht und Interdikt, als Bildung, Ansehen und Einsicht des Klerus geschwunden, die weltliche Nationalpoesie verfallen und das Volk durch Mißwachs, Hungersnoth und Pest an den Rand des Verderbens gebracht war, da war für das geistliche Volkslied die eigentliche Blüthezeit gekommen. Die Kelter erst erpreßt den Wein. Das Volk sah sich mehr auf sich selbst angewiesen und schuf sich daher eine Dichtung ganz nach seinem Gefühl und seinen Bedürfnissen. Die alten Lieder blieben in Uebung, viel neue kamen hinzu, zum

---

*) Ahlfeld, Bruder Berthold v. Regensburg, der größte deutsche Prediger des Mittelalters. Vortrag im Vereinshause zu Leipzig gehalten. Halle 1874.

Theil reine Volkslieder, unaufgeschrieben, von unbekannten Verfassern, wie das Osterlied: »Es gingen drei Fräulein also fruh, sie gingen dem heiligen Grabe zu.« Darin die Strophe: »Behüte uns das heilige Kreuze und alle Christenleute, bekehre die falschen Juden mit, sie glauben an unsern Glauben nit. Alleluja!«

Unterstützt wurde die Volkspoesie durch diejenige kirchliche Richtung, welche die deutsche Theologie in der Mystik genommen hatte. Unbefriedigt von dem äußern Kirchenthum und den scholastischen Lehrformeln erstrebte die Mystik die unmittelbare Beziehung des Herzens auf Gott verbunden mit sittlichem Ernst des Lebens, dem falschen Objektivismus gegenüber eine gesunde Subjektivität. Gott ist die Liebe. In der Liebe werden wir eins mit ihm. Was die Vernunft vergeblich zu ergrübeln trachtet, darein versenkt sich die Liebe unmittelbar. Sie ist höher, als alle Erkenntniß. Sie verleugnet sich selbst, um sich nur dem Geliebten hinzugeben.

Unter den Liedern der Mystiker, die sich durchweg und grundsätzlich der deutschen Sprache bedienten, sind besonders erwähnenswerth diejenigen Tauler's († 1361), des Dominikaners zu Köln und Straßburg, durch dessen Predigten selbst viele Priester fromm wurden und den nachmals Luther so fleißig studirt hat. Berühmt ist sein Weihnachtslied: »Uns kommt ein Schiff gefahren, es bringt ein schönen Last; darauf viel Engelschaaren und hat ein großen Mast.« Der symbolische Gebrauch des Schiffes, dem wir in diesem Liede begegnen, kommt ähnlich auch sonst in der mittelalterlichen Kunst vor. Die Arche Noah gab Veranlassung, in dem Schiff ein Symbol der Kirche zu erblicken*) (1 Petri 3,

---

*) Vgl. Alt, Die Heiligenbilder oder die bildende Kunst und die theolog. Wissenschaft 2c. Berlin 1845.

20. 21). Die Gralsage gibt eine ausführliche Beschreibung desselben. Am Vordertheil hat es die Warnung, niemand möge eintreten, der nicht glaubt. Denn unter dem Zweifler spaltet es sich, so daß er durchfällt. Es hat drei Masten: einen weißen, Jungfräulichkeit; einen rothen, Liebe; einen grünen, Hoffnung und Geduld. Nur auf diesem Schiff gelangt der Mensch durch das Meer des Lebens glücklich in den sichern Hafen der ewigen Seligkeit. In Tauler's Lied ragt jedoch offenbar noch ein heidnischer Naturmythus herein. Wie der Dichter Frauenlob in einem Marienleich den Hammer Thors,*) des Schmiedes vom Oberlande, verwerthet, so geht Tauler auf eine altheidnische Vorstellung zurück, der zufolge die neugebornen Kinder zu Schiffe ankamen, wie man ja auch die Todten im Schiff den Wellen übergab. Aus diesem Grunde galt auch Brittanien für das Todtenland.**) Die Kinder sind jedoch, so lange sie im Schiffe liegen, noch nicht geboren. Erst mit der Landung erfolgt die Geburt. So erklärt sich's, warum Tauler das Kindlein auserkoren erst dann von der Maria geboren werden läßt, nachdem das Schifflein ans Land gegangen ist. Gleichwohl fährt Maria selbst gelegentlich als Schifferin daher. »Das Schifflein das geht stille und bringt uns reiche Last, das Segel ist die Minne, der heilge Geist der Mast.« Maria aber ist und bleibt der Frauen Krone und der Mägde Kranz, der Engel

---

*) Vgl. hierzu Simrock, Die Edda, wo es in dem herrlichen Liede »Des Hammers Heimholung« S. 79 heißt:

Da hob Thrym an, der Thursenfürst:
»Bringt mir den Hammer, die Braut zu weihen,
Legt den Miölnir der Maid in den Schooß
Und gebt uns zusammen nach ehlicher Sitte.«

**) Siehe Simrock, Handbuch d. deutschen Mythologie. 2. Aufl. S. 597.

Lohne und der Himmel ganz. »Ir vater ist ir kinde, ir
muter ist ir amm, den einhürn und die hinde hat sie gemachet
zam; wer es nu raten künde, der sag, was ist ir nam?«

Nicht weniger als die süße mystische Liederpoesie, welcher
sich sogar die Nonnen, des lateinischen Singens und Betens
müde, zuwendeten, trug zur Belebung und Verbreitung des
geistlichen Volksliedes in weiteren Kreisen eine Heimsuchung
bei, über welche ein alter Chronist sich also vernehmen läßt:

»Anno 1349 da kam ein großes Sterben in Deutschland,
das ist genannt das große Sterben und das erste, und
sturben an der Drüsen, und wen das anging, der starb an
dem dritten Tage, und der Maßen sturben die Leut in den
großen Städten, zu Köln, zu Mainz 2c. und also meistlich
alle Tage mehr denn 100 Menschen, oder in der Maßen,
in den kleinen Städten sturben täglich 20, 24 oder 30, also
in der Weise. Das währte in jeglicher Stadt und Land
mehr denn ein viertel Jahrs, und sturben zu Limburg mehr
denn 2400 Menschen, ausgenommen die Kind. Da das Volk
den großen Jammer sahe vom Sterben, das auf Erdreich
was, da fielen die Leute gemeiniglich in eine große Reue
ihrer Sünden und suchten Pönitentien, und thäten das mit
eigenem Willen, und nahmen den Papst und die heilige
Kirche nicht zu Hülf und Rath, das große Thorheit was
und große Unvorsichtigkeit und Versäumniß und Verstopfung
ihrer Seelen. Und verhaften (verbanden) sich die Mannen
in den Städten und im Land und gingen mit den Geißeln,
hundert, zwei oder drei hundert, oder in der Maßen. Das
waren die Geißlergesellschaften, die Flagellanten, wohl auch
Loitzkenbrüder genannt, von vielen Loitzken (Leisen, Läuschen),
die sie sungen.«

In wunderlichem Kostüm, rothe Kreuze an den Hüten,
mit Fahnen, Kreuzen und Kerzen zogen diese Loitzkenbrüder

unter Glockenklang paarweis durch Dörfer und Städte, indem sie sangen: »Nu ift die betevart so her, Crift reit selber gen Jerusalem, er vüert ein crüze an siner hant, nu helfe uns der heilant.« Wenn sie in die Kirche kamen, fielen sie mit kreuzweis ausgebreiteten Armen nieder auf die Erde, daß es klapperte. Dann erhoben sie sich unter dem Gesang: »Nu hebent uf die uweren hende, daz got dis große sterben wende.« Nachdem dies sich dreimal wiederholt hatte, kamen die ehrbaren Leute des Orts und luden die Geißler heim, einer vier, sechs oder sieben, und thaten ihnen gütlich über Nacht. Mindestens zweimal des Tages geißelten sie sich zur Sühne ihrer Sünden. Das geschah im freien Felde oder auf den Kirchhöfen. Sie gingen dabei singend und sich mit Geißeln und Riemen schlagend im Kreise umher. Die Geißeln hatten vornen Knöpfe, darin waren Nadeln gesteckt, also »daß mancher sehr blutete.«

Die Leisen, deren sich die Brüder auf ihren Fahrten und bei ihren Geißelungen und Bußübungen bedienten, bestanden aus zahlreichen und mannigfaltigen Kreuz= und Bußliedern und verfehlten ihres Eindrucks auf das überall herzuströmende Volk sicherlich nicht. Durchaus volksthümlich, größtentheils wohl erst neu entstanden, erhielten sich diese Gesänge lange unter dem Volk und weckten in weiten Schichten das Bedürfniß, Gott und dem Heilande deutsche Lieder zu singen.

Vereinzelt drang deutscher Gesang gegen Ende des XIV. Jahrhunderts auch schon hie und da in den kirchlichen Gottes= dienst, wenigstens an hohen Festen. Darauf deutet unter anderm ein Passus, der sich in einem schlesischen Osterliede findet. Es heißt da: »In Freuden groß laßt ihr euch heute hören, laßt klingen hellen süßen Klang, ihr Laien in Kirchen, ihr Pfaffen in den Chören.« Der Strom der außerkirch=

lichen die Gleichberechtigung mit dem lateinischen Kultusliebe instinktiv erstrebenden Volksdichtung schwoll eben in einer Weise an, daß keine besondere Prophetengabe dazu gehörte, um den bald unvermeidlichen Dammbruch vorauszusehen.

Zudem begann im XV. Jahrhundert die Zeit vollends aus den Fugen zu gehen. Ein kirchlicher Riß bereitete sich vor, den die großen reformatorischen Konzilien vergebens aufzuhalten versuchten. Den einen Ketzer, Huß, verbrannten sie, aber aus seiner Asche erstand ein ganzes Heer von Rächern. Immer deutlicher vernimmt man das Rauschen der neuen auf Glaubens= und Gewissensfreiheit gerichteten Ideen. Wie Frühlingsstürme arbeiten die subjektiven Mächte des Lebens an der Eisfläche des kirchlichen Winters. Immer allgemeiner wird das Verlangen nach dem Worte Gottes in der Landes= sprache, und immer schwächer der Glaube, daß Gott nur in hebräischer, griechischer und lateinischer Sprache würdig ver= ehrt werden könne. Die größten Kirchenlehrer, ein Hieronymus, Augustinus, Gregorius, Chrysostomus haben die Laien stets zum Studium der heiligen Schriften ermahnt. Das würden sie aber nicht gethan haben, wenn sie es für schädlich oder unerlaubt gehalten hätten. Daß aber die Laien die Schrift in der Landessprache lesen, bringt die Natur der Sache mit sich. Wenn die Laien, ohne daß man es ihnen verbietet, oder sie nur tadelt, weltliche Bücher und Gedichte, oft sehr schlüpfrige und verführerische lesen, wenn sie mit unnützen Dingen sich beschäftigen, wie mit dem trojanischen Krieg, dem rasenden Roland, der schönen Diana, so wäre es doch höchst unvernünftig, wenn man sie von der Schrift abhalten wollte, wodurch sie zur Liebe Gottes und zur Sehnsucht nach dem himmlischen Vaterlande entflammt werden. So ungefähr reflektierte man. Die Erfindung der Buchdruckerkunst kam dazu wie gerufen. Noch im Laufe des XV. Jahrhunderts

wurde die Bibel in 14 oder 15 deutschen Uebersetzungen
gedruckt. Auch im Kultus ließ man sich kirchlicherseits zu
Konzessionen herbei. In einzelnen Agenden wurden gewisse
deutsche Lieder, wie das »Christ ist erstanden« oder »Gelobet
seist du Jesu Christ« als stehende kirchliche Festleisen auf=
genommen. An manchen Orten wird sogar an gewöhnlichen
Sonntagen und beim Hochamt in der Messe deutsch gesungen.
Doch kam es wohl trotzdem noch vor, daß die Leute drei
Stunden und noch länger andächtig und ohne ein Wort
davon zu verstehen der lateinischen Predigt eines berühmten
Redners zuhörten, hingegen haufenweis die Kirche verließen,
sobald ein Dolmetscher Anstalten machte, die nämliche Predigt
deutsch zu wiederholen.

In Böhmen war man weiter. Die böhmischen und
mährischen Brüder besaßen bereits einen vollständigen Gottes=
dienst und die Anfänge zu einem Gesangbuch in der Landes=
sprache. Nur um so eifriger wurde darum anderwärts auf
das nämliche Ziel hingearbeitet. In den Rheingegenden
waren besonders die Brüder vom gemeinsamen Leben, diese
innern Missionare des XV. Jahrhunderts, in deutschem Sinne
thätig. Die Volksseele schälte sich förmlich aus der lateinischen
Hülle heraus. Ein lehrreiches Beispiel dieses kulturgeschicht=
lichen Prozesses besitzen wir auf poetischem Gebiete in der
sog. Bastard= oder Mischpoesie. In der nämlichen Strophe
wechseln lateinische mit deutschen Zeilen, ja in der nämlichen
Zeile lateinische mit deutschen Worten. Fahrende Kleriker
und unfläthige Mönche waren schon früher bei ihren Possen=
reißereien auf diese geschmacklose Sprachmengerei verfallen.
Jetzt fing man an die Sache ernsthaft zu nehmen. Man
mischte eifrig zur Ehre Gottes. »In dulci jubilo nu singet
und seid fro! All unsere Wonne liegt in praesepio. Sie
leuchtet vor die Sonne matris in gremio; qui es a et o,

qui es a et o.« Dies für die Mischpoesie charakterische
Volkslied ist unverändert in die lutherische Kirche übergegangen
und hat da mit seinen hellen Jubeltönen Jahrhunderte lang
bei keiner Christfeier fehlen dürfen. Als Verfasser hat lange
Zeit ein gewisser Peter Dresdensis gegolten, der im ersten
Viertel des XV. Jahrhunderts Rektor in Zwickau war und
mit den Böhmen in enger Verbindung stand. Er soll sich
vorgenommen haben, deutsche Lieder zu machen und in den
Kirchen einzuführen. Dies sei ihm aber als dem römischen
Brauch zuwider nicht gestattet worden. Darauf habe er die
Sache vor den Papst selbst gebracht, welcher ihm auf sein
inständiges Bitten so viel vergünstigt habe, solche Lieder zu
machen, darinnen deutsch und latein unter einander, welches er
auch gethan.

Nicht unzutreffend ist gesagt worden, die Mischpoesie, in
welcher am Volksgesange noch einige Reste des kirchlichen
Latein hangen geblieben sind, sei zu vergleichen einem neu=
geborenen Küchlein, welches mit Stücken der durchbrochenen
Eierschalen an den Füßen herumläuft. Da es nun aber
rein deutsche geistliche Lieder schon längst in großer Fülle
gab, so kann die Mischpoesie, so weit sie ernst gemeint war,
nur als eine Form angesehen werden, in welcher die Kirche
sich das geistliche Volkslied noch am unbedenklichsten gefallen
ließ und durch welche zugleich das Bestreben des Volksgeistes,
sich von dem Römischen in der Kirche überhaupt zu
emanzipiren, in unzweideutiger Weise zu einem symbolischen
Ausdruck gelangte. In rein poetischer Beziehung bezeichnet
die Mischpoesie am Ausgange des Mittelalters geradezu einen
in der Entwicklung des geistlichen Volksliedes versuchten
Rückschritt in der Form eines Kompromisses.

Das Volk begehrte deutsche Lieder um jeden Preis.
Auch die altherkömmlichen kirchlich dramatischen Spiele, in

denen sich die heilige Geschichte vor aller Augen leibhaftig
wiederholte, erwiesen sich als vortreffliche volkspoetische
Wärmeleiter. Wo geistliche Spiele in größerer Ausdehnung
nicht möglich waren, begnügte man sich mit mimischen Einzel=
darstellungen. Namentlich zu Weihnachten wollte man
nicht blos hören, fühlen und singen, sondern auch sehen. So
gehörte es denn zu den beliebtesten Weihnachtsgebräuchen,
in der Kirche eine Wiege (Krippe) aufzustellen. Maria sitzt
an derselben. Joseph ist auch dabei. Zwischen beiden ent=
spinnt sich nun folgender Wechselgesang, der in Hamburg
noch zu Anfang des XVIII. Jahrhunderts üblich gewesen sein
soll. »Joseph, lieber Neffe mein, hilf mir wiegen das
Kindelein.« »Gerne, liebe Muhme mein, ich helfe dir wiegen
das Kindelein.« Bei Gelegenheit dieses Kindelwiegens wurden
dann allerhand deutsche Weihnachtslieder vom Chor gesungen,
oft als Wechselgesänge. Unter anderm erklang dabei auch
das bekannte »Sauja minne, schlaf Kindlein, schlaf!« Oder
wie es in einem niederdeutschen weltlichen Wiegenliede heißt:
»Suse, lewe Ninne, wat raschelt im Stro.« Aus Minne,
Liebchen, machte der Volksmund Ninne. Luther aber redet
in der vierzehnten Strophe seines Weihnachtsliedes: »Vom
Himmel hoch da komm ich her« davon, man solle »das rechte
Susaninne springen und singen immer frei.« Es scheint
nämlich früher in der Kirche um das Christkind allerdings
getanzt worden zu sein (Ps. 147, 10). Uebrigens ließ sich auch
die lutherische Kirche das Kindelwiegen so bald nicht nehmen.

In Krimmitzschau bestand noch nach der Reformation
die grausame Sitte, am Weihnachtsfeste einen Knaben von
der Decke der Kirche mittelst eines Strickes herabzulassen.
Der Ankömmling hatte dabei zu intoniren: »Vom Himmel
hoch da komm ich her.« Leider ereignete es sich einmal,
daß der Strick riß. Da ließ man denn endlich das Spiel

auf sich beruhen. Anderwärts zog man wohl statt dessen
am Himmelfahrtstage vor versammelter Gemeinde eine Bild=
säule Christi in die Höhe und sang dabei: »Christ fuhr
gen Himmel.« Am längsten hat sich die Gewohnheit erhalten,
die Geschichte der heiligen drei Könige, Kaspar, Melchior
und Balthasar, unter dem Gesang entsprechender Dreikönigs=
lieder volksthümlich zu dramatisiren. Noch jetzt sind in
manchen Gegenden Deutschlands die um Epiphanias mit
einem goldpapiernen Stern herumziehenden Sterndreher wohl
bekannt, nur daß sie nicht geben, sondern nehmen wollen.
Goethe hat ihnen bekanntlich das launige Lied gewidmet:
»Die heilgen drei Könige mit ihrem Stern, sie essen, sie
trinken und bezahlen nicht gern. Die heilgen drei Könige
sind kommen allhier, es sind ihrer drei und sind nicht ihrer
vier; und wenn zu den dreien der vierte wär, so wär ein
heilger drei König mehr.«

Noch erübrigt im Vorbeigehen wenigstens einen Blick zu
werfen in die Zunftstuben der Meistersänger,*) die unmittel=
bar vor der Reformation immer zahlreicher wurden. Diese
ehrenwerthen Herren betrieben die edle Dichtkunst ganz so,
wie die Gerberei oder Kürschnerei d. h. handwerksmäßig. Sie
dichteten zur Erholung im Schweiße ihres Angesichts, nach
allen Regeln eines unerbittlichen Schulzwanges. Ihre Absicht
war eine durchaus religiöse, aber zur Hebung des geistlichen
Volksgesanges haben sie mit ihren Rosmarin= und Dinten=
weisen wenig oder nichts beigetragen. Mögen sie auch in
anderer Beziehung für ihre Zeit von nicht zu unterschätzender
Bedeutung gewesen sein, ihre Lieder sind trocken und lang=
weilig. Eine rühmliche Ausnahme macht nur der späterhin
zu erwähnende Hans Sachs.

---

*) Vgl. Hagen, Norica. 1829.

Das ist das Ende der vorreformatorischen geistlichen Volks-
liederdichtung. Reich und mannigfaltig hat sich dieselbe
entwickelt. In langer Reihe folgen sich Weihnachts-, Oster-,
Pfingstlieder, Jesus- und Marienlieder, Kreuzlieder, Wall-
fahrts- und Bußlieder, so wie sogenannte den »Schnitter-
hüpfeln« ähnliche »Rufe« aller Art. Auch wunderliche Heilige,
wie ein »geistlich Mühlenlied«, ein »Judaslied« und dergleichen erscheinen dazwischen. Die höchsten Akkorde gelten
der heiligen Familie und die tiefsten erklingen unter dem
Kreuz. »Ein Kindelein so löbelich ist uns geboren heute; wär
uns dies Kindlein nicht geborn, so wärn wir allzumal
verlorn.« Das ist der Weihnachtsjubel. »Weine Herze,
weinet Augen, weinet Blutes Thränen roth — auch
traure Laub und grünes Gras, laßt euch zu Herzen
gehen das.« Das ist die Passionsklage. Unter vielen
Schlacken finden sich doch nicht wenige Goldkörnlein. Wenn
auch im ganzen der rechte Inhalt erst noch gefunden werden
sollte, einzelnes ist bereits evangelisch, anderes muthet uns
wenigstens evangelisch an. Wir singen noch immer gern:
»Schönster Herr Jesu« oder: »Es ist ein Ros (Reis) entsprungen aus einer Wurzel zart.« Oder was hat man gegen
eine Strophe wie die: »Er ist vom Himmel gangen aus
seiner Majestät, groß Leiden hat er empfangen wohl drei
und dreißig Jahr. Darnach hat er erlitten für uns den
bittern Tod, gar ritterlich gestritten, kein Schmerzen hat er
vermieden, daß er uns helf aus Noth!« Das ist evangelisch.
Und das nicht minder: »Herr Jesus Christ der Heiland ist
unser Heil und Trost, mit seiner bittern Marter hat er uns
all erlöst. Kyrieleis!« Auf der richtigen Fährte aber befindet
sich der »Christliche Wille«: »Wir wollen uns bauen ein
Häuselein und unsrer Seel ein Klösterlein. Jesus Christ
soll der Meister sein, Maria Jungfrau die Schaffnerin,

göttliche Furcht die Pförtnerin, göttliche Lieb die Kellnerin,
Demüthigkeit wohnt wohl dabei, Weisheit beſchleußt das
Leib allein.« Einzelne Lieder aus katholiſcher Zeit ſind
daher entweder ganz oder doch faſt unverändert in unſern
Gemeindegeſang übergegangen. Es ſind dies meiſt ſolche
poetiſche Stücke, an die ſich kein beſtimmter Name knüpft,
weil was ſie ausdrücken nicht einem einzelnen, ſondern allen
gleichmäßig zugehört und aus dem Herzen geſungen iſt. Eine
Fülle tief geſchöpfter, urſprünglichſter Poeſie ruht in dieſen
mittelalterlichen geiſtlichen Volksliedern. Davon aber ab=
geſehen dürfen ſie auch ſchon um deßwillen eine bleibende
Bedeutung beanſpruchen, weil ſie allzumal Zeugniß ablegen
von der unwandelbaren Liebe eines großen und treuen Volkes
zu dem, was ihm als das Höchſte und Heiligſte erſchien,
und von dem heißen Ringen, aus dem Widerſpruche des
kirchlichen Glaubens und Lebens mit den tiefſten Bedürfniſſen
des Herzens herauszukommen; weil ſie Bekenntniſſe ſind
eines auch in ſeinen Irrthümern doch ehrwürdigen Glaubens
und Rufe zugleich der Sehnſucht nach dem Morgen, der
da kommen ſollte. »Der leien leise durch tiutschiu lant
sint einveltic und baz bekant danne manec kunst ûf die
geleit ist grôziu kost und arbeit.« (Hugo v. Trimberg.)
Wenn nun die römiſche Kirche behauptet, daß im Mittel=
alter ſchon immer deutſche Leiſen geſungen worden ſeien, ſo
iſt das richtig. Das deutſche Kirchenlied hat in der That
unter dem Papſtthum ſeine erſten Gehverſuche angeſtellt.
Sind dieſe Gehverſuche oft noch recht unbeholfen ausgefallen,
ſo darf das nicht befremden. Sie wollen vom hiſtoriſchen
Standpunkte aus gewürdigt ſein. Man darf nicht Trauben
leſen wollen von den Dornen und Feigen von den Diſteln.
Ein kirchliches Volkslied im Sinne der Reformation ver=
mochte die mittelalterliche Kirche überhaupt noch nicht zu

schaffen. Es fehlten dazu die unerläßlichen Voraussetzungen, nämlich einmal die lebendige Volksgemeinde, die nicht in der äußerlichen Zugehörigkeit zur Kirche, sondern in der persönlichen Herzensgemeinschaft mit Christo ihr Heil sucht und findet, und sodann die Mündigsprechung des deutschen Liedes durch die bedingungslose Aufnahme desselben im Kultus. In beiden Beziehungen glaubte sich die römische Kirche um ihrer selbst willen immer nur zu gelegentlichen Konzessionen herbeilassen zu dürfen. Was insbesondere das geistliche Volkslied anlangt, so ließ man's zwar ruhig gewähren, aber immer nur als außergottesdienstliches Lied. Im Gottesdienste selbst brachte es der deutsche Gemeindegesang über die Stellung eines geduldeten Eindringlings nicht hinaus. Die Kirche glaubte im Interesse ihrer Einheit an der Alleinherrschaft der lateinischen Sprache in der Liturgie prinzipiell wenigstens festhalten zu müssen. In einzelnen ihrer Vertreter redete sie allerdings einer umfänglicheren Zulassung des Deutschen beim Gottesdienst beharrlich das Wort, als Kirche verhielt sie sich allen derartigen Reformbestrebungen gegenüber ablehnend. Sie glaubte dazu um so mehr berechtigt zu sein, als sie sich je länger je weniger verhehlen konnte, daß hinter dem immer bringender werdenden Verlangen nach deutschem Gottesdienst bewußt oder unbewußt sich doch auch nicht selten die Neigung verbarg, Rom überhaupt Opposition zu machen. Nicht als ob deutsch immer gleichbedeutend gewesen wäre mit antirömisch. Aber antirömisch war sicherlich deutsch, wenn auch deshalb noch nicht ohne weiteres evangelisch. Dies beweist das weltliche Volkslied.*)

---

*) Vgl. Vilmar, Handbüchlein für Freunde des deutschen Volksliedes. Marburg 1868.

2. Das weltliche Volkslied.

Der Gedanke hat immer nahe gelegen, das weltliche für das geistliche Volkslied fruchtbringend zu machen, denn weltlich und geistlich sind ja nicht sich ausschließende Gegensätze. Von weltlichen und geistlichen Interessen wird das Volk gleichmäßig bewegt. In beiden Beziehungen aber steht ihm nur ein Ausdruck zu Gebote, der Ausdruck des Liedes. Fühlt es sich gedrungen, Zeugniß abzulegen von seinem christlichen Glauben und Leben, von der Liebe zu den himmlischen, ewigen Heiligthümern, so entsteht das geistliche Volkslied. Versucht es das Volk, den Inhalt seines rein menschlichen, natürlichen Daseins sich zum Bewußtsein zu bringen, so erfolgt das weltliche Volkslied. Es sind zwei Blumen auf einem Stengel, die zwar unterschieden werden müssen, aber nicht geschieden werden können.

Eine Geschichte des geistlichen Volksliedes würde Wesentliches vermissen lassen, wenn sie vom weltlichen Volksliede gänzlich Umgang nehmen wollte. Umgekehrt hat selbst der Franzose Schüré in seiner Histoire du Lied nicht umhin gekonnt, das geistliche Volkslied in den Kreis seiner Betrachtungen zu ziehen. Er kommt dabei zu dem niederschlagenden Resultate, die Poesie Goethe's und Schiller's, »die keinen andern Tempel kennt als die Welt und keine andere Religion als das Mitgefühl«, habe die christliche Poesie ersetzt und verdrängt.*) Philipp Wackernagel aber trägt kein Bedenken, in seinem musterhaften deutschen Liederbuche »Trösteinsamkeit« das Lied: »O Ewigkeit, o Ewigkeit! Wie lang bist du, o Ewigkeit!« unmittelbar zu placiren neben ein Volkslied auf den Fürsten Bismarck: »Der große Tag ist zu Ende von der Königgrätzer Schlacht« nach der Melodie: »En Mäcken von achtein Jaren«. Es nimmt sich gerade diese Zusammenstellung allerdings seltsam aus, doch ist sie im übrigen ganz in der Ordnung. Das geistliche Volkslied hat durchaus nicht Ur= sache, sich seines weltlichen Zwillingsbruders zu schämen. Der= selbe ist nicht weniger ein Geschöpf von echt germanischem Typus. Es muß als ein Vorurtheil bezeichnet werden, das sich leider trotz Herder's, Uhland's und Vilmar's klarstellenden historischen Untersuchungen noch häufig mit dem weltlichen Volksliede verbindet, als lasse sich dasselbe in ästhetischer und ethischer Beziehung gar arge Verstöße zu Schulden kommen. Richtig ist ja, es gibt unfläthige sogenannte Volkslieder aller Art, rohe Gassenhauer, schmutzige Schandlieder. Allein was kann das Volkslied dafür, daß unter seinem ehrlichen Namen ein Haufe heillosen Gesindels sich breit macht. In der Art der echten Volkspoesie liegt es nicht, am Unreinen und Unheiligen Gefallen zu finden. Wenn irgend noch poetische Einfalt und Unschuld eine Stätte hat, so ist es im Volksliede, auch im weltlichen. Man wird unter der großen Menge echter Volkslieder vergeblich nach solchen suchen, die auf dem Boden einer laxen Moral erwachsen wären. Es eignet vielen geradezu ein erschreckender sittlicher Ernst. Mit

---

*) Schuré, Histoire du Lied ou la chanson populaire en Allemagne. Paris 1868.

der rührendsten Naivetät in primitiver poetischer Form und
ungeschminkter Naturfarbe verbindet sich die zarteste Gewissen=
haftigkeit. Das poetische Schicklichkeitsgefühl trifft instinkt=
mäßig das Richtige, der Humor ist immer gesund und der
poetische Duft frei von jedem Miasma.

Im Liede thut das Volk sein Herz auf. Es ist richtig
gesagt worden, daß wir unser Volk, unser eigenes Herz nicht
verstehen, wenn wir für den Naturlaut seines dichtenden
Sanges keinen Sinn und kein Verständniß haben. Und auch
»was das Christenthum der Welt sein will mit seinen Lie=
dern wird nicht verstanden ohne Verständniß der Welt mit
ihren Liedern«.

In den ersten Jahrhunderten ihrer Wirksamkeit vermochte
die Kirche das weltliche Volksbild noch nicht zu ertragen.
Sie bekämpfte in demselben das Heidenthum. Als sie jedoch
in souveräner Machtfülle alles deutsche Leben beherrschte, lag
es vielmehr in ihrem eigenen wohl verstandenen Interesse,
die unermüdlich schaffende Volksphantasie in Geschichte und
Sage, in Feld und Hain, unter Thieren und Blumen frei
walten zu lassen. Sie konnte ruhig zusehen, wie im XIII.
Jahrhundert das Nibelungenlied und die Gudrun, diese bei=
den größten germanischen Volksepen, ihre Wiederauferstehung
feierten. Und wenn, wie die Limburger Chronik berichtet,
ein aussätziger Barfüßermönch die lieblichsten und rührendsten
Lieder sang, die alle Meister ihm gern nachsangen und
nachpfiffen, oder wenn der problematische Mönch Wernher von
Tegernsee nach Art des Ritters Toggenburg seine Glückseligkeit
in Liebesliedern ausströmte, so konnten diese poetischen Allotria
als ein Beweis dafür gelten, daß man sich im übrigen
innerhalb der Kirche befriedigt fühlte. Im XIV. Jahrhun=
dert, noch mehr im XV. war das gesammte Volksleben in

allen seinen Beständen umrankt und durchtönt vom weltlichen
Volksliede. Deutschland war von den Alpen bis zur Nord=
see wie besät mit Liedern. Es waren theils historische
Volkslieder, welche ausgehen von bestimmten meist kriegerischen
Ereignissen, in denen der Hergang chronikartig erzählt wird
gewöhnlich von einem, der auch dabei gewesen ist; Lieder,
die sich auf bestimmte Zustände des öffentlichen Lebens be=
zogen, oder berühmten Raubrittern und Landfahrern nach=
gingen. Die Schweizer sangen ihre Lieder von Sempach und
Murten.*) Die Ditmarschen protestirten der dänischen Ver=
gewaltigung gegenüber: »Dat lide wi nu und nümmermere.«
Nicht minder hatten die Schwaben und Franken Ursache, den
anbrechenden Morgen der bürgerlichen Freiheit in neuen
politischen Liedern zu feiern. Das Lied vertrat die Zeitung.
Die Dichter standen nicht selten im Dienst politischer oder
sozialer Parteien und hielten's mit dem Grundsatze: »Weß
Brot ich esse, deß Lied ich singe!« Theils waren es Lieder
der Geselligkeit oder der allgemeinen Empfindung, wildwach=
sende Blumen volksmäßiger Lyrik, unter der Dorflinde
erblüht in linden Sommernächten, wehmüthige Kinder der
friedlosen Landstraße, doch immer von ursprünglicher, nie
alternder Frische. Die poetisch erfaßte Natur von den Sternen
am blauen Himmel bis zum Röslein auf der Haide, die
Menschenbrust mit der ganzen Skala ihrer Gefühle, das
Fernste wie das Nächste, im Liede wird es umspannt. Man
rechnet, daß vielleicht mehr als 2000 weltliche Volkslieder
von der Mitte des XV. Jahrhunderts bis in das XVII.
hinein auf und ab in Deutschland sind gesungen worden.
v. Liliencron hat in einem größeren Liedwerke, welches den
Zeitraum vom XIII. bis zum XVI. Jahrhundert umfaßt,

---

*) K. Janicke, Das deutsche Kriegslied. Berlin 1871.

allein 250 historische deutsche Volkslieder niedergelegt*). Wie viele mögen verschollen sein! Denn es liegt im Wesen der historischen Lieder, daß dieselben aus dem Gedächtniß des Volkes wieder verschwinden, wenn die Ereignisse, denen sie ihre Entstehung verdanken, ihre Schwingungen in der Volks= seele vollendet haben.

Das geistliche Volkslied ist durch das weltliche, mit dem es sich auf Tritt und Schritt berührte, vielfach gefördert und bereichert worden. Beliebte weltliche Strophenformen wurden gern und dankbar in die geistliche Volksdichtung herübergenommen. Weltliche Anklänge in geistlichen Liedern finden sich vielfach. Mancher Zug im geistlichen ist dem weltlichen Liede abgelauscht oder entlehnt. »Ein Blum steht auf der Haide, es mag wohl Jesus sein.« »Es steht eine Linde im Himmelreich, da blühen alle Aeste.« »Wer sich des Maiens wölle zu dieser heilgen Zeit, der geh zu Jesu Christo, da der Maien leit, so findt er wahre Freud.« Maien oder meigen ist wohl nichts anderes als Frühlings= feste feiern. Das Lied wurde vielleicht gesungen, wenn nach alter Sitte der Maienbaum aufgerichtet wurde. Die Maien= bäume aber waren, wie noch heute in mancher süddeut= schen Dorfgemeinde, mit den Leidenswerkzeugen geschmückt.

Da es außerdem zu den Erfordernissen eines guten Volks= liedes gehört, daß es den Typus der Unmittelbarkeit und schlichter Einfachheit trägt, daß es uns sozusagen ein holz= schnittartiges Gesicht zeigt, so ist auch in diesem Betracht das geistliche nicht umsonst beim weltlichen Volksliede in die Schule gegangen. Manchem geistlichen Volksliede genügen wenige leicht hingeworfene Striche, um irgend eine nie blos

---

*) v. Liliencron, Die historischen Volkslieder der Deutschen. 2 Bde. Leipzig 1865.

gedachte oder künstlich anempfundene, sondern stets wirklich
vorhandene oder erlebte Situation oder Seelenstimmung
klar und erschöpfend zu zeichnen. Auch daran spürt man den
Einfluß des weltlichen Volksliedes. Dasselbe liebt nirgends
breite Ausmalungen, sondern begnügt sich damit, durch cha=
rakteristische Umrisse das zum Verständniß Erforderliche an=
deutungsweise errathen zu lassen. In wenig Worten viele
und tiefe Meinung. Hohles Pathos, mit Farben gesättigte
schillernde Diktion, Absichtlichkeit und Effekthascherei sind dem
Volksliede durchaus fremd. Die Sache steht ihm durchaus
über der Form. Im Vertrauen auf die unmittelbare Wir=
kung des Gegenstandes verschmäht es jede erläuternde oder
sentimentale Nachhülfe. Je tiefer die Empfindung, desto
ruhiger die Oberfläche. Das Beste liegt unausgesprochen
zwischen den Zeilen. Wo die bewußte Kunst, oder gar die
Künstelei anfängt, da hört das Volkslied auf.

In besonders starker Abhängigkeit vom weltlichen Volks=
liede erscheint jedoch das geistliche in musikalischer Hinsicht.
Das Volkslied fordert den Gesang, um seine verborgene
Herrlichkeit auszuwirken. Melodie ist die Seele des Liedes,
Musik seine Lebensluft. Oder, um mit Herder zu reden,
das Wesen des Liedes ist Gesang, nicht Gemälde. Ein un=
singbares Lied ist ein Selbstwiderspruch. Im Gothischen
bedeutet liuthôn so viel wie singen. Lied und Singen sind
im Mittelalter eben so identisch, wie Spruch und Sagen.
Das erkennt man schon an den alten Bezeichnungen der Form
des Liedes: Ton und Weise. Unter Ton versteht man die
strophische Form, das Maß, unter Weise die Melodie. Doch
werden beide Benennungen auch gleichbedeutend gebraucht.
Reine Leselieder zu produziren ist erst einer Zeit vorbehalten
geblieben, da der Dichter und der Sänger anfingen, in zwei
getrennte Personen aus einander zu gehen. Auch wird ein

Gedicht nur durch den Gesang unser ganzes und volles Eigen=
thum. »Laß die Saiten rasch erklingen und dann sieh ins
Buch hinein; nur nicht lesen! immer singen und ein jedes
Blatt ist dein« ruft Goethe der Lina zu. Das Außeror=
dentliche an seiner Lyrik ist die ihr angeborne Singbarkeit,
die allein schon genügt, Goethe zu einem Volkslyriker ersten
Ranges zu machen. Der bereits erwähnte Schüré aber
bemerkt bezüglich der französischen Liederpoesie: »Es ist ein
großer Mangel, daß unsere französische Lyrik weit mehr
rhetorisch als musikalisch ist.«

Um die geistlichen Volkslieder, soweit dieselben nicht
unmittelbar aus dem Volke selbst hervorgingen, dem Volke
mundrecht zu machen, legte man sie gern beliebten weltlichen
Volksmelodien unter, oder bildete weltliche Lieder mit Bei=
behaltung der Melodie ohne weiteres in geistliche um. Ein
Beispiel solch ernstgemeinter Parodirung, oder wie man's
auch nennt, Kontrafaktur, findet sich schon im XIV. Jahr=
hundert. Das weltliche Lied: »Sommerzeit, ich freu mich
dein« wurde geistlich verändert in: »Himmelreich, ich freu
mich dein«. Im XV. Jahrhundert war es Heinrich von
Laufenberg, Mönch im Johanniterkloster zu Straßburg, ein
äußerst begabter und fleißiger Dichter, der außer zahlreichen
deutschen Originalliedern,[*]) Uebersetzungen lateinischer Hymnen
und Mischliedern auch manche geistliche Parodie gedichtet
hat. Wir nennen nur das köstliche Heimwehlied: »Ich

---

[*]) Von ihm das herzige Tauflied:

Ach lieber Herre Jesu Christ,

Seit du ein Kind gewesen bist,

So gib auch diesem Kindelein

Dein Gnad und auch den Segen dein.

Ach Jesus, Herre mein,

Behüt dies Kindelein!

wollt, daß ich daheime wär und aller Welt nicht diente mehr. Daheim ist Leben ohne Tod und ganze Freude ohne Noth.«

Sein Beispiel fand Nachahmung. Die frischen, süßen Volksmelodien machten bald selbst dem kanonischen Gesange eine bedenkliche Konkurrenz. Welt= und Klostergeistliche, auch Nonnen, wurden davon bezaubert. Wie früher manche ent= artete Kleriker kirchliche Hymnen in leichtfertige Scherzlieder verweltlicht hatten, so legte man sich jetzt eifrig auf die Vergeistlichung des Weltlichen. Die Geistlichen thaten dies außer zu eigener Ergötzung auch in der löblichen Absicht, »damit die böse ärgerliche weiß, unnütze und schamper= lieblein auf Gassen, Feldern, in Häusern und anderswo zu singen, mit der Zeit abgehen möchte, wenn man geistliche gute nütze Text und Wort darunter haben könnte.«

Man betrieb die Arbeit der Parodirung, die späterhin auch von der Reformation doch nur maßvoll fortgesetzt wurde, mit außerordentlicher Unbefangenheit. Wir geben, um mit der Sache abzuschließen, hier auch gleich einige Proben aus der Reformationszeit. »Es hat ein Mann sein Weib ver= lorn« lautet geistlich parodirt: »Es hat ein Mensch Gotts Huld verlorn.« Aus »Graman, du viel dürrer Gaul« wird: »Ich alter Mensch bin träg und faul.« »Den liebsten Buhlen, den ich han« verbessert man in: »Den liebsten Herren, den ich han!« Und statt: »Ich han den Mantel mein versetzt« singt man christlicher: »Ich han die Seele mein versetzt.« Das »feine braune Maidelein« wird zum »schönen Christkindelein.« »Der Kuckuk hat sich zu tod gefallen von einer hohlen Weiden« läßt sich ganz zeitgemäß verbessern in: »Der Papst hat sich zu tod gefallen von seinem hohen Stuhle und muß nun mit dem Teufel wallen wohl in dem feurigen Pfuhle.« Wie nahe lag es aber vollends, das

Handwerksburschenlied: »Insbruck, ich muß dich lassen« christlich zu vertiefen durch die ganz kleine Aenderung: »O Welt, ich muß dich lassen!«

Die Mustersammlung ließe sich unschwer vermehren, denn es liegt ein reichhaltiges Material vor. Einzelnes darunter ist geradezu sittlich bedenklich. Doch nahm das Volk keinen Anstoß an der beliebten Manipulation. Es erblickte in der Vermengung des Geistlichen mit dem Weltlichen nicht eine Herabziehung des erstern, sondern eine Verklärung des letztern. Das empfindsame christliche Gemüth war den Leuten noch nicht so sehr auf die Haut heraus getreten und erkältete sich darum nicht so leicht bei jedem weltlichen Luftzug. Innerlich gesünder war man äußerlich unempfindlicher für derbe Natürlichkeit. Wenn ein Geistlicher am Ostertage seine Zuhörer befriedigen wollte, so mußte er ihnen in der Predigt einige sog. »Ostermärlein« zum besten geben. Der Erbauung dienten dergleichen pikante Anekdoten zur Erfrischung.

In unsern Tagen dürften ähnliche Versuche das gerade Gegentheil zur Folge haben. Weil wir uns auf der Straße nur ungern an die Kirche erinnern lassen, darum wollen wir in der Kirche nicht an die Straße erinnert sein. Wir haben die leidige Gewohnheit, Geistliches und Weltliches auch in der Poesie so sehr zu scheiden, daß wir jede Berührung beider nothwendig als eine störende Disharmonie empfinden. Ein Gewinn ist diese Separation wohl nach keiner Seite hin, denn das natürliche und das kirchliche Leben sind angewiesen auf gegenseitige Bereicherung. Doch ist die Zeit für Kontrafakturlieder jedenfalls vorüber. Sie vertragen sich nicht mit unserm getrennten Bewußtsein. Manche geistliche Parodie freilich haben wir noch im kirchlichen Gebrauch, ohne uns ihrer Herkunft wegen zu beunruhigen. Das Gute haben diese Lieder ohne Zweifel gehabt, daß sie dem kirchlichen Gesange der Reformation einen der Wege gebahnt und gewiesen haben, auf welchen derselbe alsbald zu so hoher Popularität gelangen sollte. Wir verdanken der selbstlosen Gefälligkeit des weltlichen Volksliedes manchen herrlichen Choral, und die lutherische Lyrik thut ihre glücklichsten Würfe unter der formellen Inspiration der weltlichen Volkspoesie.

Noch ein Umstand verdient erwähnt zu werden. Das Volk besaß in seinen weltlichen Liedern ein Band wenn auch noch nicht der nationalen, so doch der Stammes= und Standeszusammengehörigkeit. Jeder Stand und Gau hatte seine besonderen Lieder, die der einzelne fest und sicher bei sich trug und auf das nachkommende Geschlecht vererbte. Die Lieder, denen das Volk einmal seine Zuneigung geschenkt hatte, durften nicht fürchten, alsbald wieder der Vergessenheit anheimzufallen. Was überhaupt gesungen wurde, das wurde viel und lange gesungen. Diese Gewohnheit der Vererbung des überlieferten Liederschatzes und der Treue im fortgesetzten Gebrauch und in gewissenhafter Bewahrung desselben kam auch dem geistlichen Volksliede zu gute, ja ihm in erhöhtem Maße. Manche geistliche Volkslieder sind konstant durch das ganze Mittelalter hindurch gesungen worden. Als die Reformation kam, fand sie ein Volk vor, dessen gemüthlichem Mittheilungstriebe und gutem Gedächtnisse sie die Sorge für Verbreitung, Einlebung und Fortkommen ihrer Lieder getrost überlassen konnte.

3. Die lateinischen Hymnen.

Das älteste Zeugniß kirchlicher Hymnendichtung, welches wir noch besitzen, ist ein Hymnus auf Christum den Erlöser. Derselbe beginnt einigermaßen schwülstig mit den Worten: »Zaum ungebändigter Füllen, Fittich sicher schwebender Vögel, der Unmündigen nie wankendes Steuer, der königlichen Schafe Hirt: Deine einfältigen Kinder versammle, zu preisen heiliglich, zu lobsingen truglos mit unentweihten Lippen der Kinder Führer Christum!« Der Hymnus ist von Clemens v. Alexandrien († 220) in griechischer Sprache verfaßt.

Kein irgend namhafter Bischof oder Lehrer der alten Kirche hat es unterlassen, der Kirche als »Cither des heiligen Geistes« sich dienstbar zu erweisen. Von Ephräm, dem größten Kirchenlehrer der syrischen Kirche, geht die Sage, er habe 12—14000 Hymnen und Wechselgesänge verfaßt. Der Mann unterzog sich dieser Riesenarbeit hauptsächlich in polemischem Interesse. Er beabsichtigte durch seine rechtgläubigen Lieder den Ketzern zu wehren, die es vortrefflich verstanden, mittelst einschmeichelnder, volksthümlicher Lieder ihre Irrlehren unter dem Volke zu verbreiten.

In der abendländischen Kirche begegnen wir zunächst zwei Kirchenfürsten, die beide als hochbegabte Dichter eines Hauptes länger sind als alles Volk und namentlich auch in die Entwicklung des kirchlichen Gesanges reformirend eingegriffen haben.

Der eine ist Ambrosius, Bischof von Mailand († 397). In sturmbewegter Zeit, durch eines Kindes Stimme zum Bischof ausgerufen, demüthig vor Gott, furchtlos vor Menschen, hat er den blutbefleckten Kaiser Theodosius an der Thür der Kirche mit den Worten zurückgewiesen: »Folge David in seiner Reue, wie du ihm folgtest in seiner Sünde!« An seinen großen Namen knüpft die Tradition die Entstehung des freilich viel ältern »Te Deum laudamus!« Dies gewaltige Lied soll wie eine göttliche Eingebung über ihn gekommen sein in jener Osternacht, in welcher er den berühmten Sohn der Monika, den heil. Augustinus, taufte. Zahlreiche andere Hymnen werden ihm außerdem zugeschrieben. Die wenigen, die er wirklich verfaßt hat, gehören nach dem einstimmigen Urtheil der Kunstkenner zu dem Besten, was die kirchliche Lyrik überhaupt aufzuweisen hat. In ihrer schmucklosen Einfalt und kräftigen Objektivität haben sie vielen gleichzeitigen und späteren Dichtern als klassische Muster den rechten Weg gezeigt.

Nicht minder bahnbrechend wirkte jedoch Ambrosius gleichzeitig als Begründer einer ganz neuen kirchlichen Gesangsweise, des sog. Ambrosianischen Gesanges. Die Eigenthümlichkeit desselben besteht in seinem melodischen Schwunge mit rhythmischer Betonung und reicher Modulation. Alles Schleppende, Eintönige, Langweilige ist vermieden. Frisch, lebendig, volksthümlich ermöglichte er neben dem Sängerchor auch der Gemeinde das Mitsingen. Augustinus hat nach seinem eigenen Geständniß unter dem überwältigenden Eindrucke der Ambrosianischen Gesangesart Thränen vergossen. Er sagt in seinen Bekenntnissen (Buch IX. Kap. 6): »Wie weinte ich über deinen Lobgesängen und Liedern, o Gott, als ich durch die Stimme deiner lieblich singenden Gemeinde kräftig gerührt wurde.   Diese Stimmen flossen mir ins Ohr und deine Wahrheit wurde mir ins Herz gegossen.   Da entbrannte inwendig das Gefühl der Andacht, und die Thränen liefen herab und mir war so wohl dabei.«

Nicht lange jedoch sollte der Versuch, der Gemeinde zur Ausübung eines wohlbegründeten Rechtes zu verhelfen, Bestand haben. Zwar eine Neuerung lag bei der Heranziehung der Gemeinde zum Kirchengesang damals eben so wenig vor wie später bei ganz ähnlichen Reformbestrebungen Luthers. Denn wenn auf einem Konzil gelegentlich bestimmt worden war, daß außer den kirchlichen Sängern, die auf dem Chore standen und aus den Psalmbüchern sangen, niemand weiter in der Kirche singen dürfe, so scheint eben daraus hervorzugehen, daß die Gemeinde nicht durchweg gewohnt war oder Neigung zeigte, sich im Gottesdienste schweigend zu verhalten. Wechselgesänge (Antiphonien) von der Art, daß ein Vers von den Männern, der andere von den Frauen und Kindern gesungen wurde, waren in der morgenländischen Kirche schon immer üblich gewesen. Allein in dem Wesen des Ambrosianischen Gesanges scheint die Gefahr der Verweltlichung gelegen zu haben. So sehr auch Ambrosius bemüht gewesen war, die neue Singweise innerhalb der Grenzen des kirchlich Angemessenen und Zulässigen zu erhalten, allmählich entartete sie doch allerorten in ganz bedenklicher Weise. In einer Zeit, die so wenig nervös war, daß sie den Kanzelrednern wie in einer Volksversammlung applaudirte, verlor sich über dem volksthümlichen schließlich der kirchliche Charakter des Gesanges ganz von selbst. Der Wohlklang der Töne bezauberte die Sinne, das ästhetische Interesse überwog das erbauliche, zwischen kirchlichem und weltlichem, sogar heidnischem Volksliede vollzog sich eine Union bedenklicher Art.

Da erschien der andere der genannten Kirchenfürsten, Gregor I., Bischof von Rom († 604), ein geborner Römer. Eine Zeitlang selbst Mönch hat er sich auf dem Stuhle Petri, zu dem er sich nur mit Widerstreben bequemte, wie Saul zur Königskrone, den Ehrennamen eines Vaters der Mönche und der Messe erworben. Auch gilt er für den Schutzpatron der Schulen. Mancher liturgische Rest des lutherischen Kultus erinnert noch an ihn. So z. B. die Einrichtung, den Altardienst zu eröffnen mit dem Gesange eines oder mehrerer Versikeln, welche gleichsam den Wahl=spruch des Tages bilden, die Dominante, welche durch die jedesmalige Sonntagsfeier hindurchtönt.

Gregor setzte an die Stelle des Ambrosianischen Gemeinde=gesanges den nach ihm genannten Gregorianischen oder Choralgesang. Die höchste Kunst suchte er in der höchsten Einfachheit. Er wollte die Aufmerksamkeit der Gemeinde weniger auf die Töne, als auf die Worte gerichtet sehen. Auch hielt er dafür, daß im kirchlichen Gottesdienste nur das unmittelbare Gotteswort würdig sei gesungen zu werden. Er übertrug daher was ihm im Kloster lieb geworden war reformirend auf die Kirche. Fortan wurde in jedem Gottes=dienste der Psalmengesang herrschend. Doch waren auch andere bewährte Kirchengesänge, besonders bei der Messe, zulässig. Aber ernst und würdig, gemessen und feierlich sollten die Worte von den Tönen getragen werden. Reci=tativartig, dem Sprechen näher als dem Singen, ohne allen Rhythmus, so schreitet der Gregorianische Gesang langsam dahin, wie ein betender Mönch durch die Hallen des Kreuz=ganges. Eine kalte Schönheit, doch ist sie nach zwölf Jahr=hunderten im wesentlichen noch nicht verblüht. Die Formen des Gregorianischen Gesanges mit Einschluß der gesammten von Gregor geschaffenen Gottesdienstordnung genießen bei den Römischen das Ansehen und die Dauer von Glaubens=artikeln.

Seiner ganzen Natur nach war der Gregorianische Choral für große Versammlungen durchaus geeignet. Dem hierarchischen Geiste Gregors widerstrebte jedoch die Vor=stellung einer singenden Volksgemeinde. Er verurtheilte die Laien zu vollständiger Passivität. Schweigend sollten sie assistiren, oder doch nur im Herzen mitsingen. Die Aus=übung und Ehre des kirchlichen Gesanges blieb fortan, so weit der römische Einfluß reichte, das Vorrecht der Kleriker und eines geschulten klerikalen Sängerchors. Gregor errich=tete zu diesem Zwecke in Rom eine große Singschule, in welche Knaben mit guter Stimme, hauptsächlich Waisen=kinder, aufgenommen wurden. Niemand sollte mehr Priester werden, der nicht des Singens kundig wäre. Auch Luther hat später sich dahin geäußert, daß man keinen jungen Gesellen zum Predigtamte verordnen solle, der sich nicht im Singen wohl versucht und geübt hätte. Doch lag ihm dabei ohne Zweifel die römische Vorstellung fern, nach welcher das Ansehen der Geistlichen dadurch erhöht wird, daß sie allein vor versammelter Gemeinde den Dienst der Engel verrich=ten, nämlich Gott im Himmel Lieder singen. Ueberdies war im XVI. Jahrhundert an die Stelle der schwierigen Gregori=anischen Neumen schon längst die Wohlthat der Notenschrift getreten. Seit der Erfindung derselben durch den Bene=diktinermönch Guido von Arezzo († ca. 1050) war kein kirchlicher Sänger mehr genöthigt, mindestens zehn volle Jahre auf die Erlernung der vorgeschriebenen Gesänge zu verwenden.

Die Einheit der Kirche bedingte die Einheit der Kirchen=
sprache. Daher beanspruchte und behauptete die lateinische
Sprache in der abendländischen Christenheit dieselbe Allein=
herrschaft, wie die griechische in der morgenländischen. Und
so waren denn nicht blos innerhalb des römischen Sprach=
gebietes, sondern auch außerhalb desselben Kultus und Poesie
der Kirche wesentlich lateinisch, auch in Deutschland. In
die Fußtapfen des Ambrosius und Gregor, dessen Hymnen
sich noch bis auf diesen Tag im katholischen Kirchengesange
erhalten haben, traten eine ganze Reihe zum Theil hervor=
ragender Dichter, wie der Spanier Prudentius und der
Irländer Sedulius, dieser ein Meister klassischer Anmuth
und Reinheit des Ausdrucks, jener voll tiefer, starker
Empfindung.

Den Reigen derjenigen Deutschen, die lateinisch dich=
teten, eröffnet im IX. Jahrhundert ein Abt von Reichenau,
Walafried mit dem Beinamen Strabo d. i. der Schielende.
Auch Karl dem Gr., der so eifrig bestrebt war, die Gregori=
anische Liturgie in seinen Landen einzubürgern, so wie seinem
Urenkel, dem Dicken, wird ein lateinischer Hymnus zuge=
schrieben. Auch andere Könige, wie der Frankenkönig Chil=
perich und Robert, König von Frankreich, sollen um die
Palme der geistlichen Dichtkunst in lateinischer Sprache
gerungen haben.

Im X. Jahrhundert, wo der Gebrauch der Orgeln schon
allgemeiner wurde, entstand eine ganz neue Art von Hymnen,
die sog. Sequenzen oder Prosen. In ihnen kommt zuerst
die Regel zur Anwendung, daß die Zahl der Silben mit
den Tönen, die bis dahin stellenweis ganz textlos waren,
zu korrespondiren hat. Der Erfinder derselben ist gleichfalls
ein Benediktinermönch, Notker Balbulus (der Stammelnde).
Er gehörte dem seiner Zeit durch Kunst und Wissenschaft

berühmten Kloster St. Gallen an. Später freilich, im Jahre
1291, war man in St. Gallen so unwissend, daß das ganze
Kapitel mit Einschluß des Abtes nicht einmal schreiben
konnte.

Was Notker noch in Prosa begonnen setzten nun andere
fort in Reim und Rhythmus. Hatten aber die früheren
Dichter fast alle mehr oder weniger nur in kirchlichem
Interesse gedichtet, so weht in den Liedern des großen
Cistercienserabtes Bernhard v. Clairvaux († 1153) bereits
ein freier Geist. Luther hat von St. Bernhard eine
außerordentlich hohe Meinung. Er stellt ihn höher als alle
Mönche und Pfaffen auf dem ganzen Erdboden. Paulus
Gerhardt aber verdankt ihm sein herrlichstes Passionslied.

Bernhards Zeitgenosse war Abälard, dieser tragische
Ketzer der Scholastik. Ueber seinem Grabe singt Heloise mit
ihren Klosterschwestern in Lauten tiefempfundener, herzan=
bringender Lyrik: »Raste nun von Lebensmühen, Liebeskummer,
Liebesglühen; auf der Seligen Verein stand dein Hoffen:
Sieh dir offen jetzt die Pforte, tritt herein!« »Heil sei dir
im Siegerkranze, Bräutigam im Strahlenglanze dich mit
tausend Thränen grüßt Heloise, winkt durch diese Nacht dir,
wo sie einsam büßt«.

Ihre höchste Vollendung erreichte die kirchliche Hymnen=
dichtung im XIII. Jahrhundert durch etliche Bettelmönche.
Die Sonne trat in den Zenith, um darnach langsam unter=
zugehen. Denn je näher der Reformation, desto mehr ver=
liert sich der lateinische Liederstrom im Sande. Der Deutschen,
die lateinisch dichten, werden weniger. Es sind fast nur
noch Ausländer, welche sich der Sprache Roms, die längst auf=
gehört hatte, eine lebendige Volkssprache zu sein, in ihren
Liedern bedienen. Aber wie der Spielmann Volker in jener
Nacht auf der Etzelnburg, ehe das unabwendbare Verhängniß

hereinbrach, noch einmal sein liebes Saitenspiel ergriff und demselben zuvor nie gehörte letzte Töne entlockte, so erhob sich auch die kirchliche Poesie vor ihrem Niedergange, in der Hochsommerzeit des Mittelalters und des Marienkultus zu nie dagewesener Höhe. Und wie man in den Liedern der frühern Periode eine gewisse Verwandtschaft mit den Formen des romanischen Baustils wahrnehmen kann, so bewegt sich das Lied nun in der Stimmung, welche im gothischen Bau= stil, dieser versteinerten Lyrik, nach einem entsprechenden Ausdruck ringt.

Jedem gebildeten Deutschen ist, wenn auch vielleicht nicht aus der deutschen Bearbeitung des Bartholomäus Ringwald, so doch aus Goethe's Faust das gewaltigste lateinische Lied des Mittelalters bekannt, die Sequenz »Dies irae, dies illa«. »Jenen Tag, den Tag der Wehen, wird die Welt im Brand vergehen, wie Prophetenspruch geschehen«. Oder wie Sim= rock die erste Strophe wörtlicher übersetzt: »Tag der Rache, Tag voll Bangen, schaut die Welt in Gluth zergangen, wie Sibyll und David sangen.«*) Als Verfasser gilt Thomas v. Celano († 1255), der Freund des wunderlichen Heiligen von Assisi,**) welcher dem reichen Vater seine Kleider vor die Füße warf und in der Bettlerkutte mit einem Topfe umher= ging, um sein Mittagessen aus allerlei zusammengeschütteten Ueberresten vor den Thüren zu sammeln. Außerdem streiten sich noch sechs andere um den Ruhm, dieses Weltwunder von Poesie hervorgebracht zu haben. »Wie ein Hammer schlägt dies Lied mit drei geheimnißvollen Reimklängen zerschmetternd an die Menschenbrust«. Den vollen Eindruck gewährt jedoch

---

*) Simrock, Lauda Sion. Auswahl der schönsten lateinischen Kirchen= hymnen mit deutscher Uebersetzung. 2. Aufl. Stuttgart 1868.

**) Hase, Franz v. Assisi, ein Heiligenbild. Leipzig 1856.

allein das lateinische Original. Jede deutsche Uebersetzung
ist unzureichend, denn keine vermag das Unnachahmliche nach=
zuahmen, nämlich die Strenge und Kürze der Form und des
Ausdruckes wiederzugeben, welche diesem Liede eigen sind.
Form und Inhalt aber sind aus einem Guß. Das Lied
fließt nicht, sondern es schreitet. Es leuchtet nicht, aber es
glüht. Es rauscht nicht, aber es tönt in tiefen, ergreifen=
den Glockenschlägen, warnend, mahnend, bittend. Jesus
Christus, der Sohn Gottes, den die Propheten verkündigt,
den auch die Sibyllen geweissagt, erscheint als der Welten=
richter. Wir hören das gellende, markdurchschneidende Hallen
der Posaune. Der Tod und die Hölle bebt. Aus allen
Gräbern kommen sie vor den Thron des Königs. Ein Buch
wird aufgeschlagen. Es ist das Schuldbuch der Welt. Nun
wird alles offenbar und nichts bleibt verborgen und unge=
straft. Da wird selbst der Gerechte zagen. Und ich armer
Sünder! Wer wird mein Fürsprecher sein! O König, schreck=
lich und herrlich, hilf du mir! Frommer Jesu, denke daran,
daß du auch für mich am Kreuze gestorben bist. Laß so
viel Leiden nicht vergeblich sein! Gerechter Richter, ver=
schone! Ich flehe schuldbeladen. Als du der Maria vergabst
und dem Schächer verziehest, da hast du auch mir Hoff=
nung verliehen. Zwar unwürdig ist mein Flehen, aber
ich traue deiner Gnade. Mit zerknirschtem Herzen heb ich
zu dir meine Hände, rette mich vor dem Pfuhl der Ver=
dammten, laß mich mit den Gesegneten deines Vaters zu
deiner Rechten stehen! Mach mich selig!

Unmittelbar neben diesem poetischen Kolosse erhebt sich
die Schöpfung eines andern Franziskaners, des Jacoponus
(† 1306), welcher die Demuth so weit trieb, daß er sich
wahnsinnig stellte und auf allen Vieren mit Sattel und
Zeug eines Tages auf dem Markte erschien, um den Kindern

als Reitthier zu dienen.*) Jacoponus dichtet nicht, wie Thomas, im Lapidarstil der alttestamentlichen Propheten, unter den Schrecken des hereinbrechenden Weltgerichts, seine Seele schwimmt wonnetrunken im Meer der süßen, glühenden geistlichen Minne. Oder ist jemals der schmerzenreichen Mutter, die unter dem Kreuze des eingebornen Sohnes steht, der hehren Jungfrau Königin, die mit dem Auge der Mutter siehet des Sohnes Schmerzen und verhauchen seinen Geist, ein Lied gesungen worden von so ergreifender Wehmuth und Wonne eines in Liebe und Leid trunkenen Herzens wie das »Stabat mater dolorosa«! Auch von diesem Liede existiren wie von dem Dies irae weit über hundert Uebersetzungen aus alter und neuer Zeit. Was jedoch bei dem aus Granit gehauenen Liede des Thomas schier unmöglich scheint, das wird auch bei der Uebertragung des weichern und mehr weiblichen Stabat mater nur annähernd erreicht. Die außerordentliche Schönheit dieses Liedes beruht nicht zum geringsten Theil in dem goldnen Fluß und dem musikalischen Zauber der Sprache. »Ach neige, du Schmerzenreiche, dein Antlitz gnädig meiner Noth. Das Schwert im Herzen, mit tausend Schmerzen blickst auf zu deines Sohnes Tod. Zum Vater blickst du und Seufzer schickst du hinauf um sein und deine Noth«. So hat Goethe die erste Strophe verstanden.

Manchen Meister der Tonkunst haben die Lieder der beiden Franziskaner beschäftigt. Berühmt vor andern und mächtig ergreifend ist die Komposition des Dies irae in Mozarts Requiem vom Jahre 1791, bei dessen Ausarbeitung der große Tondichter bekanntlich vom Tode ereilt wurde. Auch Pergolesi's herrliche Komposition des Stabat ist zugleich

---

*) Vgl. Hase, Protestantische Polemik S. 290.

sein Schwanengesang.*) Eine Art volksthümlicher Ophelia,
ein Banditenweib, vor und nach der Hinrichtung ihres
Mannes in der Nacht ihres Irrsinnes heilige Lieder singend,
soll auf den Dichter einen solch ergreifenden Eindruck gemacht haben, daß er in Folge davon den Plan zu seinem
Stabat mater faßte. »Die Lieblichkeit der Wehmuth in
des Schmerzens Tiefe, dies Lächeln in Thränen, diese Kind-
lichkeit, die den höchsten Himmel anrührt, ist mir noch niemals so licht in der Seele aufgegangen. Ich habe mich
abwenden müssen, um meine Thränen zu verbergen, vorzüglich bei der Stelle: Sieht des süßen Sohnes Leben son-
der Trost dem Tod gegeben.« (Tieck.)

Das Stabat mater des Palästrina kommt noch jetzt all-
jährlich in der Charwoche in der päpstlichen Kapelle zu
Rom zur Aufführung.

Mancher berühmte lateinische Gesang wäre noch zu
nennen. Viele, darunter edle Perlen, sind namenlos erschienen. Unergründlich ist der Seufzer eines Unbekannten:
»Dein Liebesfeuer, ach Herr! wie theuer wollt ich es hegen,
wollt ich es pflegen! Hab's nicht geheget und nicht gepfle-
get, bin todt im Herzen — o Höllenschmerzen!« Und was
sind das für liebliche Akkorde aus der großen Symphonie
des lateinischen Hymnengesanges, wenn »unsere Frau« dem
Christkindlein in der Krippe zusingt: »Schlafe, Kind, die
Mutter singet, eingeborner Sohn, dich ein; schlafe, Sohn und
Vater! klinget mein Gesang, o Knabe klein. Tausend
lobende Lieder singen wir, tausend, tausendfache dir.« Oder
wenn Maria sehnsuchtsvoll klagt: »Ob Lieben Leiden sei, ob
Leiden Lieben sei, des bin ich unbewußt; dieses nur fühlt
die Brust: Mein Leiden Weiden ist, wenn Lieben Leiden ist.«

———————

*) Vgl. Em. Geibel's Gedicht Pergolese.

Volkslyrik ist das freilich nicht, konnte und sollte es auch nicht sein. Das Lied der römischen Kirche kann seine aristokratische Herkunft auf keiner Stufe ganz verleugnen. Am nächsten unserm religiösen Gefühl stehen die Gesänge der ältern Zeit, die meist einen objektiv christlichen Charakter haben. Es sind die großen Heilsthatsachen des Christenthums, denen sich die Sänger mit Vorliebe zuwenden. Es ist die kindliche Freude an der heiligen Geschichte, die nicht müde wird, das Alte, längst Bekannte, immer von neuem wieder zu erzählen in schmuckloser Einfalt. Den Inhalt jener ältern Poesie bilden ferner die täglichen Erfahrungen der Güte und Treue Gottes, das zuversichtliche Vertrauen in seine Führung, die Heiligung des Lebens in Buße und Glauben, das Heil allein im Namen Jesu. Die lateinischen Dichter der ersten Jahrhunderte bewahren sich bei aller Fülle des heil. Geistes doch eine gewisse Nüchternheit des Herzens und Sinnes und singen, was besonders charakteristisch ist, mit großer Vorliebe Morgenlieder.

Im Mittelalter gewinnt im allgemeinen alles eine viel buntere Färbung. Man wird komplizirter und gefühliger in seiner Frömmigkeit. Die christliche Glaubenswärme steigert sich zur verzehrenden Gluth, zum berauschenden Pathos. Das konkrete Leben verflüchtigt sich zu einem Natur und Welt verachtenden romantischen Idealismus. Ein ans Abgöttische streifender, der ältesten Kirche noch durchaus fremder Marien= und Heiligenkultus, der alles gesunde Leben überwuchert und zu ersticken droht, verleitet die Poesie zu den gewagtesten Allegorien und zu einer verschwenderischen Ueppigkeit der Darstellung, die über das Maß des Erträglichen oft beträcht=lich hinausgeht.

Doch fehlt es gleichwohl nicht an durchaus edlen Erzeug=nissen, wie das echt evangelische Dies irae und das eben so

echt katholische Stabat mater zur Genüge beweist. Es gehört
ein hoher Grad böswilliger Unwissenheit dazu, in den lateinischen Hymnen nur gedankenlose Mönchsreimereien zu erblicken. Man kann gewiß mit Adolf Ludwig Follen,*) der
noch unter den unmittelbaren Nachwirkungen der Befreiungskriege im Jahre 1819 eine kleine Auswahl von Hymnen
in meisterhafter Uebersetzung herausgab und damit ein nationales Werk vollbracht zu haben glaubte, ein guter Deutscher
sein und doch gleichzeitig freudig anerkennen, was an diesen
Zeugnissen kirchlichen Geistes echt und bleibend ist. Herder,
dem niemand eine parteiische Voreingenommenheit für römische
Art zutrauen wird, hat sich über die lateinische Hymnenpoesie
wiederholt in Worten der höchsten Anerkennung ausgesprochen.
Er meint, daß diese Buß- und Gebetspsalmen, diese Lieder
der Trauer und Hoffnung zuerst in Einöden und Katakomben
ertönten.**) Nach der öffentlichen Anerkennung des Christenthums traten sie dann aus dem Dunkel ins Licht, aus der
Einsamkeit in prächtige Kirchen, vor geweihte Altäre, und
nahmen nun auch im Ausdruck Pracht an. Und worin liegt die
sonderbare Wirkung dieser altchristlichen Gesänge? Gedanken,
vollends neue und überraschende Gedanken, sind in den
Hymnen selten. Fast kehrt der Inhalt aller in jedem einzelnen wieder. Auch überraschend feine und neue Empfindungen sind selten. Was uns rührt ist die Einfalt und
Wahrheit. Ueber das Ganze aber ist ein Strom der
Begeisterung, der lyrischen Fülle und eines so lauten Jubels
ausgegossen, daß man es mit großer Gewalt fühlt, an diesen

---

*) Follen. Alte christliche Lieder und Kirchengesänge, teutsch und lateinisch.
Elberfeld 1819.

**) Vgl. Uhlhorn, Der Kampf des Christenthums mit dem Heidenthum.
Bilder aus der Vergangenheit als Spiegelbilder für die Gegenwart. Stuttgart
1874.

Hymnen haben ganze Nationen und ganze Jahrhunderte gearbeitet.*)

Wie die Reformation zu den lateinischen Hymnen stand wird sich später zeigen. Für das Volk vor der Reformation erwiesen sie sich in mehrfacher Hinsicht als überaus nützlich. Schon sehr frühzeitig wurden einzelne durch Uebersetzungen der Gemeinde zugänglich und verständlich gemacht. Bereits im IX. Jahrhundert konnte man wenigstens das Te Deum in deutscher Sprache singen: „Thih Cot lopemes.“ Die Uebersetzungsarbeit ruhete auch im Mittelalter nicht. Es war eine alte Sitte, den lateinischen Hymnen den römischen Chorrock auszuziehen und ihnen, allerdings nicht immer sehr meisterlich, Alltagskleider nach deutschem Schnitte anzupassen. Schon am Ende des XIV. Jahrhunderts hatte der Benediktinermönch Hermann oder Johannes von Salzburg dies Geschäft eifrigst betrieben. Im XV. aber war es besonders der bereits erwähnte Heinrich v. Laufenberg, welcher durch die größere Kunst und Zahl seiner Bearbeitungen und Uebersetzungen alle seine Vorgänger übertraf und durch sein Beispiel erfolgreich zur Nachfolge ermunterte.

Wenn es ferner ein Fortschritt ist, daß durch Otfrid v. Weißenburg an die Stelle des Stabreims der Endreim gesetzt wurde, so verdankt die deutsche Poesie diesen Fortschritt einzig und allein dem Vorbilde und Einflusse der lateinischen Kirchenpoesie.

Und noch mehr. Man hat der römischen Kirche unsererseits von jeher einen Vorwurf daraus gemacht, daß sie die

---

*) Später schrieb man gewissen Hymnen und Sequenzen sogar besondere Wunderkräfte zu. So wird bei dem Hymnus Christe qui lux es et dies bemerkt: Wer den mit Andacht bei der Nacht spricht, den mag der Teufel nicht anfechten, noch kein schwerer Traum zufallen. Vgl. Weinhold, Weihnachtsspiele und Lieder. Graz 1870. S. 378.

deutschen Christen vom Anfang an in die unerträgliche Lage versetzt habe, im Gottesdienste nur immer unverständliche, mysteriöse lateinische Klänge vernehmen zu müssen. Daß die Klänge lateinisch waren ist freilich zu beklagen. Aber daß sie schön gewesen sind wird niemand leugnen können. Ihre musikalische Wirkung auf das deutsche Gehör und Gemüth darf darum nicht unterschätzt werden. Für die Bildung des guten Geschmacks, also in ästhetischer Beziehung, war der lateinische Hymnengesang für das deutsche Volk ein unzweifel= hafter Gewinn, und was die Erbauung anlangt, so gibt es eine erbauliche geistliche Musik auch ohne Worte. Das Anhören der fremden Klänge haben sich darum auch die deutschen Christen Jahrhunderte lang ruhig gefallen lassen. Aber daß sie nur hören sollten, das freilich überstieg zuletzt selbst die Kraft der dauerhaften deutschen Geduld.

4. Alt= und neutestamentliche Poesie.

In einer alten Gesangbuchsvorrede wird eines gewissen Autors gedacht, nach dessen scharfsinniger Vermuthung der erste Mensch der erste Sänger gewesen sein soll. Durch das Exempel der Vögel angetrieben hätten nämlich bereits die ersten Aeltern im Paradiese ihrem Schöpfer Loblieder gesungen, wenn auch nicht angenommen werden könne, daß diese Lieder von der Beschaffenheit gewesen, »wie heutiges Tages«. Unsere gründ= lichen Altvordern pflegen den Nachweis, daß geistliche Lieder singen eine alte Gewohnheit sei, mit Adam zu beginnen. Im weitern Verlauf erinnern sie dann daran, daß schon Homer und Hesiod von ihren vermeinten Göttern versweise geschrieben und daß der Gottesdienst der alten Aegypter unter anderm auch in Liedern bestanden habe. Vor allen Dingen aber sind es die gottergebenen Menschen des Alten Testaments, welche die ihnen verliehene Gabe der Poesie und des Gesanges ausschließlich in den Dienst Gottes gestellt haben.

Die Gabe und Aufgabe Israels war eine vorwiegend religiöse.*) Die Beziehung auf Gott beherrschte gleicher= maßen das Leben wie die Kunst, soweit von einer solchen innerhalb Israel überhaupt die Rede sein kann. Denn die

---

*) Vgl. Luthardt, Apologet. Vorträge I. S. Grau, Semiten und Indo= germanen. 2. Aufl. 1867.

bildenden Künste fehlen den Israeliten gänzlich. Wir finden
bei ihnen kein Beispiel von Malerei oder Bildhauerei. Und
der Baumeister des Salomonischen Tempels war ein Heide.
Die Israeliten sind, vielleicht durch das Mosaische Bilder=
verbot gehindert, nie über das Handwerk hinaus gekommen.
Die hebräische Sprache hat für Kunst nicht einmal ein
besonderes Wort. Wohl aber ist Israel als Volk der Religion
zugleich das Volk der heiligen vom Geiste Gottes gewirkten
Poesie. Poetische Produkte des rein natürlichen Menschen=
geistes finden sich allerdings auch im Alten Testamente, aber
nur anführungsweise, wie z. B. das Lied des Hasses und
der Rache, welches Lamech in titanischem Uebermuth vor
seinen Weibern singt. 1 Mos. 4, 23 ff. Dies Lied dürfte
zugleich das älteste noch vorhandene Lied der Welt überhaupt
sein.

Ein poetischer Hauch ist über dem ganzen Alten Testament
ausgegossen. Poesie im engern Sinne enthalten jedoch nur
einzelne Stücke und Bücher desselben. Und zwar ist es
wiederum nur die lyrische und Lehrpoesie, welche eine selb=
ständige Ausbildung gefunden hat. Von alttestamentlichen
Dramen und Epen kann nur insofern die Rede sein, als
sich die Elemente zu diesen beiden Dichtungsgattungen aller=
dings in der hebräischen Poesie vorfinden, und zwar in der
Gestalt von einzelnen epischen Liedern, Wechselchören und
Dialogen. Das ist aber auch alles. Ein im Sinne und
nach den Regeln der Kunst durchgeführtes Epos oder Drama
ist auf dem Boden der göttlichen Offenbarung schon aus
inneren Gründen überhaupt nicht recht denkbar. Denn diese
Dichtungsformen setzen ein viel freieres Verhältniß des
Dichters zu seinem Stoffe voraus als dasjenige war, in
welchem sich die biblischen Schriftsteller befanden. Von
poetischer Zurechtlegung, Gruppirung und Ausschmückung

der Thatsachen kann bei ihnen nicht die Rede sein. Die Anfertigung biblischer Epen und Dramen ist die Sache der christlichen Kunst. Für die Geschichtserzählungen des Alten Testaments war, wie für die Evangelien, die lyrisch ange= hauchte Prosa die einzig angemessene Form. Das Buch Hiob aber und das Hohelied, in denen man sogar einzelne Aufzüge und Szenen hat unterscheiden wollen, so daß nur noch die Bretter fehlen, welche die Welt bedeuten, sind nichts anderes als poetische Schriften von besonders lebendiger Lyrik und anschaulicher Lehrhaftigkeit. Will man jedoch, abgesehen von der Form, in der ganzen Heilsgeschichte ein großes, zu= sammenhängendes göttliches Drama oder Epos erblicken, so ist dagegen nichts zu erinnern.

Für unsern Zweck genügt es, vor allen Dingen den Reichthum und die Schönheit der alttestamentlichen Lyrik ins Auge zu fassen, die selbst rein menschlich angesehen nicht weiter ihres Gleichen hat.

Als die Wogen des rothen Meeres zusammenschlugen über dem ägyptischen Pharao und seinen Wagen und Reitern, da sang Moses und die Kinder Israel dies Lied dem Herrn und sprachen: »Ich will dem Herrn singen, denn er hat eine herrliche That gethan, Roß und Wagen hat er ins Meer gestürzt.« 2 Mos. 15, 1 ff. Und Mirjam, die Prophetin, Aarons Schwester, nahm eine Pauke in ihre Hand; und alle Weiber folgten ihr nach hinaus mit Pauken am Reigen. Und Mirjam sang ihnen vor. Das Siegeslied Mosis ist das älteste geistliche Volkslied. Es ward gesungen 1500 vor Christi Geburt, also zu einer Zeit, wo die Geschichte Griechen= lands noch in mythischer Dämmerung lag und an einen Homer und Pindar noch lange nicht zu denken war. Damals faßte sich Israel unter Gottes Leitung zu einem selbständigen Volke zusammen, und aus dem Herzen des ganzen Volkes

erklingt der Hymnus zum Preise der großen und herrlichen
Thaten Gottes. Das ist das Bedeutende und Typische an
diesem Mosesliede voll schwunghafter Begeisterung und heiliger
Einfalt, daß in ihm nicht ein Einzelner, sondern das ganze
Volk jauchzt und dankt. Moses ist nur der Mund der
Gemeinde. Sein Lied ist nur der poetische Reflex der
Wunderthaten Gottes im Volksherzen. Er gibt nur den
Empfindungen Ausdruck, von welchen alle gleichmäßig erfüllt
und bewegt sind.

Der von Moses angeschlagene Grundton klingt nun
weiter fort und schwillt je mehr und mehr an. Auch während
des Zuges durch die Wüste werden Lieder gesungen, gottes=
dienstliche und Kriegslieder. Im 4. Buch Mosis Kap. 21
ist die Rede von einem »Buch von den Streiten des Herrn«
und ebenda wird erzählt von einem Liede, welches das Volk
über dem Brunnen sang, den ihm der Herr gezeigt hatte.
Die Loblieder wurden unter Instrumentalbegleitung und
Reigentanz gesungen.

In der wilden kriegerischen Richterzeit scheinen heilige
Poesie und Gesang nur geringe Fortschritte gemacht zu haben.
Dem heroischen Charakter des Zeitalters entsprechend gedieh
nur die Kriegspoesie. Ein Klang und Spiegelbild jener Zeit
ist das Siegeslied der Debora, einer unerschrockenen, gott=
begeisterten Frau, die unter den Palmen auf dem Gebirge
Ephraim zu Gericht saß über Israel und den Barak ermuthigte
zum Kampf wider die Kananiter. Richter 5. Und vom
Sieg wird auch die Tochter Jephthah's gesungen haben, als
sie mit Pauken und Reigen ihrem Vater entgegenging, der
ein streitbarer Held siegreich zurückkehrte aus der großen
Schlacht wider die Kinder Ammon. Richter 11, 34. Im
übrigen aber war das Wort Gottes theuer zu derselben Zeit
und war wenig Weissagung.

In Samuel trat ein Reformator auf. Was die fromme Hanna über diesen erbetenen Sohn prophetischen Geistes gesungen im Hause des Herrn zu Silo, es ging in Erfüllung. 1 Sam. 2. Unter Samuel erhob sich das Volk von seinem religiösen, sittlichen und politischen Verfall. In den Prophetenschulen, die er gründete, wurde unter anderm auch der Boden zubereitet, auf welchem die heilige Dichtkunst in Israel zur höchsten Blüthe gelangen sollte.

Der Name David bezeichnet den Höhepunkt der alttestamentlichen Lyrik. Der Sohn des Isai war schon ein Dichter als er im Jahre 1055 den Thron bestieg. Denn bereits in den Tagen, da er ein bräunlichter Knabe, mit schönen Augen und guter Gestalt auf den Fluren Bethlehems die Schafe seines Vaters hütete, übte er Gesang und Saitenspiel täglich. Das Beispiel Davids aber zeigt am deutlichsten, wie die Ausbildung der hebräischen Poesie aufs innigste verbunden war mit der geschichtlichen Entwicklung der Theokratie und des Reiches Gottes. David ist der Repräsentant der höchsten Macht des Königthums, wie Salomo derjenige der höchsten Pracht. Er ist der Träger der Verheißung, er weissagt Christum und bildet ihn vor. Und er hat von dieser seiner epochemachenden Stellung und Bedeutung für das Reich Gottes ein klares durch göttliche Offenbarung vermitteltes Bewußtsein. Schon das allein hätte genügt ihn zu einem großen Dichter zu machen. Dazu kam jedoch noch außerdem eine ungewöhnliche poetische Naturanlage, ein reiches Gemüths- und Empfindungsleben und eine Reihe so mannigfaltiger und vielseitiger Lebenserfahrungen, wie sie sonst keinem Frommen des Alten Bundes zu Theil geworden sind. »Wo kämen Davids Psalmen her, wenn er nicht auch versuchet wär!« (Schmolk). In der Schule des Kreuzes und der Anfechtungen, auf der Flucht und im Kriegslager, als

ein hart verfolgter, heimathloser Mann, als ein betrogener
und entthronter König, im Staube als ein Büßender, auf
dem Thron als ein Begnadigter nach tiefem Falle — so
hat er den tiefsten Einblick gethan in den Heilsrath Gottes
und den Eindruck, den er davon empfangen, wiedergegeben
in den unverwelklichsten Blüthen heiliger Lyrik.

Auf seiner Harfe, die ihm den Weg zum Hofe gebahnt,
um daselbst den bösen Geist Sauls zu beschwören, erklingen
alle Saiten, werden alle Töne lebendig, die höchsten und
die tiefsten. Alle menschlichen Empfindungen kommen zum
Ausdruck, auch die der wehmüthig klagenden Freundschaft.
Davon zeugt das ergreifende Klagelied Davids über den
Tod Sauls und Jonathans, welches im »Buche der Redlichen«
gestanden hat. 2 Sam. 1, 18 ff. »Die Edelsten in Israel
sind auf deiner Höhe erschlagen. Wie sind die Helden
gefallen! Saul und Jonathan, holdselig und lieblich in ihrem
Leben, sind auch im Tode nicht geschieden; leichter denn die
Adler und stärker denn die Löwen. Ihr Töchter Israel,
weinet über Saul, der euch kleidete mit Rosinfarbe säuberlich,
und schmückte euch mit güldnen Kleinoden an euern Kleidern.
Wie sind die Helden so gefallen im Streit! Jonathan ist
auf deinen Höhen erschlagen. Es ist mir leid um dich, mein
Bruder Jonathan; ich habe große Freude und Wonne an dir
gehabt, deine Liebe ist mir sonderlicher gewesen denn Frauen=
liebe. Wie sind die Helden gefallen und die Streitbaren
umkommen. «

Dies mehr weltliche Lied vom »Bogen« befahl David
die Kinder Juda zu lehren, doch war seine Absicht besonders
auf Hebung und Bereicherung des religiösen und gottesdienst=
lichen Volksgesanges gerichtet, welcher hauptsächlich in Chor=
gesang bestanden zu haben scheint. 24 Chöre mit 4000
Sängern führten denselben aus mit allerlei Saitenspiel von

Tannenholz, mit Harfen und Psaltern und Pauken und Schellen und Cymbeln. Auch Sängerinnen befanden sich unter denselben.

Das Gesangbuch bildete die Psalmensammlung, die nach und nach entstanden ist und in fünf Büchern abgeschlossen im Alten Testamente vorliegt. Die Bestimmung der 150 Psalmen ist aber vom Anfang an eine öffentliche, nationale gewesen. Das Volk hat sich derselben bei den verschiedensten Anlässen im Haus und Tempel, im Krieg und Frieden, auf der Wanderung, in der Gefangenschaft bedient, wie man ja auch sagen kann, daß das ganze Volk an ihnen gedichtet hat. Die Psalmen sind die Antwort des gläubigen Israel auf das Gesetz und die Offenbarung Gottes. Freilich stammen sie nicht alle aus der Davidischen Zeit. Der Verfasser des 90. Psalm ist Moses. Davids Namen tragen 73 Psalmen, doch dürften ihm von den 50 namenlosen noch mehrere zugehören. Von Salomo, der 3000 Sprüche (»goldene Aepfel in silbernen Schalen«) und 1005 Lieder gedichtet, also seinen Vater an poetischer Fruchtbarkeit noch übertroffen hat, stammen zwei Psalmen, der 72. und 127. Außerdem werden noch Davids Gesangmeister Assaph, Heman, Ethan, sowie die Kinder Korah als Psalmendichter namhaft gemacht. Aus der Periode der vorherrschenden Prophetie nach der Trennung des Reiches stammen etwa 9 Psalmen, während etliche vierzig den Zeiten des Exils angehören. Mit Nehemia, etwa 400 v. Chr., verstummte Gesang und Prophetie. Die Zeit der Offenbarung war vorüber. Die ihr nachfolgende Schriftgelehrsamkeit aber war und machte trocken.

Wie ein rother Faden zieht sich durch den Psalter die Weissagung auf Christus, bald direkt, bald nur leise angedeutet oder verhüllt. Viele namentlich Davidische Psalmen sind rein geschichtlichen Inhaltes, doch so, daß in dem Gegen-

wärtigen immer das Zukünftige, in dem Einzelnen immer
das Ganze angeschaut wird.   Die meisten sind rein lyrische
Ergüsse begeisterter Empfindung in Lob und Dank, Gebet
und Bitte, Klage und Buße.   Das erschütterndste Bußlied
ist der 51. Psalm; ein wahrhaft evangelischer Jubelruf der
Begnadigung bricht hervor aus dem 103. Psalm: »Lobe
den Herrn, meine Seele und was in mir ist seinen heiligen
Namen.«   Auch Lehrpsalmen fehlen nicht.   Die sog. »Lieder
im höhern Chor« hingegen, Ps. 120—134, sind Wallfahrts=
lieder, bestimmt für die festlichen Pilgerzüge zum Tempel.
Die Form ist immer kunstvoll, in den sog. Alphabetpsalmen
hat man sogar eine gewisse Künstelei erblicken zu sollen
geglaubt.   Aber welches auch immer der Inhalt oder die
Form der Psalmen sein möge, allen eignet eine Erhabenheit,
wie sie selbst auf biblischem Gebiete sonst nur noch der
prophetischen oft ins Lyrische überfließenden Rede eigen ist.
Es gilt dies besonders auch von den Naturschilderungen.
Dieselben sind, wie selbst Alexander v. Humboldt bezeugt,
weil der reinen Anschauung des Göttlichen hingegeben, auch
im höchsten Schwung der Begeisterung nicht maßlos, wie die
irdische Dichtung, sondern von einem so feierlichen Ernst, so
naturwahr, so malerisch in der Darstellung einzelner Er=
scheinungen und so kunstreich in der ganzen Komposition,
daß die Naturpoesie der Araber dagegen nur als ein schwacher
Abglanz erscheint.

Eine anstößige und für das christliche Gefühl verletzende
Gesinnungsweise dokumentiren, oberflächlich oder vom Stand=
punkt der Sentimentalität betrachtet, die sog. Rache= oder
Fluchpsalmen.   Das sind Psalmen, in welchen über die
Feinde des Reiches Gottes die Rache Gottes herabgewünscht
wird.   Dies geschieht allerdings oft, beispielsweise in den
letzten Versen des bekannten 137. Psalms, den wir der

Merkwürdigkeit halber in einer alliterirenden Uebersetzung
von W. Jordan*) hier folgen lassen:

An den Bächen von Babel
Wohnten wir und weinten,
Wenn wir deiner, o Zion,
Verzagend gedachten.
An den Aesten der Weiden,
Welche dort wachsen,
Hängten wir auf
Unsere Harfen;
Denn es forderten unsere Feinde
Auch noch Saitenspiel und Gesang,
Denn es wünschten unsere Wächter
Auch noch Lieder der Lust:

Laßt uns doch lieber
Lauschen einem Liede,
Das von Zion erzählet.

Wie sollten wir singen
In der freudlosen Fremde
Die Hymnen des Herrn?

Vergäße mein Geist
Jerusalems jemals,
Dann soll mich verrathen
Die eigene Rechte.
Mir soll an dem Gaumen
Die Zunge geklebt sein,
Wenn ich dein nicht gedächte,
Nicht Jerusalem rühmte
Als den Glanz meines Glückes!

O Gott, laß entgelten
Die Söhne Edoms,
Was sie gesündigt
Am Tag der Zerstörung
Der heiligen Stadt.

---

*) W. Jordan, Strophen und Stäbe. Frankfurt 1871.

Reißet, so riefen sie,
Reißet nieder
Bis auf den Boden!

Weltverwüstende
Buhlerin Babel,
Heil dem Helden,
Welcher heimzahlt
Deinen Töchtern,
Was du uns gethan hast!
Heil dem Kühnen,
Der deine Kinder
Faßt an den Fersen
Und ihnen am Felsen
Die Schädel zerschellt!

Merkwürdig, daß die meisten dieser Fluchpsalmen gerade von David herrühren, dem Manne mit dem milden, versöhn=lichen Herzen, der die Feindesliebe nicht blos gepredigt, son=dern auch geübt hat wie selten jemand. Es müssen diese Psalmen demnach doch nicht unter das zweite Gebot fallen. Verwünschungen kommen ja auch im Neuen Testamente vor, und daß die Rache und die Vergeltung Gottes Sache ist wußten auch die alttestamentlichen Frommen. Von sündiger Privatrache kann daher bei ihnen nicht die Rede sein. Der Wunsch geht immer nur dahin, daß die gerechte Vergeltung treffen möge die Feinde des Reiches Gottes, sofern sich die=selben nicht bekehren. Die verschmähte rettende Liebe schlägt zuletzt nothwendig um in den verdienten richtenden Zorn. Die unbedingte Liebe zum Guten hat zu ihrer nothwendigen Kehrseite den glühenden Haß des Bösen. Dies Verhältniß besteht im Wesen Gottes und findet in den genannten Psalmen einen durch die menschliche Individualität immerhin gefärbten Ausdruck. Man kann diesen Thatbestand beklagen im Interesse derer, die zuletzt verloren gehen, aber man wird eben so wenig eine Aenderung desselben wünschen dürfen

im Interesse des Reiches Gottes. Wenn es eine Sünde gäbe
ohne Sünder und einen Frevel ohne Frevler, so würde unter
Christen wenigstens ein Mißverständniß hinsichtlich der Fluch=
psalmen überhaupt nicht aufgekommen sein.

Wie man sich aber auch zu dieser speziellen Frage
stellen möge, für Israel war, für die Christenheit ist der
Psalter ein Buch von ganz unschätzbarem Werthe. Christus
der Herr und seine Apostel bedienen sich häufig der Psalmen
zum Ausdruck ihrer Gedanken und Empfindungen, zum
Zeugniß. Die christliche Kirche hat den Psalter vom Anfang
für ihre Gottesdienste verwerthet. Die christlichen Dichter
haben ihn sozusagen noch einmal durchgedichtet und an ihm
als einer göttlichen Regel und Richtschnur aller heiligen Poesie
bis auf diese Stunde festgehalten. Die heilige Musik hat
ihn umrankt mit ihren süßesten Melodien und die heilige
Malerei eingetaucht in ihre goldigsten Farben. Endlich ist
er für alle ernsten Christen, namentlich aber für die Leid=
tragenden zu einem ganz unentbehrlichen Noth= und Trost=
büchlein geworden. Luthers Hausfrau beklagte sich einst,
daß sie die Psalmen nicht recht verstehe. »Du mußt erst
eine Wittwe werden, dann wirst du sie recht beten lernen«,
war Luthers Antwort. Das Lied ist aus dem Leid entsprossen,
sagt ein indisches Sprichwort. Was Wunder, daß gerade
der Psalter das Handbuch der Leidenden ist.

Der Psalter ist in griechische und römische Verse umgegossen
worden. Zahlreich sind die gelehrten oder erbaulichen
Erklärungen desselben, aber zahllos die Zeugnisse der Liebe
und der Lobpreisung, die ihm die Christenheit ausgestellt hat.

Die alten Väter nennen das Psalmbuch einen Garten
Gottes, in welchem Pflanzen und Bäume aller Arten gefunden
werden, eine geistreiche Bibliothek, welche alles enthält, was
zu unserm Heil nöthig ist. Am ausführlichsten läßt sich

Luther vernehmen. Er meint: Billig sollte ein jeder Christ, welcher beten und andächtig sein will, den Psalter lassen sein Büchlein sein und denselben so üben, daß er ihn von Wort zu Wort auswendig könnte. Denn der Psalter mag wohl eine kleine Bibel heißen. Während aber andere Bücher viel »rumpeln« von den Werken der Heiligen, erzählt der Psalter auch ihre Worte und läßt uns in den Grund und Quell ihrer Werke und Worte hineinsehen, nämlich in ihr Herz. Ein menschlich Herz aber ist wie ein Schiff auf einem wilden Meere, welches Sturmwinde von den vier Orten der Welt treiben. Solche Sturmwinde aber lehren mit Ernst reden und das Herz öffnen und den Grund herausschütten. Was ist aber das meiste im Psalter sonst, denn ernstlich reden in allerlei solchen Sturmwinden? Wo findet man feinere Worte von Freuden, denn die Lob- und Dankpsalmen haben? Wiederum, wo findest du tiefere, kläglichere, jämmer- lichere Worte von Traurigkeit, denn die Klagpsalmen haben? Da siehst du abermals allen Heiligen ins Herz, wie in den Tod, ja in die Hölle. Wie finster ist's da von allerlei betrübtem Anblick des Zornes Gottes. Also auch, wo sie von Furcht und Hoffnung reden, brauchen sie solcher Worte, daß dir kein Maler also könnte die Furcht oder Hoffnung abmalen und kein Cicero oder Redekundiger also vorbilden. Daher kommt's auch, daß der Psalter aller Heiligen Büchlein ist und ein jeglicher, in waserlei Sachen er ist, Psalmen und Worte darin findet, die sich auf seine Sachen reimen und eben so sind, als wären sie allein um seinetwillen so gesetzt. Einem gottlosen Menschen freilich schmecken die Psalmen nicht.

Wenn nun schon das Morgenroth der Weissagung dem Könige unter den Sängern das Herz und die Harfe bewegte, daß es rauschte von goldenen Liedern, wie viel mehr mußte

die Oſterſonne der Erfüllung mit ihrer Lebenswärme einen
nie geſehenen Lenz, ein wahrhaft paradieſiſches Sproſſen und
Blühen und Klingen heraufführen. Das iſt auch geſchehen.
In vieltauſendſtimmigem Chor ſingt die Chriſtenheit aller
Zonen und Zeiten das Lob des Schönſten unter den Men=
ſchenkindern. Zu ſeinen Füßen liegt ein Kranz heiliger
Dichtung ſo voll und reich, daß dagegen alles erbleicht, was
in den Gärten einer vom Lichte des Evangeliums nicht be=
rührten Kunſt erwachſen iſt.*)

Die Entſtehung der chriſtlichen Poeſie fällt indeß mit
der Entſtehung des Chriſtenthums ſelbſt nicht unmittelbar
zuſammen. Das Chriſtenthum als die höchſte Poeſie wird
ſich unter allen Umſtänden auch poetiſch ſchöpferiſch erweiſen.
Aber es kann nicht gleichzeitig und mit einem Male die
ganze Fülle der in ihm ſich regenden Lebenskräfte auswirken.
Alles zu gleicher Zeit von ihm fordern heißt Unmögliches
fordern.

Auf den erſten Blättern des Neuen Teſtaments begegnet
uns das Magnificat der Maria und das Benedictus des
Zacharias. Luk. 1. Daran ſchließt ſich das Gloria der
Engel in der Chriſtnacht. Luk. 2. Jene beiden die ganze
altteſtamentliche Weiſſagung in ſich zuſammenfaſſenden Lob=
geſänge bilden das Präludium, der Engelhymnus das Thema
der neuteſtamentlichen Poeſie. Zu einer original chriſtlichen
Dichtung iſt es jedoch in den Tagen Jeſu nicht gekommen.
Die Evangelien wenigſtens berichten nichts davon. Der
Herr ſingt mit den Seinen die Pſalmen des Alten Bundes.
Matth. 26, 30. Die Gewohnheit der Synagoge, Pſalmen
zu ſingen, wurde auch von den Chriſten feſtgehalten. Die

---

*) Vgl. Lübker, Vorträge über Bildung und Chriſtenthum. Hamburg
1863.

Apostel ermahnen dazu. Noch im IV. Jahrhundert hallte
das heilige Land wider von Psalmengesang. »Wohin du
dich wendest, schreibt Hieronymus, der Pflüger bei seiner
Arbeit singt Halleluja; wer im Schweiße säet, erfrischt sich
durch Psalmen; wer die Rebe beschneidet, singt bei der Arbeit
etwas Davidisches. Das sind die Gedichte dieses Landes,
dies die Lieblingsgesänge. Im Frühling wird die Flur mit
Blumen bemalt, und zwischen dem Liede der Vögel werden
die Psalmen lieblicher gesungen.« Und wie Paulus und
Silas in der Kerkernacht zu Philippi Psalmen sangen, so
thaten die Märtyrer, wenn sie in den Tod gingen. Sogar
die Schiffszieher versüßten sich ihre Arbeit durch Psalmen=
gesang, wie sich aus einer Ermahnung des Sidonius Apol=
linaris ergibt: »Hier tönt der Chor der gebeugten Schiffs=
zieher, die Ufer widerhallen Halleluja, zu Christus erhebt
der Freund den Gesang, so, so psallirt Schiffer und
Wanderer!«

Die Evangelisten und Apostel selbst haben nicht gedichtet,
überhaupt bei der evangelischen Verkündigung, wie es scheint,
sich keinerlei poetischer Darstellungsmittel bedient.*) Doch
kommen allerdings an einzelnen Stellen des Neuen Testa=
ments, wie 1 Timoth. 3, 16; 2 Timoth. 2, 11; Jakob.
5, 13, namentlich aber in der Offenbarung St. Johannis
(4, 11; 5, 9—13; 11, 15—19 u. a.) hymnenartige
Anklänge vor. Und wenn Paulus Epheser 5, 19 und
Kolosser 3, 16 die Leser ermahnt, daß sie unter einander
reden sollen von Psalmen, Lobgesängen (Hymnen) und geist=
lichen Liedern (Oden), so muß es wenigstens für wahrscheinlich
gelten, daß bereits die Kirche des apostolischen Zeitalters frei=
gedichtete Lieder besessen hat. Bedeutsam ist auch das Zeug=

---

*) Palmer, Evangelische Hymnologie. Stuttgart 1865. S. 26 ff.

niß, welches Plinius der Jüngere als Statthalter von
Bithynien im Jahre 110 in einem allerdings stark angezwei=
selten Briefe an den Kaiser Trajan niedergelegt hat. Trajan
erließ bekanntlich ein Edikt gegen alle geheimen, staatsgefähr=
lichen geschlossenen Verbindungen. Bei der Untersuchung
nun, welche Plinius vornahm, um dem »verkehrten und
maßlosen Aberglauben« der Christen auf die Spur zu kommen,
stellte sich heraus, ihre Schuld und Uebertretung bestehe nur
darin, daß sie an einem bestimmten Tage frühmorgens sich
zu versammeln pflegten, um mit einander zum Lobe Christi,
ihres Gottes, ein Lied anzustimmen.

Das ist so ziemlich alles, was wir von der Poesie des
Urchristenthums wissen. Vermuthen freilich läßt sich viel
mehr, namentlich unter der Voraussetzung, daß das Leben
der ersten Christen ein immerwährendes Sonntagsleben
gewesen sei. Da liegt es denn nahe, nicht blos an das
Vorhandensein einer blühenden urchristlichen Poesie, sondern
sogar an ein urchristliches Gesangbuch zu denken.

Die Gabe der heiligen Dichtkunst ist, von anderm ab=
gesehen, ein Charisma des heiligen Geistes. War dasselbe
unzweifelhaft auch der apostolischen Zeit gegeben, so hat sie
von demselben doch nur einen sehr mäßigen Gebrauch
gemacht. Einzelne mögen ja immerhin jubilirt haben mit
neuen Zungen in allerlei Liedern eigner Komposition, nament=
lich mögen auch Improvisationen häufig gewesen sein, die
Gemeinde begnügte sich zunächst mit den Psalmen, dem
unmittelbaren Gotteswort. »Neue Hymnen« sind erst sehr
spät in gottesdienstlichen Gebrauch gekommen. Die Kirche
hat sich ihnen gegenüber vom Anfang an spröde und ab=
lehnend verhalten. So lange aber dem geistlichen Lied die
Thür der Kirche verschlossen bleibt, so lange fehlt einer der

mächtigsten Antriebe zur Hervorbringung desselben. Nur als
gottesdienstliches Gemeindelied wirkt es zugleich schöpferisch
auf die Gemeinde zurück. Das geschah aber in vollstem
Maße erst im Zeitalter der Reformation.

———————

5. Das Bekenntnißlied des kirchlichen Glaubens.

————

Volksthum, Kirche, Schrift— damit ist das Flußgebiet bezeichnet, aus welchem die Lebenswasser dem Liede der Reformation zuströmen. Dies Lied mußte ja wohl gesungen werden. In dem vorreformatorischen geistlichen und weltlichen Volksliede, in den lateinischen Hymnen und Sequenzen, in den Psalmen und den sonstigen Gesangstücken der Bibel war der historische Grund gelegt. Das Joch des alten faulen, unlustigen Testamentes war abgeschüttelt. Das deutsche Volk sah sich plötzlich, wenn auch nicht unerwartet, auf der grünen Aue eines neuen Geistes und einer neuen Zeit. Durch die Rechtfertigung allein aus dem Glauben wurden die Gewissen frei und die Herzen fröhlich. Der Bann der todten, gesetzlichen Werkheiligkeit war gebrochen, das Recht der freien Persönlichkeit errungen. Mit der hierarchischen Bevormundung fielen zugleich die Schranken, welche der Gemeinde den Weg zum Herzen Gottes und zu den Quellen des Heils im Worte Gottes versperrten. Eine welthistorische Tempelreinigung fand statt. Der alte wurmstichige Hausrath wurde beseitigt. Die Gemeinde trat wieder in ihr uraltes Recht der unverkümmerten selbstthätigen Theilnahme am Gottesdienste. Das that das Wort. »Denn, sagt Luther, ich und Philippus haben wittenbergisch Bier getrunken — das Wort hat Alles gethan«.

Gleichwohl wollte und konnte Luther*) nach keiner Seite
hin etwas völlig Neues schaffen. Ihm kam alles darauf an,
auf Grund der Schrift den Zusammenhang mit der einen
Kirche und der geschichtlichen Entwicklung des Volkslebens
festzuhalten. So schloß sich z. B. seine Gottesdienstordnung
der römischen in allem an, was nicht schriftwidrig war.
Auch wollte er in keinem Wege die lateinische Sprache, die
so sehr mit dem gesammten Kulturleben der Zeit verwachsen
war, aus dem Gottesdienste lassen gar wegkommen. Es
war ihm alles um die Jugend zu thun. Er hielt's durch=
aus nicht mit denen, welche die alten Sprachen verachteten.
Wenn nur die rechte deutsche Predigt in der Mitte des
Gottesdienstes stand, dann mochte man singen deutsch oder
lateinisch, wie's die Zeit eben gab. Luther forderte und
gestattete hierin völlige Freiheit. Doch soll er sich einstmal
zu Eisenberg (S. Altenburg) »hart gerümpfet« haben, als
man dort den Introitus deutsch sang in lateinischen Noten.
»Will man deutsch singen, entschied er, so singe man gute
deutsche Lieder, will man lateinisch singen, wie's Schüler
thun sollen, so behalte man den alten Choral und Text
und thue das Unreine davon, besser wird's keiner machen«.
Als kirchlicher Liederdichter bewies er gleichfalls einen pietäts=
vollen historischen Sinn. Nächst den biblischen Vorbildern
in den Psalmen gestand er auch der geschichtlichen Tradition
ihre volle Berechtigung zu. Er titulirte zwar den lateinischen
Choralgesang unter dem Papstthum an Stiftskirchen und
Klöstern gelegentlich ein Eselsgeschrei, erkannte dagegen
bereitwillig an, was die alte Kirche an wirklich guten Hym=

---

*) Kahnis, Der innere Gang des deutschen Protestantismus. 3. Aufl. Leipzig
1874. Vilmar: Luther, Melanchthon Zwingli, nebst einem Anhange: Das
evangelische Kirchenlied, nach Vilmar's Tode herausg. von Piderit. Frankfurt
1869. Braune, die Reformation und die drei Reformatoren. Gotha 1873.

nen und seiner Musik hervorgebracht und noch im Gebrauch
hatte. Auch war es ihm durchaus nicht verborgen, daß das
Volk, wie die Apologie der Augsburgischen Konfession aus=
drücklich bezeugt, schon vor der Reformation innerhalb der
Kirche und noch mehr außerhalb derselben je und je etwas
deutsch gesungen hat, daß also der deutsche Gesang, der
durch ihn zu einem wesentlichen Lebenselemente im Kultus
erhoben wurde, etwas so Neues nicht eben war. Und was
endlich das weltliche Volkslied anlangt, so war er unbe=
fangen genug, um namentlich die gesangliche Bedeutung
desselben für die Poesie der Reformation gebürend zu wür=
digen. Er ist auch als Dichter der Mann des Jahrhunderts,
in welchem nicht blos alle Mächte der Zeit lebendig sind,
sondern auch alle Linien der vorhergehenden Bewegung
zusammenlaufen.

Wer nun die Sache so ansieht, als ob es nur der
Kriegserklärung gegen Rom bedurft hätte, um sofort wie
mit einem Zauberschlage alle Quellen lutherischer Poesie zu
erschließen, der sieht sie eben falsch an. Es ging wie bei
der Entstehung der christlichen Kirche und ihrer Einführung
in Deutschland. Der Acker des Liedes mußte erst eine
Zeitlang von der Sonne des Evangeliums beschienen und
durchwärmt werden, bevor das verborgene Samenkorn seine
ersten Halmen nach oben treiben konnte. Der Frühling ließ
auf sich warten, aber nur um das etwa Versäumte später
nachzuholen durch eine wahrhaft tropische Vegetation.*)

Bis zum Jahre 1523, wo die ersten Lieder Luthers
erschienen, war die Reformation noch ohne alle eigene kirch=

---

*) Vgl. Koch, Geschichte des Kirchenliedes und Kirchengesanges. 7 Bde.
3. Aufl. Stuttgart 1873. Cunz, Geschichte des deutschen Kirchenliedes vom
XVI. Jahrhundert bis auf unsere Zeit. 2 Thle. Leipzig 1855.

liche Poesie, trotzdem die 95 Thesen bereits seit sechs Jahren
gezündet hatten. Man begnügte sich mit dem Hergebrachten,
so gut es gehen wollte. Luther wurde zunächst von der
deutschen Prosa in Anspruch genommen. Auch hielt er es
nicht für ein leichtes Unternehmen, Lieder für den öffent=
lichen Gottesdienst zu dichten und einzurichten. Er entschloß
sich dazu nur zögernd und um überhaupt einen Anfang zu
machen, denn er setzte Mißtrauen in seine eigene dichterische
Begabung.

Sechsunddreißig kirchliche Lieder sind es, die den Dr.
Luther nachweislich zum Verfasser haben.*) Was ihm
sonst noch zugeschrieben wird ist von andern gedichtet und
ihm untergeschoben wegen der empfehlenden Autorität seines
großen Namens. So führte das Lied des Michael Weisse:
»Nu laßt uns den Leib begraben« den Namen Luthers,
aber zu dessen großem Verdruß. Denn obgleich ihm das
Lied sehr wohl gefiel, so wollte er sich doch niemandes Arbeit
zueignen.

Vorbild und Grundlage für seine Lieder fand Luther
zunächst in den Psalmen, mit deren Verdeutschung er sich im
Jahre 1523 beschäftigte. Das eigentliche Liederjahr war
jedoch das Jahr 1524, in welchem Luther nicht weniger als
21 Lieder verfaßte. Es war seine Absicht, nach dem Exem=
pel der Propheten deutsche Psalmen für das Volk zu machen,
damit das Wort Gottes auch durch den Gesang unter den
Leuten bleibe. Und so sind denn sieben von Luthers Liedern
Nachdichtungen biblischer Psalmen. Doch reimt er nicht
blos, sondern er reproduzirt. Er gibt die Psalmen wieder
wie er sie erlebt hat. Die alttestamentlichen Lob= und
Bußlieder gehen durch des Dichters Herz und kommen als

---

*) Ph. Wackernagel, Luthers geistliche Lieder. Stuttgart 1848.

neutestamentliche wieder zum Vorschein. »Aus tiefer Noth
schrei ich zu dir, Herr Gott, erhör mein Rufen«. Das ist
der 130. Psalm. Unter den Klängen desselben hat man
später den Reformator ins Grab gesenkt. »Ein feste Burg
ist unser Gott, ein gute Wehr und Waffen«. Das ist der
46. Psalm. Wer fühlt nicht, daß in diesem Trutz= und
Schutzliede der lutherischen Kirche uns der ganze Luther
entgegentritt, der wohlgemuthe, trotzige Glaubensheld, wie er
leibt und lebt, »ein groß, gewaltig, wohlgerüstet Streitschiff,
das unter die Feinde auf dem ungestümen Meere getrost
hineinsetzet.«

Ungewiß bleibt noch immer, wann dies gewaltige Lied,
zu welchem Luther auch gleich die Weise schuf, entstanden
ist, ob wie behauptet wird am 1. November 1527, gleich=
sam zur zehnjährigen Jubelfeier der Reformation, oder, was
wahrscheinlicher, erst im Jahre 1529 als eine Antwort auf
die Beschlüsse des Reichstages zu Speier, die in ihren Folgen
für die Reformation hätten tödtlich werden können. Jedenfalls
flog dies Lied alsbald nach seinem Erscheinen durch Deutsch=
land, als wären die Engel Gottes selber Boten gelaufen.
1532 schon wurde es zu Schweinfurth in Franken von den
Kindern des Nachts auf der Gasse gesungen. Mit den
Hugenotten ist es in den Tod, mit den Salzburger Emi=
granten in die Verbannung gegangen. Den geächteten Fürsten
Wolfgang von Anhalt, den gefangenen Kurfürsten Johann
Friedrich von Sachsen hat es in schweren Stunden getröstet,
dem Schwedenkönig Gustav Adolf hat es die Schlacht bei
Breitenfeld gewinnen helfen und Friedrich den Großen
wieder aufgerichtet nach der Schlacht bei Kunersdorf. Das
Lied hat eine wahrhaft königliche Geschichte in Krieg und
Frieden. Nur schade, daß es allmählich Sitte geworden ist,
diesen löwenhaften Gesang immer nur bei besonders feier=

lichen Anlässen, etwa am Reformations= oder Siegesfeste,
der Gemeinde einmal zu zeigen, während der übrigen Zeit
des Jahres aber im Zwinger des Gesangbuchs vorsichtig
hinter Schloß und Riegel zu halten. Wie auf dem Stand=
bilde Luthers in Wittenberg, so ist dies Lied im Herzen der
lutherischen Gemeinde eingegraben. Und weß das Herz voll
ist, deß sollte der Mund öfter übergehen dürfen. »Ein feste
Burg ist unser Gott, half vor Alters, hilft noch in Noth«.

Die Motive zu weitern acht Liedern entlehnte Luther
dem Katechismus oder einzelnen Bibelstellen. So dichtete er
nach dem zweiten Kapitel des Evangelium Lukas das
bekannte Kinderlied auf die Weihnachten vom Kindlein Jesu:
»Vom Himmel hoch da komm ich her«. Er soll's zunächst
für seine eigenen Kinder bestimmt haben, doch ist's auch ein
Lied für Erwachsene, die sich wie Luther ein kindlich Gemüth
bewahrt haben. Es erinnert lebhaft an die vorreformato=
rischen Krippen= und Kindelwiegenlieder und zeigt durch den
gänzlichen Mangel an Exposition, durch das Dramatische
seiner ganzen Haltung, wie sehr Luther gesalbt war mit
dem Geist der echt volksthümlichen Poesie. Etwas Herzigeres
kann ja gar nicht gedacht werden als die Wendung, welcher
das Lied plötzlich nimmt, nachdem der Engel seine Botschaft
ausgerichtet hat: »Bis willkommen, du edler Gast, den
Sünder nicht verschmähet hast, und kommst ins Elend her
zu mir; wie soll ich immer danken dir?«

Es folgen nun zwölf Kirchenlieder, die als lateinische
Hymnen bereits der alten Kirche angehören. Doch finden
sich darunter nur zwei, als deren erster Uebersetzer Luther
gelten kann. Die andern waren schon vor ihm verdeutscht,
so daß es nur einer Bearbeitung oder Erweiterung des alt=
deutschen Textes bedurfte. Doch wählte Luther mit sicherem
Takte aus dem reichen Schatze der lateinischen Hymnen blos

solche aus, welche der ältern Zeit angehören, der Periode eines Ambrosius und Gregor. In ihnen herrscht eben noch am meisten die von Luther geforderte Schriftmäßigkeit Reinheit und Einfachheit. Luther zählte sie zu dem vielen Guten, das durch Gottes Gnade doch auch in der römischen Kirche geblieben sei und das ihm von Herzen wohlgefiel.

Wer freilich die lateinischen Originale kennt wird was Luther aus denselben gemacht stellenweis allerdings ein wenig holpericht finden. Seine Verse sind, wie Spener sagt, nicht nach den delikaten Regeln der heutigen Poesie allemal ge= kräuselt, doch haben sie eine gewisse Kraft in sich und kommen aus einem freudigen Glaubensmuthe her. Das ist ja schließlich die Hauptsache. Und in diesem Stücke läßt Luther, mag er nun rein übersetzen oder blos paraphrasiren, durchaus nichts zu wünschen übrig. Das spürt man gleich an der Art, wie er den sog. Ambrosianischen Lobgesang, das Te Deum laudamus übertragen hat: »Herr Gott, dich loben wir: Herr Gott, wir danken dir.« Ein fein Sym= bolum oder Bekenntniß nennt Luther diesen Wechselgesang, wer ihn auch gemacht habe. Jedenfalls stammt er aus dem grauen Alterthum und schwimmt in dem bläulichen Duft kirchlicher Mythenbildung. So geht die Sage, das in Lyon in einer goldenen Kapsel aufbewahrte Herz Augustins fange an lebhaft zu hüpfen, so bald das Te Deum, von welchem die römische Kirche einen so häufigen Gebrauch macht, an= gestimmt werde. Und wie einst Arions Citherspiel den Delphin aus salzigem Hause zu frohen Sprüngen lockte, so kommen wetteifernd die Delphinen herangeschwommen und hüpfen oft und viel vor Freuden in die Höhe, wenn die Schiffer auf dem Meere das Te Deum erklingen lassen. Verbürgter ist schon die Nachricht, daß das Lied bei der Krönung Karls d. Gr. gesungen und von da an bei jeder deutschen Kaiſerkrönung regelmäßig als Krönungspſalm gebraucht worden iſt. Leider aber iſt die Befürchtung eines alten Autors nur zu begründet, daß nämlich dieſes Te Deum dereinſt gar viele Fürſten, Generale und Konſiſtorien und andere, ſo Macht haben, deſſen Abſingung anzuordnen, vor Gottes Gericht um des Mißbrauchs willen anklagen werde. Denn es hat ja daſſelbe nicht blos offenbarliche Gottesthaten, ſondern auch manches weltgeſchichtliche Unrecht unter Glockenklang und Poſaunenſchall mitfeiern helfen. Es hat nicht blos Angefochtene getröſtet und Blutzeugen fröhlich gemacht, es iſt auch nach Beendigung der Pariſer Bluthochzeit, ſo wie in den Jahren der Fremdherrſchaft nach jeder Napoleoniſchen Siegeskunde geſungen worden, freiwillig in Paris, offiziell in Stuttgart.

An das Te Deum ſchließt ſich, wenn auch nicht der Zeit nach, das Credo oder der ſog. »Große Glaube«: »Wir glauben all an einen Gott«, gleichfalls aus dem Lateiniſchen. Der Glaube wurde früher gewöhnlich nach der Predigt geſungen und von Luther unter die Begräbnißgeſänge auf= genommen, denn: »Das Fleiſch ſoll auch wieder leben.« In Schweden ſang ihn die Gemeinde ſtehend als ein rechtes Bekenntnißlied. Und wenn in der alten Kirche nach dem Evangelio die Worte des Credo erſchallten: »Von Maria der Jungfrau iſt ein wahrer Menſch geboren durch den heiligen Geiſt im Glauben«, ſo erhoben ſich die anweſenden Kriegsleute ebenfalls und zogen die Schwerter, »zum Zeichen, daß für dieſen Artikel unſers Glaubens die Chriſtenheit geiſtlich ſtreitet und leiblich leidet bis in den Tod«. Die großartige Melodie ſcheint für moderne Gemeinden eine zu energiſche Zumuthung zu ſein. Vielleicht daß wir wieder beſſer ſingen lernen, wenn wir fleißiger beten: »Komm, heil'ger Geiſt, Herre Gott«, ein Pfingſtlied, deſſen erſter

Vers von Luther nach einem alten lateinischen Gesange bearbeitet worden ist. Auch das Christlied: »Gelobet seist du Jesu Christ«, Zinzendorfs Lieblingslied, beruht auf lateinischer Grundlage. Desgleichen der alte Zauber=, Todten= und Schlachtgesang: »Mitten wir im Leben sind mit dem Tod umfangen.« Eine Antiphone des Notker Balbulus (Media vita in morte sumus) hat dies Lied schon vor der Reformation verdeutscht Wunderdinge gewirkt. Als die Schweizer, um nur dies Eine zu erwähnen, im Jahre 1386 den Oest=reichern bei Sempach gegenüberstanden, stimmten sie dies Lied an und fielen dann auf die Kniee im Gebet. »Schaut hin, rief einer der Ritter, sie bitten um Gnade.« »Ja, sagte ein anderer, sie bitten um Gnade, aber nicht uns, sondern Gott, und was das bedeutet, werden wir bald erfahren.«*)

Von den altdeutschen Leisen hat Luther im ganzen nur vier in überarbeiteter oder erweiterter Gestalt der Kirche einverleibt. (»Nun bitten wir den heiligen Geist«.)

Nicht größer ist endlich auch die Zahl der von Luther frei und selbständig verfaßten Lieder. Es sind deren im ganzen fünf, aber unter denselben befindet sich eine der edelsten Perlen der Reformation überhaupt. Wir meinen das Lied, welches anhebt: »Nun freut euch, lieben Christen gemein, und laßt uns fröhlich springen, daß wir getrost und all in ein mit Lust und Liebe singen, was Gott an uns gewendet hat und seine süße Wunderthat; gar theur hat ers erworben.« Von Luther im Jahre 1523 gedichtet wurde es im Reformationszeitalter alsbald zum stehenden Lied vor jeder Predigt. An Popularität steht es dem Liede von der festen Burg gleich, an Ehren und Siegen ist es

---

*) Vgl. auch Eichhoff, Denkwürdigkeiten aus dem christlichen Leben. 2. Aufl. 1871. S. 278.

womöglich noch reicher. »Durch dies eine Lieblein, so wird, aus Luthers Tagen bezeugt, sind viel hundert Christen zum Glauben gebracht worden, die den Namen Lutheri vorher nie hören mochten.« Seit hundert Jahren schon ist es in die malabarische Sprache übersetzt und wird von den luthe= rischen Hindus gesungen. Die heimische Kirche hat sich desselben mehr und mehr entwöhnt. Geraume Zeit war es spurlos aus den Gesangbüchern verschwunden. Neuerdings hat es um seiner großen Vergangenheit willen hie und da wieder Gnade gefunden. Doch immer nur als monumentales Lied. Lebendiges Gemeindelied ist es noch nicht wieder geworden. Und doch bringt gerade dies Lied den Gedanken der Reformation: »Der Gerechte wird seines Glaubens leben« am klarsten zum Ausdruck. Es enthält, wenn man so sagen darf, das Programm der Reformation. Luther hat es erglaubt, erlebt, erkämpft. Es ist im eminenten Sinne sein Lied. Ohne rein lehrhaft oder dogmatisch zu sein enthält es den Kern der christlichen Heilswahrheit. Die objek= tiv vollbrachte Versöhnung ist zum eigensten Herzenserlebniß geworden und strömt darum als ein rauschender lyrischer Erguß hervor aus den Tiefen des gläubigen Gemüths. »Denn ich bin dein und du bist mein, und wo ich bleib da sollst du sein, uns soll der Feind nicht scheiden.« Nur »hüt dich vor der Menschen G'satz. Davon verdirbt der edle Schatz.«

Diesen edlen Schatz haben wir allein im Worte Gottes. Darum: »Erhalt uns, Herr, bei deinem Wort und steur des Papsts und Türken Mord.« Dies ist eins der letzten Lieder Luthers, aus dem Jahre 1541. Ein Kinderlied hat er's genannt, zu singen wider die zwei Erzfeinde Christi, den Papst und den Türken. Denn es stand trübe um die Christenheit. Das christliche Frankreich verbündete sich mit den Türken, der Papst bestätigte den Jesuitenorden, der es mit seinen Künsten hauptsächlich auch auf die Jugend abgesehen hatte. Da wurde dem Gottesmanne bang um die Zukunft der jungen Kirche, und das um so mehr, da von den erprobten Zeugen der Wahrheit einer nach dem andern heimging und selbst viele berufene Wächter und Hirten der Kirche in geistlicher Trägheit und Sicherheit dahinlebten. »Ach Gott vom Himmel sieh darein und laß dich des erbarmen« hatte er schon im Jahre 1523 ausgerufen im Blick auf die glaubenslose Welt. So legte er denn den Kindern, der Hoffnung der Zukunft, das Lied vom Worte Gottes ans Herz. Und es ist auch wirklich von den Kindern wacker gesungen worden. Als Tilly am 20. Mai 1631 Magdeburg im Sturm eroberte und nun jene Greuelszenen begannen, von denen die Chronisten erzählen, da zogen die Schulkinder über den Markt und sangen: »Erhalt uns, Herr, bei deinem Wort!« Aber es erging ihnen wie denen von Bethlehem. Sie sanken als Märtyrblüthen unter den Händen der Kroaten. Das Lied reizte durch seinen Heroismus den Zorn der Römischen in ganz besonderem Grade. Sie nannten's ein gottschändig Lied und verhöhnten es in ganz gemeinen Parodien. So durchschlagend war die Wirkung desselben. Frühzeitig schon hat man ihm jedoch die beiden Stoßzähne, nämlich den Papst und den Türken, ausgezogen. Man erblickte in dieser unverblümten Meinungsäußerung eine zu verletzende und provozirende Demonstration und ersetzte daher den Papst und Türken durch irgend einen weniger handgreiflichen abstrakten Strohmann. Ob man daran wohl gethan hat ist wenigstens fraglich. In ein und die nämliche Kategorie mit den im Zeitalter der Aufklärung beliebten Liederverbesserungen wird man jedoch die Ausmerzung des Papstes und des Türken nicht werfen dürfen. Denn auf das Prinzip kommt's an, nicht auf die beiden Persönlichkeiten, welche dasselbe repräsentiren.

Papst und Türke gehören mehr dem historischen Volks= liede an. Und auch ein solches besitzen wir von Luther. Es ist sein Erstlingslied, das Lied von den zween Märty= rern Christi, den beiden Augustinermönchen Heinrich Voes und Johann Esch, welche im Jahre 1523 zu Brüssel von den So= phisten von Löwen verbrannt wurden. Es beginnt ganz in der Weise des weltlichen Volksliedes: »Ein neues Lied wir heben an«, berichtet sodann, wie die zween jungen Knaben gar standhaft geblieben und singend in den Tod gegangen und schließt mit dem prophetischen Ausblick: »Der Sommer ist hart vor der Thür, der Winter ist vergangen. Die zarten Blümlein gehn herfür, der das hat angefangen, der wird es wohl vollenden.« Der Eindruck auf die Zeitgenossen war ein gewaltiger. Es kam, wie's Luther vorausgesagt: »Die Aschen will nicht lassen ab, sie stäubt in allen Landen. Hie hilft kein Bach, Loch, Grub noch Grab, sie macht den Feind zu Schanden. Die er im Leben durch den Mord zu schweigen hat gedrungen, die muß er todt an allem Ort, mit aller Stimm und Zungen gar fröhlich lassen singen.«

Ein Nebenzweck, den Luther bei Abfassung und Heraus= gabe seiner Lieder im Auge hatte, bestand darin, die »Buhl= lieder« von der Straße und aus dem geselligen Verkehr zu verdrängen. Darum hat er sich auch nicht entschließen können, weltliche Lieder geistlich zu parodiren. Das rein kirchliche Lied sollte als echtes Volkslied den gesanglustigen, aufgeregten Kindern des XVI. Jahrhunderts das weltliche ersetzen und entbehrlich machen. Aber die zum Theil köst= lichen Volksmelodien wollte Luther sich dennoch nicht entgehen lassen. Sie boten ja eine bequeme und wirksame Handhabe, das Volk in dem Gesang der neuen Lieder sofort heimisch zu machen. Denn nicht Leselieder, sondern Singlieder wollte die Reformation schaffen. »Die Noten machen den Text erst lebendig« pflegte Luther zu sagen.

Für seine Person liebte er Gesang und Musik von der Schule und dem Kloster her. »Musicam, sagte er, hab ich allezeit lieb gehabt«. Er gab der Musik nach der Theologie den nächsten Platz und die höchste Ehre. Dies beweisen zahlreiche Aeußerungen in seinen Schriften. Mit den Schwärmern, welche die Musik verachteten, war er durchaus unzufrieden. Denn die Musik ist eine Gabe und Geschenk Gottes, nicht ein Menschengeschenk. Darum preist er sie auch in einer ausführlichen Lobrede und weiß für alle guten Gesangbücher keine bessere Vorrede als die, welche Frau Musica selber hält, indem sie versichert: »Für alle Freuden auf Erden kann niemand kein feiner werden, denn die ich geb mit meim Singen und mit manchem süßen Klingen.« »Hie kann nicht sein ein böser Muth, wo da singen Gesellen gut.« Einem angefochtenen Freunde kann Luther aus eigner Erfahrung bezeugen, daß nichts so sehr geeignet ist, die Schwermuth zu vertreiben, als Gesang und Musik. Gott höret gern fröhlich Gesang und Saitenspiel. Darum soll man frisch in die Claves greifen und darein singen, bis die Gedanken vergehen. So hielten's ja schon David und Elisäus*).

---

*) Die ältern Propheten Israels bedienen sich einige Male der Musik, um ihre Seele in jenen Erregungszustand zu versetzen, der sie empfänglicher machte für die Eingebungen des heiligen Geistes (2 Kön. 3, 15). Und wenn der böse Geist über Saul kam, so nahm David die Harfe und spielte mit seiner Hand; so erquickte sich Saul und ward besser mit ihm und der böse Geist wich von ihm (1 Sam. 16, 23). Schon beim Delphischen Apollokultus wurde die Cither geschlagen, welche der Gott erfand, um, wie es bei Pindar heißt, fried= liches Gesetz in das Menschenherz einzuführen.

Vgl. Tholuck, Die Propheten und ihre Weissagungen. S. 46.

Doch schätzte Luther die Musik nicht blos, insofern sie das Wort lebendig und eindringlich macht; er erblickte in ihr gleichzeitig auch eine Kunst, die auf eigenen Füßen steht und einen selbständigen Werth beanspruchen darf. Und wenn er auch kein unbedingter Lobredner der weltlichen Kunst war, so sah er doch am liebsten alle Künste im Dienste dessen, der sie gegeben und geschaffen hat, sonderlich die Musica. Er war selbst ein Meister auf der Querflöte und Laute, musikalisch gebildet und begabt, wenn auch nicht in dem Maße wie sein Zeitgenosse Zwingli, welcher Laute, Harfe, Hackbrett, Trumscheit, Flöte, Geige, Zinke und Wald= horn wohl zu traktiren wußte.

So oft es Luther die Berufsgeschäfte erlaubten, wurde gesungen und musizirt, daheim und auf Reisen. Durch sein Organ scheint er jedoch in ausgiebiger Weise dabei nicht gerade unterstützt worden zu sein. Als nämlich einmal gelegentlich von des Apostels Paulus kleiner und schwacher Stimme die Rede war, warf Luther dazwischen: »Ich hab auch eine kleine und tumpere Stimme,« worauf Meister Philippus die feine Bemerkung machte: »Man hört euch aber gleichwohl sehr weit.« Im Kreise seiner Familie und Tischgenossen, nach Tisch und in den Abendstunden ergötzte er sich besonders gern an musikalischen Uebungen und Unterhaltungen. Es bildete sich mit der Zeit in seinem Hause ein förmliches Konservatorium von geübten Sängern und musikalischen Dilettanten. Doch stand er auch in freund= schaftlichem Verkehr mit verschiedenen Tonkünstlern von Profession, namentlich den beiden sächsischen Kapellmeistern Johann Rupf und Johann Walther. Letzterer dichtete· auf ein weltliches Sommerlied den christlichen Bergreien: »Herzlich thut mich erfreuen die liebe Sommerzeit, wenn Gott wird schön verneuen alles zur Ewigkeit.« Diese Männer beher=

bergte Luther 1524 eine Zeitlang bei sich, um mit ihnen den musikalischen Theil des Gottesdienstes zu berathen und zu ordnen. Walther erzählt selbst, wie ihn Luther drei Wochen lang zu Wittenberg aufgehalten, die Choralnoten über etliche Evangelien und Episteln ordentlich zu schreiben, bis die erste deutsche Messe in der Pfarrkirche gesungen wurde.

Was ist aber an der Rede wahr, daß Luther ein ebenso großer Komponist wie Dichter gewesen sei? Hat er wirklich, wie oft behauptet worden ist, zu seinen Liedern auch gleich= zeitig die Melodien geschaffen? Es ist nur in sehr geringem Umfange der Fall gewesen. Mit Sicherheit können ihm nur zwei Melodien zugeschrieben werden: »Ein feste Burg ist unser Gott«, »Jesaia dem Propheten das geschah.« Die sonstigen Melodien, als deren Erfinder oder Sänger er gilt, rühren entweder von andern Meistern her oder sind dem Schatze der alten kirchlichen und volksmäßigen Weisen ent= lehnt. Gleichwohl ist das Wenige, woran Luther ein aus= schließliches Eigenthumsrecht hat, bedeutend genug, um ihm auch als Tondichter unter den zahlreichen deutschen Meistern der Reformationsepoche einen bleibenden Ruhm zu sichern. So viel ist jedenfalls durch seine energische Initiative erreicht worden, daß neben dem kunstvollen Chorgesang, der eifrig weiter gepflegt wurde, durch Verschmelzung des volksthüm= lichen rhythmischen Elements mit der Monotonie des Gre= gorianischen Chorals ein Gemeindegesang ins Leben gerufen wurde, dessen schwungvoller, jubilirender Geist mit dem Cha= rakter der reformatorischen Liederdichtung so völlig harmonirt, daß beides, Wort und Weise, wie aus einem Gusse und wie auf einen Wurf entstanden zu sein scheint.*)

---

*) Rambach, Ueber Dr. M. Luthers Verdienst um den Kirchengesang. Hamburg 1813.

Luther dichtete und sang aus dem Vollen heraus, als der Mund des Volkes. Er hätte mit Recht von sich sagen dürfen: Das Kirchenlied bin ich. Er hat dasselbe zwar nicht eigentlich erst geschaffen, denn er steht auch als der deutsche Orpheus nur auf den Schultern der Vergangenheit. Wohl aber hat er es aus der Taufe gehoben, hat es mündig gesprochen und hat ihm jenen zuversichtlichen mannhaften Geist eingehaucht, den jedes kirchliche Lied athmen muß, wenn es lebensfähig bleiben will.

Darum sind denn auch die Alten seines Lobes voll. Sie halten ihn für den besten und kunstreichsten unter allen Meistersängern seit der Apostel Zeit. In seinen Liedern finden sie kein vergebliches und unnöthiges Wörtlein, nichts Gezwungenes, nichts Genöthigtes und Eingeflicktes, nichts Verdorbenes. Es fleußt und fällt vielmehr alles lieblich und artlich. Die Reime sind leicht und gut, die Meinung klar und verständlich, in Summa alles so herrlich und köstlich, voll Kraft und Saft, daß man sagen muß, der heilige Geist selber sei der Komponist und Poet gewesen.

Ein kühler und kritischer urtheilendes Geschlecht wird freilich bei aller Liebe für Luther nicht umhin können, an diesen Zeugnissen unbedingten Lobes im einzelnen manches zu ermäßigen, anderes ganz in Abzug zu bringen. Die Prosa lassen wir Luther unbedingt*). Jean Paul hat Recht, wenn er Luthers Prosa eine halbe Schlacht nennt und hinzufügt: »Wenige Thaten gleichen seinen Worten«. Und auch E. M. Arndt behauptet nicht zu viel, wenn er Luther einen Geharnischten Gottes nennt, der die deutsche Sprache mit dem Stempel der Majestät gestempelt, ihr den kurzen

---

*) M. Luther als deutscher Klassiker in einer Auswahl seiner kleinen Schriften. Frankfurt a. M. 1871.

Schritt der Kraft, den treuen Ton der Einfalt gegeben, den sie wohl wird behalten müssen, wenn sie deutsch bleiben soll. Wir reden zunächst nur von der Form der Lutherlieder.

Eine gewisse Herbigkeit in der Form ist ja der Poesie vor Martin Opitz überhaupt eigen. Insbesondere aber scheint es nicht Luthers Art gewesen zu sein, sich bei der bloßen Formgebung lange aufzuhalten. Formelle Härten und Gewaltsamkeiten, bei dem damaligen Standpunkte der Verskunst fast unvermeidlich, finden sich daher auch in Luthers Liedern, namentlich, wie gelegentlich schon bemerkt worden ist, in seinen Uebertragungen aus dem Lateinischen. Aber was unter den gegebenen Verhältnissen überhaupt zu leisten war, das hat Luther allerdings geleistet. Nur darf man auch bei dieser Voraussetzung an seine poetischen Erzeugnisse nicht den Maßstab eines verwöhnten modernen Kunstge= schmackes legen. Die Lieder Luthers sind alles andere eher, nur gerade keine Kunstprodukte. Der Dichter hatte in erster Linie die Bedürfnisse des Volkes im Auge. Vor seiner Seele stand nicht ein kunstsinniges Publikum, welches nach ästhetischer Befriedigung verlangte, sondern ein ausgehungertes Volk, welches nach Brot schrie. Luther brach ihm das Brot. Wenn er dabei die einzelnen Stücke nicht ängstlich abmaß mit Zirkel und Zollstab, so war gerade diese geniale Sorg= losigkeit, dies souveräne Biegen oder Brechen, recht eigent= lich nach dem Geschmacke des Volkes und ist es noch. Denn mit der sogenannten Eleganz und glatten Korrektheit der poetischen Formen macht man auf das Volk wenig Eindruck. Was fragt der gemeine Mann in seiner poetischen Unschuld darnach, ob die Silben des Liedes, das er singen soll, gezählt oder gemessen sind. Das Frische und Zutreffende, das Schlagende und Angemessene, das Deutliche d. h. Deutsche und Körnige, das ist schließlich das Entscheidende, wie im

weltlichen, so auch im kirchlichen Volksliede. Wenn Luther
sich dessen nicht bewußt gewesen ist, so hat er als echter
Volksdichter unbewußt das Richtige getroffen. »Sie ist mir
lieb die werthe Magd, und kann ihr nicht vergessen. Lob,
Ehr und Zucht man von ihr sagt; sie hat mein Herz besessen.
Ich bin ihr hold; und wenn ich sollt groß Unglück han, da
liegt nicht an; sie will mich des ergetzen mit ihrer Lieb
und Treu an mir, die sie zu mir will setzen und thun all
mein Begier«. Das ist kirchliche Volkspoesie.

Der Gehalt und Inhalt der Lieder Luthers, namentlich
der poetische, ist bedeutend, doch liegt er nicht auf der
Oberfläche. Manche Strophe macht beinah ein prosaisches
Gesicht. Der Gehalt liegt wie das edle Gold in der Grube.
Ein gesunder christlicher Sinn wird sich namentlich beim
Gesang dieser Lieder angeweht fühlen von dem Hauch der
reinsten, heiligsten Poesie. Denn, was ihn berührt, das ist
die Poesie der Bibel, die Poesie nicht eines unklaren Gefühls=
christenthums, sondern des kirchlichen Glaubens und eines
in diesem Glauben festgewurzelten lebendigen Armensünder=
herzens. Diese Poesie ist es, die in Luther all ihre verbor=
genen Zauber aufthut und eine unwiderstehliche Anziehungs=
kraft ausübt. Es läßt sich auf dieselbe anwenden, was
Luther in dem Liede: »Nun freut euch lieben Christen gemein«
von der Knechtsgestalt Christi mit wenigen Strichen mehr
malt als sagt: »Gar heimlich führt er sein Gewalt, er ging
in meiner armen Gestalt; den Teufel wollt er fangen.« Die
Lieder blühen innen, heimlich, aber sie blühen doch. Elegisch
oder melancholisch angekränkelt ist keins. Allesammt schauen
sie mannhaft, frisch, werdelustig in die Welt hinein, wie der
junge Tag. Fest treten sie auf wie geharnischte Glaubens=
ritter. Jedes einzelne ist eine Bekenntnißthat.

Wie mannigfaltig aber auch der Inhalt der Lieder Luthers sei, ein vollständiges Gesangbuch im Sinne und nach den Bedürfnissen unserer Zeit läßt sich aus ihnen nicht herstellen. Das Leben der Kirche ist reichlich bedacht, aber das Gebiet des individuellen christlichen Lebens, auf welchem das XVII. Jahrhundert so Großes geleistet hat, ist noch völlig unangebaut. Der einzelne fühlte sich in jener Zeit noch nicht als ein einzelner, sondern wußte sich in seinem gesammten äußern und innern Lebensbestand beherrscht von dem kirchlichen Gemeingefühl. Wo Luther und diejenigen, welche ganz in seinem Geiste gedichtet haben, Ich sagen, da ist es niemals das Ich ihrer eigenen Person, sondern immer das Gesammt-Ich der Kirche, welches die einzelnen in sich befaßt. Aber der heilsgeschichtliche Lehrinhalt der Reformation ist in den Liedern Luthers vollständig niedergelegt und die bewegenden kirchlichen Ideen des Reformationszeitalters haben in ihnen einen treuen und bleibenden Ausdruck gefunden. Einen treuen, denn in dem Liede, welches nicht der Willkür sondern dem Bedürfnisse des Herzens seine Entstehung verdankt, werden die geistigen Strömungen einer Zeit immer am reinsten erkannt. Und einen bleibenden, denn so wenig die Ideen der Reformation blos vorübergehende Zeitideen waren, so wenig sind Luthers Lieder bloße Zeitlieder. Wohl sind sie mit der Zeit entstanden, aber nicht aus ihr in dem Sinne, daß sie eine bloße Stufe der kirchlichen Entwicklung bezeichneten. Nur die Form gehört Luther und seiner Zeit. Der Inhalt ist geschöpft aus den Tiefen des Wortes Gottes und wie dieser selbst von unvergänglicher Dauer. Das Nämliche gilt auch von den übrigen Kernliedern der lutherischen Kirche.

Eine Menge Gehülfen schaarten sich um den Meister Luther, darunter auch weibliche, wie Elisabeth Creutziger.

Nicht umsonst rief er Freiwillige zum Dichten auf, indem er
an seinen Freund, den Hofprediger Georg Spalatin, schrieb:
»Wir suchen überall Poeten.« Zunächst freilich hatte er
es blos auf Spalatin abgesehen. Dieser, ein des Deutschen
mächtiger und beredter Mann, sollte bei der Arbeit mit
Hand anlegen. Luther überschickte ihm zu diesem Behuf
eins seiner fertigen Psalmlieder. Darnach sollte er andere
Psalmen bearbeiten. Doch möge er ja zusehen, daß alles
recht rein, geschickt und deutlich nach des Psalms Meinung
herauskäme. Namentlich aber wäre sehr zu wünschen, daß
die neuen Wörterchen vom Hofe wegblieben, um des Volkes
willen. Er selbst, Luther, habe nicht die Gabe, daß er
alles so machen könnte, wie er's gern wollte.

Aber wie es in den Zeiten kirchlicher oder auch poli=
tischer Bewegung zu geschehen pflegt, die unberufene Mittel=
mäßigkeit drängt sich vor und überschwemmt den Markt.
Das erfuhr auch Luther. Es erging ihm wie Goethe's
Zauberlehrlinge: »Die ich rief die Geister, werd ich nun
nicht los.« Dazu kam, daß man sich nicht entblödete,
viele fremde, untüchtige Gesänge unter Luthers Namen zu
verkaufen, so daß er sich kurze Zeit vor seinem Tode zu der
Warnung veranlaßt sah: »Viel falsche Meister jetzt Lieder
dichten, sieh dich für und lern sie recht richten. Wo Gott
hinbauet sein Reich und sein Wort, da will der Teufel
sein mit Trug und Mord!«

Wir halten uns an die namhaften Dichter unter Luthers
Zeitgenossen, von derer etlichen Luther selbst in zu großer
Bescheidenheit bekennt, daß sie ihn selbst weit übertroffen
haben und seine Meister geworden sind. Man denkt aber
dabei unwillkürlich zuerst an Philipp Melanchthon, den
gelehrten Gehülfen und vielgeliebten Freund Luthers, wenn
beide auch oft nur in einträchtiger Entzweiung verbunden

waren. Des Deutschen war Philipp doch mindestens eben so
kundig wie des Griechischen und Lateinischen. Eine poetisch
organisirte Natur war er nicht minder. Doch hat er nur
lateinische Hymnen gedichtet. Er ist der lateinische Dichter
der deutschen Reformation, und zwar durchaus nicht der
einzige. Man fragt sich erstaunt, welchen Zweck diese refor-
matorische Wiederbelebung der lateinischen Hymnendichtung
haben sollte. Nun der Gemeinde ist aus derselben ein unmittelbarer Vortheil nicht erwachsen. Den gelehrten Schulen
dagegen mußte auch diese Morgengabe der Reformation
willkommen sein. Dies Eine war durch dieselbe erwiesen,
daß der lutherische Glaube unter anderm auch die Kraft
besaß, selbst den verbrauchten poetischen Formen der alten
Kirche neues Leben einzuhauchen. Das lutherische Kirchenlied,
welches ein Lied für alle Stände sein und mit jedem in
seiner Sprache reden wollte, suchte sich als lateinische
Hymne auch denjenigen Bildungskreisen zu empfehlen, in
denen das Vorurtheil von der allein seligmachenden römischen
Kirchensprache noch nicht völlig überwunden war.

Was die übrigen zahlreichen Freunde Luthers betrifft,
so waren die meisten derselben auf den Ruf des Meisters
eifrig beflissen, die Goldbarren der evangelischen Wahrheit
in gangbare Münzen mit volksthümlichem und kirchlichem
Gepräge umzuschmelzen. In Sachsen, Hessen, Franken,
Thüringen, Preußen, Pommern, Schlesien, Böhmen und
Württemberg, allüberall wohin von Wittenberg aus ein
Samenkorn der Reformation befruchtend gefallen war, da
rauschte es und regte es sich von geistlichen Liedern. Es bildeten sich nicht gerade besondere Sängerschulen, denn alle
edlen Sänger sind Einsiedler. Aber die Tonart, aus welcher die Lieder gingen, war überall die nämliche.

Justus Jonas, der beredte Rechts= und Gottesgelehrte, eine Säule der Reformation seitdem er aus dem todten Meere des Humanismus im Hafen der heiligen Schrift gelandet war, und Paul Eber, der Vertraute Melanchthons, ein hoher Geist in gebrechlichem Körper, sangen etliche kräftige Lieder. Der letztere gilt nächst Luther für den bedeutendsten unter den Wittenberger Dichtern. Von ihm stammt das bekannte Lied: »Wenn wir in höchsten Nöthen sein.« Er dichtete dasselbe im Jahre 1547 nach der für die Lutherischen so verhängnißvollen Schlacht bei Mühlberg. Auch wird ihm das Verslein zugeschrieben: »Christi Blut und Gerechtigkeit, das ist mein Schmuck und Ehrenkleid; damit will ich vor Gott bestehn, wenn ich zum Himmel werd eingehn.«

Den höchsten Preis errang jedoch Paul Speratus († 1551) durch sein Lied: »Es ist das Heil uns kommen her von Gnad und lauter Güten: Die Werke helfen nimmermehr, sie mögen nicht behüten; der Glaub sieht Jesum Christum an, der hat gnug für uns all gethan, er ist der Mittler worden.« Ein treuherziger Schwabe, der's sagte, wie er's meinte und meinte, wie er's sagte, wurde Speratus durch Luthers Vermittlung 1525 Hofprediger des Herzogs Albrecht von Preußen, dann Bischof des Bis=thums Pomesanien mit dem Wohnsitz zu Marienwerder. Seine Gegner nannten ihn spottweise den »bischöflichen Musen=Freund«, weil er es selbst als Bischof nicht unter seiner Würde hielt, sogar weltliche Lieder zu dichten. Er war der erste, an welchem Luther einen thätigen Mitgehülfen fand, als er im Jahre 1523 für die deutsche Messe nach deutschen Gesängen verlangte. Er muß als der Mitbegründer des lutherischen Gesangbuchs angesehen werden. Denn in dem sog. Achtliederbuch vom Jahre 1524 finden sich nicht weniger als drei Lieder von Speratus, darunter das schon genannte: »Es ist das Heil uns kommen her«, bereits im Jahre zuvor auf einem fliegenden Blatte veröffentlicht. Albert Knapp charakterisirt das gewaltiglich mit göttlicher Schrift verlegte Lied vom Gesetz und Glauben treffend als den poetischen Reflex der Vorrede Luthers zum Römerbriefe. Der Reformator Preußens hat mit diesem Bekenntnißliede, welches mit seiner ansprechenden, wahrscheinlich dem Volksgesange entlehnten Melodie sofort die Herzen eroberte, dem Papst= thume viel Abbruch gethan. Die Reformation ist durch dasselbe an vielen Orten ersungen worden. Manche lieb= liche Geschichte wird von ihm erzählt, wie die folgende, für die wir jedoch keine Bürgschaft übernehmen.

Es kommt ein Bettler aus Preußen nach Wittenberg und singt vor Luthers Thür: »Es ist das Heil uns kommen her.« Luther hört ihm mit Fleiß zu, bis das Lied ausge= sungen ist. Dann schenkt er dem Sänger einen alten Georgenthaler, das einzige Geldstück, welches er augen= blicklich besaß. Dabei spricht er: »Komm her, heiliger Georg, der Herr Christus ist da.« Als darnach der Bettler auf Luthers Wunsch das Lied noch einmal gesungen, fragt ihn dieser, von wannen er komme und wo er dies Lied gelernet? Der Mann antwortet, er komme aus Preußen, allwo dies Lied in der Kirche oft gesungen würde. Da gingen dem Doktor Martinus vor Freuden die Augen über, daß Gott diesem Lande so gnädig wäre.

Gegenwärtig und schon seit langer Zeit hat jedoch auch das vielbewährte Lied des Speratus Muße gefunden, in der beschaulichen Einsamkeit sogenannter Liederschätze über seine Vergangenheit nachzudenken. Auf der Straße wird es gar nicht mehr, in den Kirchen wohl nur sehr selten gesungen. Es gehört zu den Liedern a. D. Zwar seine historische

Bedeutsamkeit wird von niemandem bestritten, weil sie in
der That unbestreitbar ist. Für den kirchlichen Gebrauch
jedoch soll es nach der Meinung vieler schon längst nicht
mehr verwendbar sein. Man wirft ihm Mangel an Lyrik
vor und bezüchtigt es einer gewissen dem Kirchenliede nicht
wohl anstehenden lehrhaften Langweiligkeit und dogmatischen
Trockenheit. Dagegen ist mit Recht geltend gemacht worden,
es docire in dem Liede kein Schulmeister, sondern es singe
in ihm eine Seele, die erfüllt ist von dem Frieden des
Evangeliums. Auch stößt man sich an der Form, die aller=
dings bedeutende Runzeln zeigt. Aber was kann das Lied
dafür, daß ihm Gott der Herr nicht auch den empfehlenden
Vorzug eines schönen Gesichts mit auf den Weg gegeben hat?

Dem sogenannten »preußischen Orpheus« Poliander oder
Gramann (Graumann) († 1541) ist als Dichter das Loos
lieblicher gefallen. Noch heute singen wir mit großer Freude
sein Loblied, das älteste der lutherischen Kirche: »Nun lob,
mein Seel, den Herren; was in mir ist den Namen sein.«
Mit uns aber singen's die fernen Hindu's in malabarischer
Zunge, »unter einem freudigen Tenor«. Wir werdens dem
frommen Herzog Albrecht I. v. Preußen immer danken, daß
er den lieben Graumann bewogen hat, den 103. Psalm in
deutsche Verse umzusetzen.

Ein Lied muß uns für den Verlust des andern schadlos
halten. Wie die Bücher so haben auch die Lieder ihre
besondern Schicksale. Das eine hebt, das andere begräbt
die Welle. Wir machen diese Wahrnehmung nicht blos in
Wittenberg und Preußen, selbst unter den Kirchenliedern der
gesangkundigen freien Reichsstadt Nürnberg ist keins, das
unsterblich fortlebte im Gesange der Gemeinde.

Wir denken da zunächst an den Rathsschreiber Lazarus,
Spengler, den Theologen unter den Juristen und den Ju=

risten unter den Theologen, wie die Zeitgenossen den um
die Einführung der Reformation in Nürnberg so hoch ver=
dienten Mann genannt haben. Er hat von Christo, dem
zweiten Adam, das kernhafte Lehr= und Bekenntnißlied
gesungen: »Durch Adams Fall ist ganz verderbt menschlich
Natur und Wesen.«

Sodann ersuchen wir den Leser, uns in eine Schuh=
macherwerkstatt zu folgen und alle Vorurtheile bei Seite
setzend dem ehrwürdigen Altmeister Hans Sachs eine wohl=
verdiente Huldigung darzubringen. Der Mann hat wohl
mehr als eine halbe Million Verse gedichtet. Doch ist hier
nicht der Ort, seine literarische Bedeutung im allgemeinen
zu würdigen. Vor uns steht er zunächst nur als Dichter
der Reformation. Auch als solcher hat er alle andern
Meistersänger erheblich übertroffen. Mit heller Begeisterung
begrüßte er das Auftreten Luthers, der »Wittembergisch
Nachtigall, die man jetzt höret überall«. Dem Gedichte, das
diesen Titel trägt, sind Holzschnitte beigegeben. Luther sitzt
als singende Nachtigall auf einem Baume. Unter dem Baume
befindet sich ein Löwe (Leo X.), ein Wildschwein (Dr. Eck),
ein Bock (Dr. Emser), ein Waldesel (ein Franziskanermönch),
eine Katze (Thomas Murner). Oben schnattern wilde Gänse
(Laien). An den in der Wüste verirrten Schafen saugen
Schlangen (Mönche und Nonnen). Den geretteten Schafen
geht das Lamm mit der Siegesfahne voran. Lauernde
Wölfe illustriren die hohe und niedere römische Klerisei.

Auf dem Gebiete des eigentlichen Kirchenliedes hat Hans
Sachs nur wenig geleistet. Es existiren von ihm allerdings
einige zwanzig Kirchenlieder. Dieselben haben es jedoch
nur zu einem sog. succès d'estime gebracht.*)

---

*) Das Lied: »Warum betrübst du dich, mein Herz«, welches nach ziemlich
allgemeiner Annahme von H. Sachs herrühren sollte, ist demselben neuerdings

Wenden wir den Blick wieder nach Norden, so begegnen wir in Stettin einem Manne, der zwar wie Luther früher ein Mönch war, aber seit 1523 mit großer Kraft das Evangelium predigte. Es ist Nikolaus Decius († 1541). Er hat drei Lieder in niederdeutscher Sprache gedichtet, darunter den stattlichen Hymnus: »Allein Gott in der Höh sei Ehr« und den herzbewegenden Passionsgesang: » O Lamm Gottes unschuldig am Stamm des Kreuzes geschlachtet.«

Beide Lieder haben tiefgehende geschichtliche Wurzeln. Den Bibelgrund des erstgenannten Liedes bilden die Bibelworte: »Ehre sei Gott in der Höhe und Friede auf Erden und den Menschen ein Wohlgefallen« (Luk. 2). Daher auch Luther urtheilte: »Man spüret wohl, daß dieser fröhliche, tröstliche Gesang nicht auf Erden gewachsen, sondern vom Himmel herunter gekommen ist.« Die morgenländische Kirche erweiterte die Bibelworte schon frühzeitig zu einem Psalm und bediente sich desselben regelmäßig beim Morgengesang. Hilarius, Bischof von Poitiers, führte ihn im IV. Jahrhundert in die abendländische Kirche ein, und noch heute wird kein katholisches Hochamt celebrirt ohne das Gloria in excelsis Deo. Uns ist es in der Bearbeitung des Decius zu einem unentbehrlichen Festliede geworden. Es hält uns, wie kaum ein anderes Lied, im Zusammenhange mit den Vorfahren im Glauben durch alle Jahrhunderte. Auch die zeitgeschichtlich gefärbten Worte am Schlusse der ersten Strophe: »All Fehd' hat nun ein Ende« bringen in den ökumenischen Zug des Ganzen keine Störung. Es ist ja durchaus nicht nöthig, bei den Worten an die Abstellung

---

von Ph. Wackernagel abgesprochen worden. Vgl. das deutsche Kirchenlied von den ältesten Zeiten bis zum Anfang des XVII. Jahrhunderts. 34. Lieferung S. 129.

des Faustrechts durch Kaiser Maximilian I. zu denken.
Mag dem Dichter, was übrigens noch gar nicht ausgemacht
ist, immerhin jener geschichtliche Vorgang bei Abfassung des
betreffenden Passus vorgeschwebt haben — wir kennen noch
eine härtere Fehde, die nun ein Ende hat, als die mittel-
alterige, und einen bessern Landfrieden, als ihn irgend ein
Reichsgesetz zu garantiren vermag. Kolosser 1, 19—22.
An diese Fehde, und an diesen Frieden mahnte das Lied,
als bei dem großen Brande zu Hamburg am Himmelfahrtstage des Jahres 1842 das auf dem St. Petrithurm
befindliche Glockenspiel mitten im Feuer und Rauchdampf
seine letzten Klänge aushauchte.

Das andere Lied des Decius: »O Lamm Gottes«
ist eine deutsche Bearbeitung des alten Agnus Dei. Luther
hat es aus dem römischen Meßgesange in seine deutsche
Messe verpflanzt. Darnach ist es lange Zeit als Abend-
mahlslied allgemein im Gebrauch gewesen. Der Zusatz
bei der dritten Wiederholung: »Gib uns deinen Frieden, o
Jesu!« soll an den Friedenskuß erinnern, mit welchem sich
die Abendmahlsgäste im Mittelalter zu begrüßen pflegten.

Als guter Harfenspieler und Musikus soll Decius seine
Lieder mit selbsterfundenen Melodien ausgestattet haben. Doch
beruht dieses Soll wohl nur auf dem guten Glauben unserer
Väter, daß nämlich jeder Dichter in der Regel sein eigener
Komponist sein müsse.

Bei dem alten gottseligen Kantor Nikolaus Herman
in Joachimsthal († 1561) war dies allerdings der Fall.
Allein Herman ist auch sonst unter den Sängern der
Reformation eine singuläre Erscheinung. Sein Herz gehörte
vor allen Dingen der Schule. Er kannte den trostlosen
Zustand der Schulen unter dem Papstthum aus eigner
Anschauung. Mit beweglichen Worten schildert er die Er-

lebnisse seiner Jugendzeit. Die Haare stehen ihm zu Berge,
wenn er daran denkt, wie früher die Kinder in den Schulen
gemartert wurden, wie wenig sie lernten, und wie unrichtig
und verkehrt dies wenige war. Zwanzig Jahre wurde
mancher Schüler alt, ehe er seine Grammatica lernte und
ein wenig Latein verstand und reden konnte. Und noch
dazu lautete das damalige Latein wie ein altes Rumpel=
scheit oder wie eine Strohfiedel gegen die allerbeste und
bestimmteste Orgel. Die Schulen selbst waren gemeiniglich
sehr garstige und unfläthige Häuser. Mitten unter Katzen,
Mäusen und allerlei Ungeziefer wurde die liebe Jugend
erzogen. Aber das hätte sich alles wohl noch ertragen
lassen, wenn's nur um die Gesänge besser gestanden hätte.
Was sang man? »Maria zart von edler Art« — »Die
Frau vom Himmel ruf ich an« — »St. Christoph, du
viel heilger Mann« — »Du lieber Herr St. Niclas wohn
uns bei«. — Das waren die Lieder, die dazumal in deut=
scher Sprache heftig in Schwang gingen. Vom Herrn
Christo wußte niemand etwas zu singen und zu sagen.

Bessere Zustände brachte erst die Reformation. Joa=
chimsthal verdankte ihr seinen treuen Pfarrer Mathesius,
den geistlichen Sohn und Biographen Luthers.*) Mathesius
hat nicht nur seinen alten ihm innig befreundeten Kantor
zum Dichter gemacht, sondern war auch selbst ein Dichter.
Von ihm haben wir unter anderm ein Wiegenlied für gott=
selige Kindermeiblein und andere christliche Personen, so der
lieben Kindlein warten, damit sie zu schweigen oder einzu=
wiegen: »Nun schlaf, mein liebes Kindelein, und thu dein
Aeuglein zu, denn Gott der will dein Vater sein, drum
schlaf in guter Ruh.« »Drum schlaf, du liebes Kindelein,

---

*) Joh. Mathesius, Luthers Leben in 17 Predigten.

preis Gott den Vater dein, wie Zacharias Hänselein, so wirst du selig sein.« Auch wird ihm das Morgenlied zugeschrieben: »Aus meines Herzens Grunde sag ich dir Lob und Dank«. Endlich hat er im Jahre 1545 dem Dr. Luther das Papstlied überbracht: »Nun treiben wir den Papst heraus aus Christus Kirch und Gottes Haus, darin er mörblich hat regiert, unzählig viel Seelen verführt.«*) Es erinnert dies an eine alte schlesische Sitte, wonach jährlich am Sonntage Lätare eine Figur von Holz und Stroh, den Götzen Theut (im Volksmunde Tod) darstellend, umhergetragen und schließlich unter Spott und Lachen ins Wasser geworfen wurde. Man sang während des Umzugs: »Nun treiben wir den Tod hinaus, den alten Juden in das Haus, den Reichen in den Kasten, morgen wollen wir fasten.«**)

Wenn nun Herr Mathesius eine gute Predigt gethan hatte, so ist der fromme Kantor geschwind bei der Hand gewesen und hat den Text mit den vornehmsten Lehren in die Form eines Gesanges gebracht. Etwa so: »Es war einmal ein reicher Mann, der trug stets Sammet und Seiden an. Er hätt alls gnug in seinem Haus, er banketirt und lebt im Saus.« In solch einfältigem schlichten Volkston sind Hermans Lieder gehalten. Unter Kindern und armen Bergleuten hatte er seine Gemeinde. Doch wurden etliche seiner Lieder ihrer allgemeinen Beliebtheit wegen bald auch in der Kirche gebraucht. (»Lobt Gott ihr Christen alle gleich.« — »Wenn mein Stündlein vorhanden ist.«)

Die stilvolle Objektivität des lutherischen Kirchenliedes darf man allerdings bei dem Joachimsthaler Kantor nicht

---

*) Nach andern Nachrichten ist jedoch Luther selbst der Autor dieses Liedes.
**) Siehe Cunz a. a. O. I. S. 370 ff.

suchen. Er singt wohl auch noch das Lied des allen
gemeinsamen Glaubens und Bekenntnisses, aber dasselbe
kleidet sich bei ihm vorwiegend in das Gewand der bürger=
lichen und häuslichen Lebensverhältnisse. Dennoch erfreut's,
die Poesie der Reformation selbst in einem abgelegnen
Winkel Deutsch=Böhmens nicht minder liebevoll gepflegt zu
sehen, wie auf den Höhen des Lebens, in den Palästen der
Fürsten.

Drei Markgrafen von Brandenburg, Kasimir, Georg
und Albrecht der Jüngere (Alcibiades) gehören zu den
Dichtern der Reformationszeit. Alcibiades hat, nachdem er
in wilden Kämpfen Land und Leute verloren, in Frankreich
als ein Geächteter das Lied gedichtet: »Was mein Gott
will, das gescheh allzeit; sein Will der ist der beste.« Das
Lied trägt wenigstens seinen Namen. Auch sieht's in der
That einem Fürsten ähnlich, der die Gewohnheit hatte, sein
Schlachtroß mit den Worten zu besteigen: »Das walte der
Herr Jesus Christ, mit dem Vater, der über uns ist! Wer
stärker ist als dieser Mann, der komm und thu ein Leid
mir an.« Sogar das Haus Habsburg hat einen Beitrag
zur Reformationspoesie geliefert. Maria, Königin von
Ungarn und Böhmen, später Regentin der Niederlande, eine
leibliche Schwester Karls V., dichtete nach dem frühen Tode
ihres Gemahls das Lied: »Mag ich Unglück nicht wider=
stan.« Sie war eine bibelfeste Frau. Luther widmete ihr
die Erklärung von vier Trostpsalmen.

Der Adel ist unter den kirchlichen Dichtern der Refor=
mationsepoche verhältnißmäßig schwach vertreten. Aus dem
Bürger= und geistlichen Stande aber wären noch reichlich
ein halbes Hundert Dichter zu nennen, die sich in der
Heroenzeit der lutherischen Kirche einen Namen gemacht
haben. Wir erinnern nur an den Schlesier Johann Hesse

(»O Welt ich muß dich laffen« im Ton: »Innspruck ich muß dich laffen«); den Thüringer Schnefing (»Allein zu dir, Herr Jefu Chrift«); den Baiern Adam Reusner (»In dich hab ich gehoffet Herr«); den Heffen Erasmus Alber (»Chrifte, du bift der helle Tag«, Verdeutfchung eines lateinifchen Hymnus).

Eine nicht unwefentliche Bereicherung erfuhr der lutherifche Liederfchatz auch dadurch, daß man ihm die beften Lieder aus dem von Michael Weiffe beforgten Gefangbuch der böhmifch=mährifchen Brüder einverleibte.*) Herder rühmt diefen Liedern eine Einfalt und Andacht, eine Innigkeit und Brüdergemeinfchaft nach, die wir wohl laffen müffen, weil wir fie nicht haben. In Wahrheit finden fich unter denfelben nur wenige von wirklich poetifchem Gehalte. (»Gottes Sohn ift kommen uns allen zu frommen«, ein Weihnachtslied.)

Um den gefchloffenen Heerkörper der ftreng kirchlichen Poefie fchwirrt fchließlich ein bunter Haufe von Märtyrer=, Sektirer= und Spottliedern,**) die insgefammt Zeugniß able= gen von dem blutigen Ernfte, dem fchroffen Meinungskampfe und der unverwüftlichen Spott= und Lachluft des Reforma= tionszeitalters, hier jedoch nicht weiter in Betracht kommen können.

Die kirchlichen Dichter von Luther bis Nikolaus Herman (1560) bilden eine Gruppe für fich. Doch erfcheinen die

---

*) Mützell, Geiftliche Lieder der evangel. Kirche aus dem XVI. Jahr=
hundert. Berlin 1855. 1. Bd. S. 96 ff.

**) Luther widmet dem Herzog Heinrich von Braunfchweig das alte
Judaslied, »auf Heintzen gedeutet«:

»Ach du arger Heintze, was haftu gethan, daß du viel frommen Menfchen
durchs Feuer haft morden lan? Des wirftu in der Hölle leiden große Pein;
Lucifers Gefelle muftu ewig fein. Kyrieleifon.«

Angehörigen derselben nicht einfach als Exemplare ein und
der nämlichen Gattung, es sind vielmehr Individuen mit
stark ausgeprägter Originalität. Denn es liegt nicht in
der Art des rechtfertigenden Glaubens, das Eigenartige und
Besondere zu verwischen. Wie die Natur so liebt auch die
Gnade keine schablonenmäßige Einerleiheit. Die Physiog=
nomie der Lieder aus dieser ersten, klassischen Periode, ihr
Habitus ist daher in dem Maße ein verschiedener, als die
Naturbasis ihrer Verfasser eine verschiedene war. Einige
Lieder empfehlen sich durch ihre Kürze und Gedrungenheit,
andere ermüden durch ihre Länge und Breite. Viele sind
beredt, nicht wenige nur gesprächig oder gar redselig. Bei
dem einen vergessen wir über dem gewinnenden Aeußern,
daß es innerlich noch nicht ganz ausgereift ist, bei dem
andern übersehen wir die rauhe Außenseite um des süßen
und tiefen Inhaltes willen. In dieser Beziehung haben sich
die Lieder wie die Zweige eines Baumes durchaus unab=
hängig von einander entwickelt. Aber davon abgesehen sind
sie doch alle mehr oder weniger lutherisches Vollblut. Der
eigentlich lutherische Typus ist selbst denen noch unverkennbar
aufgeprägt, die wie die Joachimsthaler bereits einer Seiten=
linie angehören. Ihren gemeinsamen Inhalt bildet der
Glaube und das Bekenntniß der Kirche, objektiv dargestellt,
ohne Beziehung und Anwendung auf die besondern Lebens=
verhältnisse. Es sind Gemälde auf Goldgrund. Man mag
das eine Einseitigkeit nennen. Aber diese Einseitigkeit lag
in den Bedürfnissen der Zeit. Dieselbe forderte ein posi=
tives Bekenntniß der Wahrheit. In diesem Bekenntniß
bestand die Protestation gegen die römischen Irrthümer.*)

---

*) Vgl. K. Graul, Die Unterscheidungslehren der verschiedenen christlichen
Bekenntnisse. 9. Aufl. Leipzig 1872.

In ihm standen die Lutherischen zusammen glaubend und lehrend, singend und sagend, leidend und kämpfend. Das kirchliche Bekenntniß war das gemeinsame und höchste Interesse der Reformation. Unter solchen Umständen konnte demnach ein anderes Lied gar nicht zum Vorschein kommen, als das Bekenntnißlied des kirchlichen Glaubens, in welchem die Gemeinde Ja und Amen sagt zu der kirchlichen Lehre.

Als ein Sieges= und Jubelruf flogen die Lieder durch die Lande. Die Verbreitung erfolgte zunächst mittelst fliegender Blätter. Diese Form des Einzeldrucks war ebenso billig wie handlich und praktisch. Auch war das Volk an dieselbe durch die weltlichen Volkslieder bereits gewöhnt. Die Reformatoren bewiesen daher auch insofern ein richtiges Verständniß für das Zweckdienliche, als sie es nicht verschmähten, sich bei Herausgabe ihrer Lieder des agitatorischen Flugblattes zu bedienen. Die Lieder bekundeten schon dadurch ganz unzweideutig nicht nur ihre Herkunft, sondern auch ihre Absicht. Flugblatt und Volkslied waren im Urtheil des gemeinen Mannes zusammenfallende Begriffe.

Das zeigte sich sofort, als das erste Lied Luthers die Presse verlassen hatte. Der Absatz war ein massenhafter und die Verbreitung erfolgte mit einer Schnelligkeit, die selbst bei unsern modernen Verkehrsverhältnissen in Erstaunen setzen müßte. Was den Liedern noch besonders zu statten kam war der Umstand, daß sie entweder gleich mit den beigedruckten Singweisen erschienen oder einer bekannten Volksmelodie untergelegt waren, über welche die Ueberschrift die nöthige Auskunft gab. Etwa so: »Frisch auf, ihr Landsknecht alle« — »Die Brünnlein, die da fließen« — »Wie man singt von der Schlacht bei Pavia« — »Im Bruder Veiten Ton« — »Im Hildebrandston« u. s. w. So wurden die einzelnen Blätter den Winden übergeben.

Wer Hände hatte, griff zu. Wer lesen konnte, hob an zu
singen. Die Umstehenden sangen das Lied nach und gaben's
mündlich, wohl auch brieflich weiter. Wandernde Handwerks=
burschen, von denen Deutschland im XVI. Jahrhundert
wimmelte, trugen die Lieder von Dorf zu Dorf, von Stadt
zu Stadt. Fahrende Sänger, heutzutage Landstreicher,
damals gemeinnützige Bettler genannt, weil sie die Neuig=
keiten kolportirten und so die mangelnden Zeitungen ersetzten,
sangen die Lieder vor den Thüren ab. Auch der Bürger=
und Handwerkerstand ließ sich die Verbreitung der Lieder
eifrig angelegen sein. Im nördlichen Deutschland ent=
wickelten besonders die Tuchmacher eine rührige Thätigkeit.
Einen instruktiven Beleg hierfür liefert die Magdeburger
Chronik. Es heißt da: »In eben demselben Jahre (1524)
am 6. Mai ist ein armer alter Mann, seines Handwerks
ein Tuchmacher, bei Kaiser Otten auf dem Markte gestanden
und hat zum ersten geistliche Lieder feil gehabt und den
Leuten vorgesungen, als: Aus tiefer Noth schrei ich zu dir 2c.
Es wollt uns Gott genädig sein 2c. Als nun der Bürgermeister
Hans Rubin von St. Johanniskirche aus der Frühmesse
kommen und gesehen, daß viel Volks um den Mann umher=
gestanden, hat er seinen Diener gefragt, was da zu thun
wäre. Und da dieser geantwortet, es stände ein loser Bube
dar, der hätte des Luthers ketzerische Gesänge feil und sänge
sie dem Volke vor, hat er befohlen, man sollte den Mann
ins Gefängniß werfen, welches auch von Stund an geschehen.
Sobald dieses der gemeine Mann erfahren, sind bei 200
Bürger aufs Rathhaus kommen, welche durch ihren Wort=
halter Johann Eickstädt für den armen Mann gebeten, daß
er möchte auf freien Fuß gestellet werden, weil ihn die
Stadtknechte bei dem Bürgermeister fälschlich angegeben.
Worauf man den Gefangenen losgegeben und die Stadt=

knechte, die Schuld gehabt, an seine Statt gesetzt und letztlich gar aus der Stadt gewiesen.« Solch glimpflichen Verlauf nahm der Lieberhandel nicht allerorten, aber doch war bald ganz Deutschland von der Nordsee bis zu den Alpen von den neuen Liedern überfluthet. Durch sächsische Bergknappen fanden sie ihren Weg sogar in die Tyroler Berge.

Wirksam und förderlich für den Zweck der Lieberver- breitung erwiesen sich auch die Schulen. Durch die Schul- kinder gelangten die Lieder ins Haus zu den Aeltern, dieselben Lieder, die noch außerdem von den Kurrentschülern auf der Straße gesungen, von den Stadtzinkenisten vom Thurme herab geblasen, und auch wenn die Reformation noch nicht durchgedrungen war, in der überfüllten Kirche von der ganzen Gemeinde angestimmt wurden.

Zu dem allen kam endlich noch sehr frühzeitig die Herausgabe besonderer Gesangbücher, mit Noten verziert.*) Das erste lutherische Gesangbuch erschien 1524 zu Witten- berg. Es enthielt acht Lieder. Aber dabei blieb's nicht lange. Die Zahl der Lieder, welche Aufnahme fanden, betrug bald über hundert. Jedes neue Gesangbuch brachte deren mehr. Luther selbst bereicherte das von ihm herausgegebene Gemeinde- gesangbuch in jeder nachfolgenden Ausgabe mit neuen Liedern. Mit der stetig wachsenden Lieberproduktion wuchsen verhältnißmäßig auch die Gesangbücher an Umfang und Zahl. Mann nimmt an, daß zwischen den Jahren 1524 bis 1545 nicht weniger als 117 verschiedene Liedersammlungen entstanden sind. Allein in Erfurt waren in den Jahren 1524 und 25 vier verschiedene Drucker mit der Herausgabe lutherischer Gesangbücher beschäftigt. Gesangbücher drucken

---

*) Vgl. Daniel, Zerstreute Blätter. Halle 1866. S. 95 ff. Das Gesangbuch.

und herausgeben war zu aller Zeit nicht nur ein löbliches, sondern auch ein rentables Geschäft. Schwierigkeiten gab's dabei weiter nicht. Es herrschte ein vollständiger literarischer Kommunismus. Die Redaktion der Gesangbücher war noch nicht eine Sache der kirchlichen Behörden, sondern lediglich der Privatindustrie. So geschah's denn auch, daß Drucker, Verleger und Herausgeber sich nicht selten in einer Person vereinigten, gelegentlich sogar in einer weiblichen. Die Buchdruckerin Katharina Zellin in Straßburg gab ein Gesangbuch heraus, zu dem sie sogar die Vorrede geschrieben hatte. Aehnliches wird einer gewissen Kunigunde Hergotin in Nürnberg nachgesagt. Die Redaktion war freilich oft auch eine höchst unbefangene. Man änderte an den Liedern und setzte zu nach Belieben. Selbst Luther war nicht im Stande, das von ihm eigens herausgegebene Gesangbuch für die Dauer rein zu erhalten. Mochte er zehnmal bitten, man möchte sein anfangs in Wittenberg, zuletzt in Leipzig ausgegangen Büchlein ungemehret lassen, es half nichts. »Es will je der Mäuse Mist unter dem Pfeffer sein« schalt er in derbem Unmuth. Schlichen sich doch sogar ketzerische Lieder des Thomas Münzer in lutherische Gesang= bücher ein. Dazu wurden die Lieder je länger je falscher gedruckt. In der Vorrede zu dem sog. Bapstschen Gesangbuch vom Jahre 1545 sieht sich Luther zu der ausdrücklichen Bemerkung veranlaßt: »In dem Liede: Aus tiefer Noth 2c. im zweiten Verse soll's also stehn: Des muß dich fürchten jedermann. Ist versehen oder ist übermeistert, das fast in Büchern stehet: Des muß sich fürchten jedermann.« Uebri= gens wollten die Gesangbücher zum weitaus größten Theile dem unmittelbaren Bedürfniß der Gemeinde dienen entweder als Hausgesangbücher oder zum Nachlesen im Gottesdienst während des Chorgesanges. Es sollte sich nach der Absicht

Luthers auf diese Weise allmählich ein geordneter Gemeinde=
gesang heranbilden.

Ein Wunder kann's darnach wohl kaum genannt werden,
wenn wir hören, wie die Lieder der Reformation alsbald
von Jung und Alt, in Kirche, Schule und Haus, auf
Märkten und Straßen, in Wald und Feld, in Werkstätten
über und unter der Erde gesungen werden in stetig an=
schwellender Mächtigkeit. Es verhielt sich wirklich so, wie
Katharina Zellin in ihrer Vorrede bezeugt: »Der Handwerks=
gesell sang ob seiner Arbeit, die Dienstmagd ob ihrem
Schüsselwaschen, der Acker= und Rebmann auf seinem Acker
und die Mutter dem weinenden Kinde in der Wiege.« Die
Zeiten des Hieronymus waren wiedergekehrt.*)

Wie ein politisch Lied in bewegter Zeit zünden kann
ist bekannt. Und auch an politischen Liedern hat's ja im
Reformationszeitalter nicht gefehlt. Es genügt zu erinnern
an Ullrichs v. Hutten stolzes Lied: »Ich hab's gewagt«.
Das Kirchenlied wirkte ungleich mächtiger. Ein Produkt
der Reformation ist es andrerseits ein gewaltiger Hebel
derselben gewesen. Schon durch das Kirchenlied allein war
der Bestand der Reformation so gut wie gesichert. Niemand
hat das besser erkannt als die Gegner Luthers. Noch mehr
als seine und seiner Freunde Schriften fürchteten, haßten,
verfolgten sie die Lieder der Reformation. Das Volk, klagen
sie, singt sich an diesen Liedern in die neue Lehre hinein.
Siehe die Gesänge des Luther nur an und du wirst erkennen,
wie arglistig sie sind. Alte Mütterchen, die nicht eben klar
sehen, werden durch ihre Neuheit am meisten berückt. Vor=

---

*) Vgl. Wangemann, Kurze Gschichte des evangel. Kirchenliedes so wie
der Kirche in ihrem Liede. 5. Aufl. Berlin 1865. Leitritz, Beiträge zu einer
fruchtbaren Behandlung des deutsch=evangelischen Kirchenliedes. 4. Aufl. Berlin
1870. Beide Werke verfolgen mehr ein praktisch=erbauliches Interesse.

gänge wie der folgende stehen nicht vereinzelt da. Als
nämlich ein gelehrter Geistlicher der alten Kirche nach Braun=
schweig berufen wurde, um die Ketzerei in drei Predigten zu
überwinden, wurde er mitten in der Predigt durch den Ruf
unterbrochen: »Ihr lüget, Herr Doktor, in meiner Bibel
steht es nicht so«. Darauf erwiderte er begütigend: »Mein
lieber Mann, vielleicht habt ihr eine andere Uebersetzung
als ich, in meiner Bibel steht so, wie ich gesagt habe«.
Um dem Handel ein Ende zu machen, erhob sich ein Bürger
und begann den zwölften Psalm zu singen (»Ach Gott vom
Himmel sieh darein«). Die Gemeinde stimmte in das
Lutherlied ein. Der Priester mußte die Kanzel verlassen.
»Es ist äußerst zu verwundern, klagt ein spanischer Karme=
litermönch, wie sehr diejenigen Lieder das Lutherthum fort=
gepflanzt haben, die in deutscher Sprache haufenweis aus
Luthers Werkstatt geflogen sind.« Ganze Städte wurden für
die Reformation durch ein einziges kernhaftes Lied gewonnen,
welches trotz Wall und Thorwache den Eingang zu finden
gewußt hatte. Denn das Lied, das Lied hat Flügel. Als
ein Bürgermeister zu Lemgo in der Grafschaft Lippe seinen
Rathsdiener in die Kirche geschickt hatte, auf diejenigen
Bürger zu achten, welche eine Liebe zu der neuen Religion
würden blicken lassen, damit sie gestraft werden könnten,
und denselben bei seiner Rückkehr befragte, welche denn die
Lieder: Erhalt uns Herr bei deinem Wort, item Ein feste
Burg ist unser Gott gesungen hätten, und er zur Antwort
gab: »Herr, sie sungen alle« — da sprach der Bürgermeister:
»Ei, alles verloren!« Selbst verstockte Papisten blieben von
dem Zauber der lutherischen Lieder nicht unberührt. Ja
sogar in die Klöster und die Hofkapellen fanatischer Gegner
der Reformation drangen lutherische Gesänge. So begab
sich's zu Wolfenbüttel, daß noch unter dem streng katholischen

und mit Luther persönlich verfeindeten »Heinz« von Braun=
schweig in der Hofkapelle plötzlich von verschiedenen Seiten
lutherische Gesänge angestimmt wurden. Darüber wurde der
papistische Pfaff zornig und beschuldigte die verwegenen
Sänger beim Fürsten, daß sie lutherische Ketzer werden
wollten. Da fragte nun der Herzog den Ankläger: »Was
sind's denn für Lieder, wie lauten sie«? Der Pfaff gab zur
Antwort: »Gnädiger Herr, sie heißen: Es wollt uns Gott
gnädig sein.« Darauf der Herzog: »Ei, soll uns der Teufel
gnädig sein? Wer soll uns sonst gnädig sein, denn Gott
allein«? Die Lieder wurden demnach ungehindert fortgesungen.

Unter solchen Umständen erschien es denn einem Prediger=
mönche Namens Michael Vehe, Propst der Stiftskirche zu
Halle a. d. Saale, einem eifrigen Gegner Luthers, als das
Gerathenste, die Reformation mit ihren eigenen Waffen zu
bekämpfen. Vehe hatte nämlich hinlänglich Gelegenheit
gehabt, den Einfluß der lutherischen Gesanbücher wenn auch
nicht schätzen, aber doch fürchten zu lernen, und entschloß
sich daher, deutsche geistliche Lieder in einem besondern
Gesangbuch zum Gebrauch in und außer den Kirchen zu
sammeln und herauszugeben. Dies Gesangbuch, das älteste
katholische, erschien 1537 zu Leipzig.*) Es blieb lange Zeit
eine vereinzelte Schwalbe und scheint die gehoffte Wirkung
durchaus nicht hervorgebracht zu haben. Wie argwöhnisch
dergleichen Unternehmungen von der katholischen Kirche
betrachtet wurden, ergibt sich auch daraus, daß Leisentrit,
Domdechant in Olmütz, welcher im Jahre 1567 gleichfalls
ein deutsches katholisches Gesangbuch herausgab, sich deshalb
dem Verdachte der Heterodoxie ausgesetzt sah. Zudem liegt

---

*) Michael Vehe's Gesangbüchlein vom Jahre 1537. Herausgegeben von
Hoffmann v. Fallersleben. Hannover 1853.

in den katholischen Gesangbüchern eine oft buchstäbliche
Benutzung lutherischer Kirchenlieder vor. Der Name des
ketzerischen Autors wurde verschwiegen, oder es bildete sich
wohl gar der Mythus, die Lutherischen hätten die meisten
ihrer Gesänge von der katholischen Kirche entlehnt, ungeachtet
sie in ihren Gesangbüchern ihre eigenen Namen darüber
geschrieben. Das Wahre an dieser Rede ist nicht neu und
das Neue daran ist nicht wahr. Als die jüngere Schwester,
die lutherische Kirche, mündig geworden war und durch die
bittere Noth gezwungen sich von der ältern katholischen
trennte, da hat sie bei der Regulirung der Vermögensver=
hältnisse allerdings auch ihr poetisches Erbtheil sich vorbe=
halten. Aber dasselbe war im ganzen nicht sehr bedeutend
und würde bald aufgezehrt gewesen sein, wenn sie es nicht
durch eigene Arbeit unabläffig gemehrt hätte. Es mag ja
die Kirche Luthers mancher Vorwurf treffen. Daß sie poetisch
unproduktiv gewesen sei wird man ihr nicht nachsagen
können. Der Liederschatz der lutherischen mit Einschluß der
reformirten Kirche beziffert sich auf mindestens 100,000
Nummern, darunter 6—800 Kernlieder, im übrigen aber,
wie man zugeben muß, ein gut Theil Spreu. Unsere Vor=
fahren haben im Eifer für die gute Sache vieles gereimt,
was man ihnen eben nur verzeihen kann. Manche selbst
rechtgläubige Lieder haben kein anderes Verdienst, als daß
sie alt sind, und würden daher schon längst zu den Todten
gehören, wenn unter den Liederfreunden nicht ein traditionelles
Uebereinkommen bestände, sie schön zu finden.

Doch ist das poetische Vermögen kein absolutes, es hat
vielmehr an den jeweiligen Zuständen des öffentlichen und
geistigen Lebens seine Bedingungen und Schranken. Nach
der Mitte des XVI. Jahrhunderts gewahren wir auf dem
Gebiet der lutherischen Liederdichtung eine auffallende Ab=

nahme nicht zwar der Lust zu produziren, wohl aber der
Kraft originellen Schaffens. Die Heroenzeit war mit den
Reformatoren zu Grabe gegangen. In ihre Arbeit trat ein
nicht gerade poetisches Geschlecht von Epigonen. Der
Rechtsbestand der lutherischen Kirche schien zwar durch den
Augsburger Religionsfrieden gesichert, aber das Gefühl der
Unsicherheit einem unternehmenden, unversöhnlichen Feinde
gegenüber ließ die Gemüther doch nicht zur Ruhe kommen.
Die Päpstlichen betrachteten sich vor wie nach als die
wenn auch zeitweilig depossedirten, aber darum doch legitimen
Herren der evangelischen Kirchenprovinzen. Dem verlornen
Sohne der lutherischen Kirche den Aufenthalt in der Fremde
zu verleiden, ihn mit List oder wo's möglich war auch mit
Gewalt wieder in das Vaterhaus zurückzunöthigen, schien
Recht und Pflicht. Dazu kamen Zwistigkeiten, erbitterte
Kämpfe, blutige Spaltungen im Lager der Evangelischen
selbst. Die Lutherischen vermochten weder unter sich noch
mit den Reformirten Frieden zu halten. Durch den über=
greifenden Calvinismus, durch Lehrmeinungen, die sich mit
Melanchthons Namen deckten, durch die Rechthaberei ein=
zelner Theologen ward die Einheit und Reinheit der bekennt=
nißmäßigen lutherischen Lehre aufs höchste bedroht. Man
wollte vermitteln, aber auf Kosten der Wahrheit. Da war
denn der Kampf ein nothgedrungener. Er endigte mit dem
Sieg des lutherischen Bekenntnisses.

Kein Wunder, wenn unter diesen dogmatischen Streit=
händeln das Kirchenlied nicht recht gedeihen wollte. So sagt
man. Es mag sein, daß daran etwas Wahres ist. Doch
ist ja das lutherische Kirchenlied überhaupt im Kampf und
Streit groß geworden. Die Händel, welche ein nachfolgendes
Theologengeschlecht zum Austrag brachte, reichen in ihren
Anfängen zum größten Theil noch tief in Luthers Tage

hinein. Und sodann sind, wie wir sehen werden, auch in
dieser Zeit wenigstens einzelne Lieder zum Vorschein gekommen,
in denen der Geist der vorhergehenden in ungeschwächter
Frische und Kraft, Wärme und Innigkeit fortlebt.

Thatsächlich steht es darum wohl so, daß nach dem gewal=
tigen Aufschwunge in den ersten reformatorischen Decennien
eine gewisse poetische Herabstimmung in den Gemüthern
eingetreten war, wie immer nach großen das Volksleben in
seinen Tiefen aufregenden Ereignissen. Auf die Aktion folgte
die Reaktion. Das allmähliche Abwelken liegt so sehr in
der Natur auch der poetischen Blütheperioden, daß es im
Gegentheil als ein reines Räthsel erscheinen müßte, wenn an
dem Bekenntniß des Volkes, dem Kirchenliede, nach wie vor
mit ungeschwächten Kräften wäre fortgedichtet worden. Die
Begeisterung verlangte darnach, sich auszuruhen. Die Braut
war errungen. Nun galt es sich häuslich einzurichten. Daß
dabei die Prosa das große Wort zu führen hat ist selbst=
verständlich. Wir wundern uns daher durchaus nicht, wenn
nach 1560*) die meisten Dichter einen vorwiegend lehrhaften,
dogmatischen und polemischen Ton anschlagen und dadurch
sich allerdings von dem Wesen der wahren Poesie ziemlich
weit entfernen. Die Geistesarbeit konzentrirte sich eben um
die reine Lehre, mit deren Preisgebung es auch um den

---

*) Man hat wohl den Zeitraum von 1523—1560 die Saatzeit, den
von 1560—1620 die Wartezeit, und den von 1620—1680 die Blüthezeit
des deutschen Kirchenliedes genannt. Die Saatzeit liegt jedoch im Mittelalter,
wie für die Reformation überhaupt, so insbesondere für das deutsche Kirchenlied.
Dasselbe hat, wie die deutsche poetische Nationalliteratur, zwei Blütheperioden,
die eine im Zeitalter der Reformation, die andere im XVII. Jahrhundert.
Der dazwischen liegende Zeitraum (1560—1618) entspricht, poetisch ange=
sehen, derjenigen Periode der deutschen Nationalliteratur, in welcher die Poesie
hauptsächlich Meistergesang war (1300—1500).

Glauben und die Kirche wäre geschehen gewesen. Man reimte daher wie man predigte und was man lehrte, meister= sängerliche Leselieder. Eine Schulmeisterin versifizirte die Sonntagsepisteln, ein Pfarrer seine 150 Passionspredigten. Am liebsten hätte man die ganze Bibel sammt den Bekenntniß= schriften in Reime gebracht. Die Hauptsache bleibt indeß immer, daß über dem Bekenntnißglauben der rechte Herzens= glaube noch nirgends verloren gegangen war. Ihm entquollen einzelne Lieder, von denen jedes in seiner Art als ein lyrisches Kleinod angesehen werden muß.

Bartholomäus Ringwald († 1598), ein märkischer Dichter, legte das bezeichnende Geständniß ab, er übe die heilige Dichtkunst nur, um seinen Beruf als Pfarrer nütz= licher zu machen. Wir besitzen von ihm unter anderm eine bereits früher erwähnte Bearbeitung des Dies irae. Auch das ist bezeichnend. Denn in den Wirren der damaligen Zeit scheinen in der That fromme Gemüther ein Anzeichen für das Nahen des jüngsten Gerichts erblickt zu haben. Auch andern gleichzeitigen Dichtern wurde es abendlich zu Sinnen. Die Sterbelieder, die bisher nur selten vorgekommen waren, mehrten sich. Die Gedanken richteten sich auf das Ende.

»Herzlich lieb hab ich dich, o Herr« singt Martin Schalling († 1608). Spener beschoß mit diesem Kernliede jeden Sonntag seine Abendandacht, weshalb man's wohl auch sein Requiem genannt hat. Gellert ertheilte ihm das höchste Lob. Und wer vermag zu sagen, an wie viel tausend Herzen dieses herrliche Psalmlied (Psalm 18 und 73) sich sonst noch als eine Kraft zur Seligkeit bewährt hat.

»Ach bleib bei uns Herr Jesu Christ, weil es nun Abend worden ist.« Dieser Seufzer wird dem Nikolaus Selnecker zugeschrieben. Von den strengen Lutheranern wurde er, ein Freund Melanchthons, nur »Seelhenker« genannt. Er führte ein rechtes Exulantenleben. Wiederholt und an verschiedenen Orten seines Amtes als Prediger entsetzt, starb er, als er eben wieder nach Leipzig zurückberufen worden war (1592.) In dieser Stadt hatte er früher eine segens= reiche Thätigkeit entfaltet, namentlich auch durch die Errich= tung eines besondern kirchlichen Sängerchors, des noch heute bestehenden »Thomanerchors«. Selnecker war ein ebenso bedeutender Mensch wie Theolog. Seine Lieder wurden einst viel gesungen. Unvergessen ist er noch immer als der Ver= fasser des Versleins, welches er sich zum täglichen Gebete erwählt hatte: »Laß mich dein sein und bleiben, du treuer Gott und Herr; von dir laß mich nichts treiben, halt mich bei deiner Lehr. Herr, laß mich nur nicht wanken, gib mir Beständigkeit: dafür will ich dir danken in alle Ewigkeit«.

An Selnecker reiht sich unmittelbar der Thüringer Ludwig Helmbold († 1598), gestorben als Superintendent zu Mühl= hausen. Er, der »deutsche Assaph«, hat in deutscher und lateinischer Zunge unermüdlich des Herrn Lob gesungen. Die Perle seiner Lieder ist der wahren Christen Weggeleit: »Von Gott will ich nicht lassen, denn er läßt nicht von mir«. Dies echt volksthümliche Lied ist wieder eins von denen, an welchen besonders auch fürstliche Herzen ihre Freude gehabt haben. Den Kurfürsten Johann Georg I. von Sachsen begleitete es allezeit auf seinen Reisen und Kriegszügen. Markgraf Georg Friedrich von Brandenburg= Ansbach und Herzog Moritz Wilhelm von Sachsen=Zeitz hielten es in Ehren und Uebung als ihr Leiblied. In neuerer Zeit hat sich der selige Dr. Gotthilf Heinrich v. Schubert, der bekannte wandernde Volksschriftsteller und christliche Naturforscher, noch das besondere Verdienst erwor= ben, wie auf die alten »Tröster« überhaupt, so vornämlich

auch auf dieses Helmboldsche Reiselied als auf einen der
erquickendsten aus eigner Herzens= und Lebenserfahrung
wieder aufmerksam gemacht zu haben.

Getreu seinem Wahlspruch: Mortuus en vivo Offenb.
Joh. 1, 18 dichtete Kaspar Melissander (Bieneman) († 1591),
zuletzt Generalsuperintendent in Altenburg, unter den Drang=
salen der Zeit den güldenen Spruch: »Herr wie du willt
so schick's mit mir im Leben und im Sterben«.

Zum Beweis endlich, daß auch die Fürsten nicht auf=
gehört hatten, den kirchlichen Liederschatz bereichern zu helfen,
erinnern wir schließlich noch an den Herzog Ludwig v.
Württemberg, der ein Sterbelied verfaßt hat und außerdem
ein so geschulter Theolog war, daß er in den Religions=
gesprächen den geistlichen Herren, wenn sie sich nicht gleich
besinnen konnten, die rechten Sprüche ins Ohr sagte. Wär's
möglich, daß Gott stürbe, so verdiente niemand Gott zu sein
als unser Herzog Ludwig mit seiner Herzensgüte. So hieß
es von ihm im Lande, wiewohl seine Frömmigkeit nicht ohne
starke Schatten war.

Auf der Grenze des Jahrhunderts stehen zwei Dichter,
die in ihren Liedern bereits den Aufschwung ankündigen,
den das Kirchenlied in seiner zweiten klassischen Periode
(erste Hälfte des XVII. Jahrhunderts) nehmen sollte.
Diese Propheten der neuen Zeit, wie man sie wohl
genannt hat, sind Philipp Nicolai und Valerius Herberger.

Nicolai beschloß sein vielbewegtes Leben als Oberpfarrer
zu Hamburg (1608). Er hat der Kirche zwei Lieder ersten
Ranges hinterlassen: »Wie schön leucht't uns der Morgen=
stern« und: »Wachet auf ruft uns die Stimme«. Beide
Lieder sind Akrosticha auf Wilhelm Ernst, Graf und Herr zu
Waldeck, den Schüler des Dichters. Das erstere ist ein
geistlich Brautlied der gläubigen Seele von Jesu Christo

ihrem himmlischen Bräutigam, also ein kirchliches Minnelied. Als solches bezeichnet es den Anfang einer ganz neuen Liedergattung, der sog. Jesuslieder, die später mit besonderer Vorliebe kultivirt wurden. A. Knapp sagt mit Recht, es sei das herrlichste und süßeste von allen deutschen Liedern und in ihrer Reihe dasselbe, was das 17. Kapitel Johannis unter den Schriftkapiteln ist. Gleichwohl hat er's in seinem bekannten Liederschatze ganz unbarmherzig verstümmelt. Nicolai soll übrigens den »Morgenstern« als er noch Pfarrer zu Unna in Westfalen war zur Zeit einer verheerenden Pest gedichtet haben, und zwar nach einem weltlichen Liebes= liede, welches so lautet: »Wie schön leuchten die Aeugelein der Schönen und der Zarten mein, ich kann ihr nicht ver= gessen. Ihr rothes Zuckermündelein, dazu ihr schneeweiß Händelein hat mir mein Herz besessen. Lieblich, freundlich, schön und herrlich, groß und ehrlich, in ihr Gnaden will ich mich empfohlen haben.« Nicht ganz unwahrscheinlich ist jedoch, daß umgekehrt das geistliche Lied dem weltlichen als Orginal gedient hat. Auf den Verfasser wenigstens dichtete und sang man gar bald den Morgenstern parodirend: »Wie schön leuchtet im Himmelreich dem Glanz der hellen Sonne gleich Philippus Nicolai, der hier ein Doktor wohlgelehrt gewesen ist auf dieser Erd im Gnadenreiche Christi.« Manche Thräne hat sein Lied getrocknet, manche Freude verklärt. Man sang es besonders gern bei Trauungen. Wenn der »Morgenstern« nicht gesungen wurde, war den Leuten zu Muthe als wären sie gar nicht recht kopulirt. Von wun= derbarer Schönheit ist die Melodie des Liedes. Man hat sie die »Königin der Choräle« genannt. Das andere Lied Nicolai's: »Wachet auf« 2c. ist eine Art geistliches Wächterlied. Den Bibelgrund bildet die Parabel von den zehn Jung= frauen Matth. 25. Der himmlische Bräutigam kommt am

Abend des Hochzeitstages, die Braut heimzuholen. Wir aber sollen als die klugen Jungfrauen mit den brennenden Lampen des Glaubens seiner Zukunft warten. Auch dies Lied soll Nicolai unter den Schrecken einer Pest gedichtet haben. Knapp nennt es das Ebenbild des Straßburger Münsters. Goethe urtheilt, daß es recht großmüthig und herzerhebend sei, wenn man in den Sinn eindringe. Geibel hat es in seinem Thürmerlied politisch umgedichtet. Es ist ein letzter kirchlicher Nachklang der weltlichen Tag= oder Wächterlieder des Mittelalters, die ursprünglich dem Kunst= gesange angehörten, später aber zu einer beliebten Form der Volkspoesie wurden. In vier Sprachen ist's übersetzt worden. Die Melodie darf wohl als der »König der Choräle« bezeichnet werden.

Der zweite der genannten Dichter, Valerius Herberger, war Pfarrer zu Fraustadt in Großpolen († 1627). Sein Vater hatte, wie einst Zacharias, bereits an der Wiege des Knaben prophezeit: »Ihr werdet sehen, das wird gewiß ein Prediger werden. Er wird mit Fingern auf den Herrn Jesum weisen, wie Johannes der Täufer«. Und so geschah es auch. Ein treuer Zeuge Jesu hat er viel tausend Seelen erquickt durch seine »Herzpostillen«. Ein vielgeprüfter Glau= bensheld und unermüdlicher Seelsorger hat er in einer schrecklichen Pestzeit, als in 9 Monaten 740 seiner Gemeinde= glieder hingerafft, er selbst aber und sein Haus wunderbar bewahrt wurden, das bekannte Lied gedichtet: »Valet will ich dir geben du arge, falsche Welt«. Es ist ein Akrostichon auf seinen Taufnamen Valerius und obwohl auf indivi= dueller Lebenslage beruhend doch von allgemeiner Bedeutung und bleibendem Werthe.

Die Gemeinden wurden auch in der zweiten Hälfte des XVI. Jahrhunderts unaufhörlich mit neuen Liedern ausge=

stattet. Die Brünnlein flossen beständig. Mit großer Vor=
liebe wurden besonders auch weltliche in geistliche Lieder
umgebildet. Die allgemein verbreiteten »Reuterliedlein«,
»Bergliedlein« und »Gassenhawer« — das sind Lieder der=
jenigen die auf der Gasse hawen oder gehen — wurden um
der Jugend willen »christlich moraliter und sittlich« verändert.
Doch gingen die neuen Lieder nur zum allerkleinsten Theil
in den kirchlichen Gebrauch über. Was an jedem Sonn=
und Festtage gesungen werden sollte, war theils durch die
Kirchenordnung festgesetzt, so daß jeder Gottesdienst sein
stehendes Lied hatte, theils war es den Geistlichen gestattet,
noch außerdem nach eigner Wahl ein schickliches Lied anstimmen
zu lassen. Die Voraussetzung dabei war immer, daß die
Gemeinde das betreffende Lied auswendig wußte. Denn die
Gesangbücher kamen vorläufig noch nicht in die Kirche. Ja
noch aus dem Jahre 1697 wird von einem Bauer aus dem
Merseburgischen erzählt, welcher sich in Halle ein Gesangbuch
gekauft hatte und in seiner Gemeinde der einzige aus dem
Buch Singende war. Der Pastor untersagte ihm daher,
solche »Neuigkeiten« aufzubringen. Es galt noch für hoch=
müthig, »wie ein Kantor« aus dem Buche zu singen.
Vielfach mag sich der Hochmuth wohl auch ganz von selbst
verboten haben. Denn wie stand es um die Lesefertigkeit?
In den Landgemeinden wenigstens war sie sicherlich nur sehr
sporadisch verbreitet. Noch im Jahre 1664 heißt es in
einer Verordnung, welche sich auf das sog. Türkengebet
bezieht, daß es in Abwesenheit des Pfarrers vom Schulmeister
oder »Köster«, oder wenn etwa derselbe nicht lesen könnte,
vom Richter oder sonst einem aus der Gemeinde, der des
Lesens erfahren, vorgelesen werden soll.*)

---

*) Tholuck, Das kirchliche Leben des 17. Jahrh. I. S. 129.

Trotz dieses Uebelstandes hob sich der Kirchengesang in erfreulicher Weise. Der Schatz trefflicher Kirchenmelodien wurde durch eine Reihe ausgezeichneter Tonmeister, wie Michael Prätorius und Johann Eccard, bereichert. Die Kunst des kirchlichen Choralgesangs gelangte zu immer größerer Vollendung. Die bedeutende Vervollkommnung, welche die Orgeln durch die Windlade erfuhren, trug nicht wenig dazu bei, den gesanglichen und musikalischen Theil des Kultus immer reicher und mannigfaltiger zu gestalten. Durch die Blüthe der Tonkunst wurde einigermaßen ersetzt, was die Poesie etwa zu wünschen übrig ließ. Denn allerdings haben die Dichter den Charakter kirchlicher Objektivität, den Luther dem Kirchenliede aufgeprägt hat, im ganzen noch streng und treu zu bewahren gesucht. Es ist noch die ganze Kirche, die Volksgemeinde, welche in den Dichtern glaubt und bekennt. Aber man produzirt poetische Prosa und noch dazu schlechte. Von einzelnen rühmlichen Ausnahmen abgesehen werden Sprache und Versbau, anstatt sich fortschreitend zu vervollkommnen, nur rauher und ungelenker. Das Kirchenlied war einer erneuernden Wiedergeburtdringend bedürftig.

6. Das Zeugnißlied des kirchlichen Lebens.

Verschiedene Umstände wirkten zusammen die Wiedergeburt des Kirchenliedes bereits in der ersten Hälfte des XVII. Jahrhunderts, also nach einer für den gelassenen Gang des Geisteslebens überraschend kurzen Zeit herbeizuführen. Zunächst war es die Noth des großen Krieges, welche der Poesie neues Leben einhauchte. Gervinus hat in gewissem Sinne Recht, wenn er die Behauptung aufstellt, die ganze deutsche Kirchenpoesie sei durch nichts so sehr gefördert worden als durch den dreißigjährigen Krieg, welcher des David Nothzeit über die einzelnen verhängte. Sodann war es die heilsame Reform, welche gerade damals durch die sich bildenden Sprachgesellschaften und Dichtervereine auf dem Gebiete der weltlichen Literatur ins Leben gerufen wurde, und die sich die kirchliche Lyrik, so weit es mit ihrem Wesen und Interesse verträglich war, zu nutze machte. Zwar hat man neuerdings geltend gemacht, es sei eine wunderliche Rede, daß Dichter wie der nachher zu erwähnende Johann Heermann, von Martin Opitz, dem sog. Vater der deutschen Poeterei, sollten das Versemachen gelernt haben. Schon vor Opitz sei mancher gute Vers geschrieben worden. Opitz selber sei ein höchst eitler und oberflächlicher Mensch gewesen. Beides ist unzweifelhaft richtig. Aber die Thatsache bleibt doch stehen, daß es die von Opitz begründete neuere Prosodie gewesen ist, welche der deutschen Verskunst aus der Verwilderung, in die sie unter ungeschickten Händen gerathen war, heraus und allmählich zu jener Formvollendung geholfen hat, die von nun an einen nicht unwesentlichen Vorzug der bessern kirchlichen Lyrik bildet. Für die aus Frankreich importirten zopfigen Alexandriner, zu welchen sich auch kirchliche Dichter durch Opitz verleiten ließen, schwärmt niemand. Das Kirchenlied ist ja aber auch an der steifen, pedantischen, silbenmessenden Regel nicht erstarrt, sondern hat an derselben für die künst= lerische Behandlung und Weiterbildung der überlieferten volksthümlichen Strophenformen nur die nothwendige Zucht gelernt. Ueber der Kunst ist den wahren Dichtern dieser Zeit in keiner Weise die Natur verloren gegangen, weder was die Form, noch was die Sprache betrifft. Ja gerade aus einer Zeit, wo das deutsche Sprachgefühl bei Gelehrten und Ungelehrten so ganz elendiglich darniederlag, wo das edle Antlitz der deutschen Sprache durch die Sommersprossen fremdländischer Wörter und Wortbildungen bis zur Unkennt= lichkeit entstellt war, wo selbst die schlichteste Predigt mit hebräischen, griechischen und lateinischen Citaten gespickt sein mußte,*) stammen die Lieder eines Heermann und Gerhardt, Lieder von einer Reinheit, Keuschheit und Deutschheit der Sprache, die in Erstaunen setzt. Und was das Merkwürdigste ist: Dieselben Dichter, die in ihrer weltlichen Poesie völlig als Kinder ihrer verwahrlosten Zeit, also schwülstig und tän= delnd, gekünstelt und gelehrt, hohl und gespreizt erscheinen, be= haupten gleichwohl in ihren bessern kirchlichen und geistlichen Lie= dern die alte, edle, kernige Einfalt der lutherischen Bibelsprache.

---

*) So berichtet z. B. ein Geistlicher aus Braunschweig, daß seine Probepredigt einigen dadurch mißfallen, daß er nicht Hebräisches, Griechisches und Lateinisches vor dem Volke eingemischt, daß er keine Ketzereien verdammt, wie auch, daß seine Predigt schon in einer Stunde beendigt gewesen.

Tholuck, Das kirchl. Leben des 17. Jahrh. I. S. 31.

Das öffentliche und Familienleben bewegte sich äußerlich
noch in den Formen kirchlicher Objektivität. Die sämmtlichen
Professoren einer Universität, selbst die Fechtmeister und
Tanzlehrer, wurden noch auf die symbolischen Bücher ver=
pflichtet. Und so ernst war diese Verpflichtung gemeint,
daß man in Kursachsen kein Bedenken trug, den Kanzler
Nikolaus Krell, welcher des Calvinismus verdächtig war,
öffentlich mit dem Schwerte hinrichten zu lassen (1601) und,
was damit gleichbedeutend ist, das reine Lutherthum mit
einer argen Blutschuld zu beflecken. Fürsten schrieben die
Predigten ihrer Hofprediger nach. Kein Ehekontrakt wurde
abgeschlossen, kein Wechsel oder Frachtbrief ausgestellt ohne
die Anrufung Gottes oder der heiligen und untheilbaren
Dreieinigkeit. »Die bürgerliche Familie begann ihre Tages=
arbeit nie anders als mit Gebet, das der Vater im Kreise
von Weib, Kind und Gesinde sprach; sie betete laut vor
und nach Tische, am Mittag und Abend; sie erhob sich, die
Männer mit entblößtem Haupt, zu stillem Gebet, wenn die
Abendglocke den Eintritt der Nacht verkündigte; sie vollendete
den Tag mit einem Abendsegen und selbst oft mit Gesang.
Nach dem Besuch der Kirche versammelte der Hausvater noch
öfter seine Familie um ihr eine Predigt oder ein Kapitel
aus der Bibel vorzulesen. Ebenso begann man jeden
Kindtaufs=, Hochzeits= und Schlachtschüsselschmaus mit
Gesang und Gebet und die Beichte und das Abendmahl mit
Fasten, häuslicher Sitte und geistlichem Zubereiten. Eine
solche Hauspräparatur mußte, da sie selbst den Bettler vor
der Thür nöthigte, daß er das erflehte Brot mit Gesang
und Gebet verdiente, natürlich in alle besondern Verhältnisse
des häuslichen Lebens wohlthuend eingreifen. So umschloß
sie mit ihrer Zucht, Fürsorge und Pflege ebensowohl die
Dienstboten und Tagelöhner, als die Gesellen und Lehrlinge,

so daß sich diese nicht als Ausschnitte, sondern als Glieder des Hauses gehalten sahen«.*) Zur Verlebendigung dieser Formen aber durch den Geist und die Wärme subjektiver Frömmigkeit halfen Mißwachs und Pestilenz, Hungers=, Feuers= und Wassersnoth, der Jammer des Krieges, obschon freilich all diese Zuchtruthen in vielen Gemüthern auch eine erschreckende Roheit zur Folge hatten.**)

> Deutschland bei der alten Zeit
> War ein Stand der Redlichkeit,
> Ist jetzt worden ein Gemach,
> Drinnen Laster, Schand und Schmach,
> Was auch sonsten aus man segt,
> Andre Völker abgelegt.   (Logau)

In also gearteter Zeit, ein treuer Spiegel ihres innersten Lebens, ein ergreifender Widerhall ihrer Aengste und Nöthe, entstanden jene herrlichen Zeugnißlieder, in denen die gemein= samen Erfahrungen des Einzellebens in das Licht des kirch= lichen Glaubens gestellt werden, jene unvergänglichen Kreuz=, Trost= und Sterbelieder, die bei weitem zu dem Besten gehören, was die kirchliche Lyrik überhaupt hervorgebracht hat. Es ist ein fast unermeßlicher Wald, eine reiche und bunte Mannigfaltigkeit der Töne.

Voran geht und steht der gekrönte schlesische Dichter und lutherische Pfarrherr zu Köben, Johann Heermann († 1647), mit reichlich 400 Lieder. Sein Leben sind seine Lieder.***)

---

*) Brückner, Der deutsche Familiengeist seit der Reformation. — Riehl, Kulturstudien aus drei Jahrhunderten S. 22 ff. — Niemann, Das siebzehnte Jahrhundert. Hannover 1868. S. 21 ff.

**) Vgl G. Freytag, Bilder aus der deutschen Vergangenheit. III. Bd. Aus dem Jahrhundert des großen Krieges. Leipzig 1867. — Tholuck, Das kirchliche Leben des XVII. Jahrh. Berlin 1862.

***) Joh. Heermann's geistl. Lieder von Ph. Wackernagel. Stuttgart 1855. Das Leben Joh. Heermann's von Köben, dargestellt vor Fr. Ledderhose. Hei= delberg 1855.

Was er sang wird am besten aus dem verstanden was er
litt, von Jugend auf, unter dem Druck peinvoller Leiden
an Leib und Seele, unter der Sorgenlast häuslichen Kreuzes,
unter den Bekümmernissen eines treuen Hirten in widerwär=
tiger Zeit. Deshalb trifft er denn auch in seinen zahlreichen
Passions=, Buß=, Trost= und Thränenliedern, von denen viele
noch jetzt in jedem guten Gesangbuche zu finden sind, unge=
sucht jene Herzenssprache voll christlicher Einfalt, Innigkeit
und Zuversicht, die namentlich allen hochbetrübten Seelen
von jeher so wohl bekannt und verständlich gewesen ist.

Heermann hält mit seinen Liedern die Mitte zwischen
Luther und Gerhardt. Von jenem hat er den Geist, von
diesem die Seele. Er war wie wenige zum kirchlichen Dichter
berufen und hat in die organische Fortentwicklung der
lutherischen Lyrik in epochemachender Weise eingegriffen.
Wir müssen jedoch um der Symmetrie des Ganzen willen
auch bei diesem kirchlichen Klassiker darauf verzichten, alle
seine Lieder namhaft zu machen. Wir erinnern nur an die
Passionslieder: »Herzliebster Jesu, was hast du verbrochen«
und »Jesu deine tiefen Wunden«; an das Osterlied: »Früh
Morgens da die Sonn aufgeht«; an die Thränenlieder:
»Zion klagt mit Angst uud Schmerzen« und: »O Jesu
Christe wahres Licht«; an das Bußlied: »So wahr ich lebe
spricht dein Gott«; an das Trostlied: »Wo soll ich fliehen
hin« und endlich an das noch allerorten vielgeliebte Gebets=
lied: »O Gott du frommer Gott«. Dies Lied ist zwar
dem Zeitgeschmacke entsprechend in Alexandrinern verfaßt,
muß aber nichts desto weniger zu den Diamanten in
Heermann's Dichterkrone gezählt werden. Es war das täg=
liche Gebet des Dichters und bleibt für alle Zeiten eine
summarische Anweisung zum wahren praktischen Christenthum.
Man hat es wohl eine Ethik im kleinen genannt, nur daß

dabei nicht an eine glaubenslose gedacht werden darf. Ueber das Lied ist ein besonderes Buch geschrieben worden. Jede einzelne Strophe hat ihre Geschichte. Das Prädikat »fromm« in Verbindung mit Gott hat manchem seltsam erscheinen wollen. Aber auch die Bibel redet vom frommen Gott 5 Mos. 32, 4; Pf. 18, 26. Fromm bedeutet ursprünglich: förderlich, dem Zweck entsprechend, seine Pflicht erfüllend, wie der »fromme Landsknecht« des alten Volksliedes. Die jetzige religiöse Bedeutung des Wortes datirt erst seit Luther. Die zweite Strophe: »Gib daß ich thu mit Fleiß was mir zu thun gebüret« wurde von Friedrichs d. Gr. Grenadieren, als sie 30,000 Mann stark bei Leuthen 90,000 Oestreichern gegenüberstanden, aus eigenem Antriebe als Morgensegen angestimmt. Ein Kommandeur fragte den König, ob die Soldaten nicht lieber schweigen sollten. Der aber versetzte: »Nein, lasse er das, mit solchen Leuten wird mir Gott heute gewiß den Sieg verleihen«. Nach drei Stunden war die Schlacht gewonnen. »Mein Gott, welche Kraft hat die Religion« rief der König aus. Aber auch andere erkannten, daß das Lied »zehn Bataillone« werth gewesen war. Als sich der Abend senkte auf das blutgetränkte Schlachtfeld von Leuthen, da sangen, um mit Scherenberg zu reden, »zwanzigtausend und mehr mit Herzen Mund und Händen das Lied zu Gottes Ehr«.

Das ist das sog. deutsche Te Deum: »Nun danket alle Gott«. Martin Rinkart († 1649) hat's gedichtet als man dem Ende des dreißigjährigen Krieges entgegensah. Leider herrscht hinsichtlich der Lesart in der dritten Strophe eine nicht unbedeutende Konfusion. »Als es anfänglich war« — »als er anfänglich war« — »als der ursprünglich war« — »als der ohne Ursprung war« — »der uranfänglich war« — so schwirren die Varianten durch einander. Ein Lied von so sieghafter Popularität wie das Rinkartsche gibt's wohl kaum. Welcher unserer weltlichen Klassiker könnte sich rühmen, durch irgend ein Lied in allen Schichten des Volkes jemals einen ähnlichen Erfolg erreicht zu haben, wie der Eilenburger Pfarrer und Böttchersohn durch sein: »Nun danket alle Gott«. Wer vermag der hinreißenden Gewalt dieses Chorals zu widerstehen? Wo würde derselbe nicht gesungen, und zwar ohne den Nothbehelf des Gesangbuchs? Wie wäre eine deutsche Dankfeier möglich in Kirche, Schule und Haus, in Krieg und Frieden, ohne daß dies Lied als jauchzendes, brausendes Finale mit der Unmittelbarkeit einer Naturgewalt aus den Herzen hervorbräche. In dem jüngsten Befreiungs= kriege ward es wieder wie in alter Zeit, ohne Verabredung, der nationale Widerhall unserer Siege und zugleich ihre kirch= liche Weihe.

In Sachsen begrüßen wir einen lieben Dichterjüngling, den frühvollendeten Paul Fleming († 1640). Die meisten seiner zahlreichen weltlichen Poemata sind vergessen, unver= gessen aber bleibt das Pilgerlied: »In allen meinen Thaten«. Es war das Lieblingslied des Königs Friedrich Wilhem III. von Preußen. Fleming erlebte es, als er sich innerlich zur Theilnahme an einer Gesandtschaft rüstete, die der Herzog Friedrich v. Holstein erst nach Moskau und dann nach Persien abgehen ließ. Es war nicht blos die Lust, fremde Länder zu sehen, sondern noch mehr die Trauer um das Vaterland, welche den Dichter in die Ferne trieb. Sechs von den fünfzehn Strophen des Liedes beziehen sich speziell auf das Reisevorhaben. Fleming sieht und sagt in denselben prophetischen Geistes die Fährlichkeiten voraus, die er zu Wasser und zu Lande würde zu bestehen haben, ist aber ebenso im voraus der wunderbaren göttlichen Durch= hülfe und Errettung |gewiß, die er in der That erfahren

sollte. Auf dem stürmischen kaspischen Meere war das Schiff
dem Untergange so nahe, daß Fleming und sein Freund
Olearius sich ein paar leere Fässer um den Hals hängten,
damit sie, wenn das Schiff wirklich untergehen sollte, tod
oder lebendig ans Land getrieben würden. In dem präch=
tigen Ispahan aber entging der Dichter bei einem meuch=
lerischen Ueberfalle nur dadurch dem Tode, daß er sich in
die armenische Kirche flüchtete. Da erfüllte sich's: »Sein
Engel, der getreue, macht meine Feinde scheue, tritt zwischen
mich und sie«. Man hat die Strophen, in denen der Vor=
hang plötzlich aufgezogen wird und die Persönlichkeit des
Dichters mit einem Male leibhaftig zum Vorschein kommt,
in den meisten Gesangbüchern weggelassen, unsers Erachtens
ohne zureichenden Grund. Wir können uns recht wohl den
Fall denken, wo selbst im kirchlichen Gottesdienste die Strophe
am Platze ist: »Ich zieh in ferne Lande zu nützen einem
Stande, an den er mich bestellt.« Ja selbst bei dem üblichen
Gebrauche des Liedes als Traulied könnten sich aus den
betreffenden sechs Strophen unter Umständen ebenso über=
raschende wie bedeutsame Beziehungen ergeben. Eine zu
weitgehende formelle Licenz findet sich in der 7. Strophe.
Da heißt es: »Bin ich in wilder Wüsten, so bin ich doch
bei Christen, und Christus ist bei mir«. Von Christus den
gemüthlichen Dativ »Christen« zu bilden will sich doch
nicht recht schicken.

Doch wenden wir uns nun zu einem Liede, welches
nicht nöthig hat, durch Verleugnung seines historischen
Charakters sich das kirchliche Bürgerrecht zu erwerben.
»Herr Jesu Christ dich zu uns wend«. Diesem alten Kanzel=
liede wird selbst die strengste Kritik das Zeugniß nicht versagen
können, daß es auch nicht mit einer Silbe gegen den
wünschenswerthen Kirchenton verstößt, von so großer Korrekt=

heit ist es. Der Dichter desselben war ein frommer luthe=
rischer Fürst und tapferer Kriegsheld, Herzog Wilhelm II.
von Sachsen=Weimar, geboren 1598 auf dem Schlosse zu
Altenburg. Er gehörte als Dichter der sog. fruchtbringenden
Gesellschaft oder dem Palmenorden an und führte den
Ordensnamen »der Schmackhafte«. Das war damals durch=
aus nicht so abgeschmackt wie es jetzt aussieht. Diese »näh=
renden«, »mehlreichen«, »gekochten« und »klebrichten« Herren
des Palmenordens, der Herzog an der Spitze, haben sich um
das Vaterland wohl verdient gemacht. Ihre bizarren Namen
waren ein nationales Programm, ein politisches Glaubens=
bekenntniß. Sie wollten mitten unter einem vaterlandslosen
verwälschten Geschlechte, namentlich in den höheren Ständen,
deutsch bleiben, deutschen Gemeinsinn und deutsche Dichtkunst
fördern.

Diesen Zweck verfolgten jedoch nicht blos dichtende
Fürsten, sondern auch dichtende Doktoren und Professoren
der Theologie, wie Joh. Matthäus Meyfart († 1642) und
Josua Stegmann († 1632). Von dem erstern haben wir
das hohe Lied der Sehnsucht nach dem Jerusalem das
droben ist, da wir zusammen kommen sollen (Psalm 122):
»Jerusalem, du hochgebaute Stadt, wollt Gott ich wär in
dir«. Der andere sang im Anschluß an das Wort der
Emmausjünger Luk. 24, 29 das allbekannte Lied vom
Bleiben: »Ach bleib mit deiner Gnade bei uns Herr Jesu
Christ«.

Die bisher genannten Dichter, denen nur etwa noch
Joh. Mich. Altenburg, der Dichter von Gustav Adolfs
Schwanenlied (Verzage nicht, o Häuflein klein) beizuzählen
wäre, gehören Schlesien und Sachsen an. Doch auch im
übrigen Deutschland, namentlich im Norden, bewährte sich

an der kirchlichen Lyrik unter dem Unwetter des Krieges das Sprichwort: Begossen Gras wächst am besten.

In Königsberg bestand ein förmlicher Dichterbund. Die poetische Seele desselben war der Sänger des Aennchen von Tharau, Simon Dach († 1659). Er hat in gemüthlicher Unbefangenheit sich selbst angesungen: »Phöbus ist bei mir daheime; diese Kunst der deutschen Reime lernet Preußen erst von mir. Meine sind die ersten Saiten: Zwar sang man vor meinen Zeiten, aber ohn' Geschick und Zier«. Dach war Professor der Poesie. Das erklärt alles. Man muß ihn gleichwohl lieb haben. Er war doch ein guter lutherischer Christ, dem auch in der weltlichen Poesie die Wahrheit über alles ging. Mehr als 150 geistliche Lieder tragen seinen Namen. Sie sind zwar nicht eigentlich kirchlich, aber von großer Anmuth des Inhalts und von seltener Korrektheit der Form. Ihrer viele sind aufs Ende gerichtet, wie das bekannte: »O wie selig seid ihr doch ihr Frommen«. Es erging dem lebensfrohen Manne zuletzt wie dem Apostel Paulus Phil. 1, 23. Unter mancherlei Kreuz wuchs ihm je mehr und mehr die Lust abzuscheiden und bei Christo zu sein.

Neben Simon Dach, ihm jedoch nicht ebenbürtig an poetischer Kraft, steht der Königsberger Domorganist Heinrich Alberti mit seinem Morgenliede: »Gott des Himmels und der Erden«.

In einem holsteinischen Flecken unweit Hamburg im Pinnebergischen lebte der vielgeschäftige Pfarrer Johannes Rist († 1667), als gefeierter Dichter und »nordischer Apoll« mit dem Lorbeer gekrönt und in den Adelsstand erhoben. In der allgemeinen Literaturgeschichte taucht er gewöhnlich nur als der Stifter des bekannten Ordens (Elbschwanenorden) auf, welcher ihm den Ehrentitel eines Cimberschwans ein=brachte, und den Lessing mit der boshaften Bemerkung

abfertigt: »Unter diesen Schwänen waren auch viele Gänse«.
Und doch galt Rist nächst Opitz für den größten Dichter
seiner Zeit. Die Zeitgenossen trieben mit ihm als einem
auserlesenen Genius einen förmlichen Kultus. Neuerdings
hat er eine sehr verschiedene Beurtheilung erfahren. Vilmar
stellt ihn, was die Feierlichkeit und Lebhaftigkeit seiner Lieder
anlangt, sogar über Gerhardt. Andere wollen ihn in der
Hauptsache nur als einen behenden, eitlen und unverwüstlichen
Versemacher gelten lassen. Die Wahrheit liegt wohl in der
Mitte. Rist zeigte sich zu nachgiebig gegen sein einleugbar
großes Talent. Es scheint ihm wie Friedrich Rückert er=
gangen zu sein, der von sich bekennt: »Was mir nicht
gesungen ist, ist mir nicht gelebet«. Da liegt die Gefahr
nahe, das Erlebte poetisch zu antizipiren, die fehlende Tiefe
durch endlose Breite und die Wärme der unmittelbaren
Empfindung durch phrasenhafte Ueberschwänglichkeit zu ersetzen.
Gehaltlose Reimereien sind bei einem Dichter wie Rist, dem
die Verse nur so zuflossen und der sie in großer Behaglichkeit
fließen ließ, fast unvermeidlich. Es mag daher ein nicht
geringer Theil Rist'scher Poesie allerdings für gereimte Prosa
gelten. Allein unter hunderten von weniger gelungenen
Liedern finden sich doch auch in nicht geringer Zahl wahre
Kleinodien, welche den ungemessenen Beifall, mit welchem
das Erscheinen der Rist'schen Lieder seiner Zeit begrüßt wurde,
erklärlich finden lassen. Wie dem Dichter in seinen besten
Momenten der Ausdruck der tiefsten und edelsten kirchlichen
Lyrik zu Gebote steht möge nur die eine seinem Abendliede:
»Werde munter, mein Gemüthe« entnommne Strophe
beweisen: »Bin ich gleich von dir gewichen, stell ich mich
doch wieder ein. Hat uns doch dein Sohn verglichen durch
sein Angst und Todespein. Ich verleugne nicht die Schuld,
aber deine Gnad und Huld ist viel größer als die Sünde,

die ich stets in mir befinde«. Dazu kommen Lieder von so ursprünglicher Frische des Kolorits, von solcher Innigkeit, Energie und Erhabenheit, wie sie nur einem wahrhaft dichterischen Gemüthe entquellen können. »Auf auf, ihr Reichsgenossen« — dies Lied wird immer eines der erwecklichsten Adventslieder bleiben. »O Ewigkeit du Donnerwort« — mit so wuchtigem Ernste drohen nur wenig Lieder. »O Traurigkeit, o Herzeleid« — an derartigen Passionsblumen hat der Garten der kirchlichen Poesie nicht eben großen Ueberfluß. Angesehene Komponisten suchten eine Ehre darin, Rist's Lieder in Musik zu setzen. Die Kirche machte von denselben einen umfassenden Gebrauch.

Den angekündigten Liederfrühling bezeichnen jedoch die Namen Heermann und Rist noch nicht. Die Lieder dieser Dichter bilden gewissermaßen nur die einzelnen Etappen auf dem Wege der ihrer letzten Höhe zustrebenden Poesie. Jede Periode der klassischen kirchlichen Lyrik hat einen Dichterheros, in welchem sie sich als in ihrem Normaltypus zusammenfaßt. Für das XVI. Jahrhundert ist dies Luther, für das XVII. Paulus Gerhardt.

Gerhardts Leben ist oft beschrieben worden*). Doch existiren über die ersten Jahrzehnte desselben nur spärliche urkundliche Nachrichten. Noch wird in Gräfenhaynichen das Haus gezeigt, in welchem er am 12. März 1607 geboren worden ist, und in den Annalen des Muldanums zu Grimma ist auch der Name P. Gerhardt verzeichnet. Das Ende des dreißigjährigen Krieges fand ihn den angehenden Vierziger noch als Kandidaten der Theologie und Hauslehrer in der Familie des kurfürstlich brandenburgischen Kammergerichts=

---

*) Wildenhahn, P. Gerhardt, ein kirchengeschichtl. Lebensbild aus der Zeit des Gr. Kurfürsten. 2. Aufl. Leipzig 1850.

Advokaten Andreas Berthold zu Berlin. In seinem 49.
Jahre trat er mit der Tochter desselben, Anna Maria, in
einen Ehebund, der, wie nicht blos seine Ehestandslieder
bezeugen, für ihn zu einer Quelle reinsten häuslichen Glücks
wurde. Das Buch der Hausfrau war die Hausbibel. Auf
den Gedenkblättern derselben hat sie mit eigener Hand die
Chronik ihrer Liebe und ihres Trostes an der Seite ihres
lieben Gerhardt eingetragen. Sein erstes Pfarramt fand er
in Mittenwalde. Es war nicht ohne Anfechtungen. Als
Prediger an der Berliner Nikolaikirche opferte er darnach
lieber sein Amt als seine gut lutherische Ueberzeugung. Es
bereitete sich nämlich schon damals zwischen der lutherischen
und reformirten Kirche in Preußen eine Art Union vor.
Ein Edikt des reformirten Großen Kurfürsten, welches
zwischen den beiden sich in ehrenrühriger Weise befeindenden
Konfessionen äußerlich Frieden stiften sollte, traf die Luthe=
rischen insofern besonders hart, als sie sich in ihrer bekennt=
mäßigen Lehrfreiheit den Reformirten gegenüber wesentlich
beschränkt sahen. Den Geistlichen war aufgegeben, bei
Verlust ihres Amtes sich dem Edikte zu unterwerfen. Viele
thaten es, indem sie den verlangten Revers unterschrieben.
Der Volkswitz schob ihnen sehr materielle Beweggründe
unter. Gerhardt, eine friedliebende Natur, versprach zwar,
dem Edikte gemäß zu leben und den Reformirten auch ferner
alle christliche Liebe zu erzeigen, aber ihm gemäß zu lehren,
das vermochte er nicht. Er hatte ein weites Herz, jedoch
ein enges Gewissen. So erhielt er denn die erbetene Amts=
entlassung, trotzdem sich fast ganz Berlin für den geliebten
und berühmten Prediger verwendete. Nach etlicher Zeit fand
Gerhardt ein neues Pfarramt in Lübben und starb daselbst
nach 70jähriger Wallfahrt im Jahre 1776, »ein Gottesge=
lehrter im Siebe des Satanas gerüttelt«. In dem Testamente,

welches er seinem Sohne hinterließ, heißt es sehr bezeichnend:
»Die heilige Theologie studire in reinen Schulen und auf
unverfälschten Universitäten und hüte dich ja vor den Syn=
kretisten, denn sie suchen das Zeitliche und sind weder Gott
noch Meschen treu. Bete fleißig, studire etwas Ehrliches,
lebe friedlich, diene redlich und bleibe in deinem Glauben
und Bekenntniß beständig, so wirst du einmal auch sterben
und von dieser Welt scheiden willig, fröhlich und seliglich.
Amen«.

Die Zahl der Lieder Gerhardt's beträgt 131. Darunter
sind jedoch nicht wenige, die nicht für Kirchenlieder gelten
können, wie das Lied bei Erscheinung eines Kometen, das
Danklied für gute Leibesgesundheit, das Danklied eines
Reisenden auf dem Rückwege, das Lied bei der Leiche eines
Freundes oder das bei großer unzeitiger Dürre u. a. m.
Es läßt sich jedoch aus P. Gerhardt's Liedern ein ziemlich
vollständiges Gesangbuch zusammenstellen, so groß ist die
Mannigfaltigkeit ihres Inhaltes.*) Sie umspannen alle
Hauptzeiten des Kirchenjahrs, das Leben und Leiden Christi
und der Christen, Natur und Vaterland, Haus= und Ehestand,
Wiege und Grab, Freude und Leid, Lob und Dank, die
Zustände des innern Seelenlebens in Buße und Glauben,
in Zeit und Ewigkeit. Am zahlreichsten sind auch bei ihm
die Kreuz= und Trost=, die Lob= und Danklieder. Beinahe
die Hälfte aller seiner Lieder sind freie Schöpfungen. Nicht
wenigen liegen einzelne Bibelstellen, hauptsächlich Psalmen
zu Grunde. Etliche sind aus Johann Arnd's Paradiesgärtlein
gezogen oder sind Bearbeitungen älterer lateinischer und
deutscher Kirchenlieder.

***

*) Paulus Gerhardt's geistl. Lieder, getreu nach der bei seinen Lebzeiten
erschienenen Ausgabe wieder abgedruckt. 5. Aufl. Stuttgart 1867.

Wir lassen zunächst eine kurze Blüthenlese Gerhardtscher
Lyrik folgen. »Wie soll ich dich empfangen«. Dies Lied
gilt dem Herrn, der da kam und kommt und kommen wird.
Es ist das Hauptadventslied der lutherischen Kirche. »Fröhlich
soll mein Herze springen« — »Ich steh an deiner Krippen
hier« — »Wir singen dir, Immanuel«, so rauscht es um die
Krippe des neugebornen Heilandes. Darnach geleitet uns
der Dichter über die Schwelle des neuen Jahrs mit den
Liedworten: »Nun laßt uns gehn und treten mit Singen
und mit Beten zum Herrn, der unserm Leben bis hieher
Kraft gegeben«. Dies Lied stammt wohl noch aus der Zeit
des Krieges, da es noch durch »große Schrecken, die alle
Welt bedecken« von einem Jahr zum andern ging. Aber
unter dem Kreuze Christi findet die Seele den gewünschten
Frieden: »Ein Lämmlein geht und trägt die Schuld der
Welt und ihrer Kinder«. Dies Passionslied ist bemerkens=
werth durch seinen dramatischen Charakter. Andere schließen
sich ihm an, wie: »O Welt sieh hier dein Leben am Stamm
des Kreuzes schweben« und: »O Haupt voll Blut und
Wunden«. Dies ist das Alpha schöner Passionslieder. An
Sterbebetten ist es von jeher heimisch. Ein lutherischer
Charfreitagsgottesdienst ist ohne das Lied kaum denkbar.
Aus S. Bach's großer Matthäuspassion bringt es erschütternd
auch in die Herzen derjenigen, die es längst nicht mehr mit
der Gemeinde zu singen gewohnt sind. Es ist übrigens
kein Orginallied, sondern in freier Nachbildung ein Akkord
aus der siebenfältigen lateinischen Passionssalve, welche der
heilige Bernhard an die Gliedmaßen des Herrn Jesu, die
Füße, die Kniee, die Hände, die Seite, die Brust, das Herz,
das Angesicht gerichtet hat. Gerhardt hat die sieben Grüße
sämmtlich bearbeitet. Der letzte, an das Angesicht Jesu, ist
das: »O Haupt voll Blut und Wunden«. Nach dem Char=

freitagsdunkel strahlt uns die helle Sonne entgegen aus dem frischen jubilirenden Osterliede: »Auf auf, mein Herz mit Freuden, nimm wahr was heut geschicht«. Und von ferne hören wir schon das Läuten der Pfingstglocken: »Zeuch ein zu meinen Thoren, sei meines Herzens Gast«. Der heilige Geist ist jedoch ein Geist der Freuden, vom Trauern hält er nichts. Darum: »Schwing dich auf zu deinem Gott, du betrübte Seele« — »Gib dich zufrieden und sei stille in dem Gotte deines Lebens.« Denn: »Warum sollt ich mich denn grämen? Hab ich doch Christum noch, wer will mir den nehmen?« Ja, dies Lied ist ein rechter »Antimelancholikus«, tausendfältig erprobt gleich dem andern unvergleichlich starken und fröhlichen Glaubensliede: »Ist Gott für mich, so trete gleich alles wider mich«. Man hat gemeint, die Worte der dreizehnten Strophe: »Kein Hunger und kein Dürsten, kein Armuth, keine Pein, kein Zorn des großen Fürsten soll mir ein Hindrung sein« als eine Antwort ansehen zu müssen auf das Edikt des Großen Kurfürsten. Allein das Lied ist zu einer Zeit gedichtet worden, wo Gerhardt noch Propst in Mittenwalde war. Auch muß es heißen »der großen Fürsten«, nicht »des großen Fürsten«. Man wird dabei zu denken haben an Ephes. 6, 12. Darauf schickt sich aber das tröstlichste aller Trostlieder, die von dem Leser wohl schon längst mit Ungeduld erwartete Perle in goldner Fassung: »Befiehl du deine Wege«. Das Lied ruht auf Psalm 37, 5. Die Worte dieses Psalmverses bilden akrostichisch den Anfang der einzelnen Strophen. Groß sind die Erfolge, unermeßlich ist der Segen dieses Liedes. An die Entstehung desselben knüpft sich jene Legende, die durch das Gedicht Schmidt's von Lübeck: »Zu Brandenburg einst waltet der Kurfürst weit und breit« allgemeiner bekannt geworden ist. Als Gerhardt, so wird erzählt, im Jahre 1666 Berlin

verlassen mußte, machte er sich, ein brotloser Mann, mit
Weib und Kind auf die Wanderschaft nach Sachsen, seinem
Heimathlande. Unterwegs kehrte er in einer Herberge ein.
Sein treues Weib war vom Kummer überwältigt und
vermochte sich kaum noch zu fassen. Gerhardt aber versuchte
sie zu trösten mit dem Spruche, an welchem sich einst auch
Bugenhagen, Luthers Freund, in seinen Kümmernissen auf=
zurichten pflegte: »Befiehl dem Herrn deine Wege und hoffe
auf ihn, er wird's wohl machen«. Darauf ging er in den
Garten hinaus, setzte sich unter einen Apfelbaum und dichtete
das herrliche Lied des Gottvertrauens. Er las es seiner
bekümmerten Ehefrau mit kräftiger Stimme vor und es
gereichte ihr zu großer Stärkung des Glaubens. Inzwischen
war es Abend geworden. Da traten zwei fremde Herren in
die Wirthsstube. Sie ließen sich mit Gerhardt und den
Seinen in ein Gespräch ein und gaben sich als zwei Abge=
ordnete des Herzogs Christian von Merseburg zu erkennen.
So weit lag in der Begegnung noch nichts Ungewöhnliches.
Aber wie erstaunte die flüchtige Familie, als die beiden
Fremden so nebenher die Bemerkung fallen ließen, sie müßten
nach Berlin reisen, um einen gewissen Gerhardt, einen
abgesetzten Prediger, nach Merseburg einzuladen. Als die
Erkennungsszene vorüber war, übergaben sie dem Dichter
ein Handschreiben des Herzogs, in welchem ihm bis zu seiner
Wiederanstellung ein ansehnliches Jahrgeld zugesichert war.
Siehe, sagte Gerhardt bis zu Thränen gerührt zu seiner
Frau, siehe, wie Gott sorget! Sagte ich dir nicht: »Befiehl
dem Herrn deine Wege, er wird's wohl machen«. Später
kam das Lied nun aber auch dem Kurfürsten in die Hände.
Da es ihm gefiel, so frug er: »Wer mag der Mann sein,
der dieses schöne Lied gemacht hat?« Es ist Gerhardt, war
die Antwort, den Ew. Durchlaucht haben des Landes

verweisen lassen. Jetzt bereute der Kurfürst sein ehemaliges hartes Urtheil und hätte Gerhardt gern wieder geholt. Aber es war zu spät, denn derselbe hatte bereits wieder Amt und Brot. Soweit die Sage. Leider aber erscheint das Lied schon 1659 gedruckt, steht also mit den viel spätern Berliner Wirren in gar keinem Zusammenhang. Auch ist Gerhardt aus Berlin nicht vertrieben worden, sondern hat daselbst noch drei Jahre nach seiner Amtsniederlegung unbehelligt und ohne alle Nahrungssorgen zugebracht. Endlich war sein Weib bereits gestorben, ehe er nach Lübben übersiedelte. Gleichwohl ist die freundliche Sage ein Beweis dafür, wie sehr es gerade dies Lied dem Herzen des Volkes angethan hat.

Auch auf der Harfe des Lobgesangs war Gerhardt ein Meister. »Sollt ich meinem Gott nicht singen?« »Ich singe dir mit Herz und Mund« — so quillt es aus dankerfülltem Herzen. Das letztere Lied war leider schon zu Winkelmann's Zeiten aus vielen Gesangbüchern wieder verschwunden. Als nämlich dieser berühmte Kunsthistoriker den römischen Alterthümern zu Liebe zum Katholizismus übergetreten war erwachten in seiner Seele wieder gewisse religiöse Jugenderinnerungen. Es verlangte ihn nach seinem alten Lieblingsliede: »Ich singe dir mit Herz und Mund«. Er ließ sich ein Gesangbuch nach Italien kommen, fand sich jedoch schmerzlich enttäuscht, als er in dem neuen Buche nach dem alten Liede vergeblich suchte.

Schön wie der thaufrische Morgen sind Gerhardt's Morgenlieder: »Die güldne Sonne voll Freud und Wonne bringt unsern Grenzen mit ihrem Glänzen ein herzerquickendes liebliches Licht«. Ergreifend in schmuckloser Einfachheit, ein rechtes geistliches Morgenopfer bleibt auch: »Wach auf, mein Herz, und singe dem Schöpfer aller Dinge, dem Geber aller Güter, dem frommen Menschenhüter«. Jeder Christ soll, sobald er vom Schlafe erwacht, anfangen zu erklingen und singen: »Wach auf, mein Herz, und singe« und so der Harfe Davids gleichen, von welcher die Rabbinen erzählen, sie habe allezeit vor des Königs Bett gehangen. Wenn nun früh der Nordwind geweht und die Saiten berührt, habe die Harfe die schönsten Morgenlieder gespielt, worauf sich David ermuntert und seiner lieblich spielenden Harfe zugerufen habe: »Wache auf, meine Ehre, wache auf, Psalter und Harfe« (Ps. 57). Der Ton des Liedes ist ein überaus treuherziger und von so individueller Färbung, daß man daraus sogar einen Rückschluß auf die besondern Umstände seiner Ent= stehung versucht hat. »Heint«, heißt es in der zweiten Strophe, »als die dunkeln Schatten mich ganz umgeben hatten, hat Satan mein begehret, Gott aber hat's verwehret«. Daran knüpft sich die Sage, der Dichter habe dies Lied zur Nachtzeit in der Kirche zu Lübben nach einem Kampf mit dem Teufel gedichtet. Doch ist dasselbe vielmehr eines der frühesten Lieder Gerhardt's. Es stammt noch aus seiner Kandidatenzeit. Das »Heint« ist als hint, hinte noch jetzt in manchen Gegenden gebräuchlich. Es ist eine Zusammen= ziehung aus hiu-nahtu, diese Nacht, wie heute zusammen= gezogen ist aus hiu-tagu, dieser Tag.

Den Morgenliedern entspricht das bekannte Abendlied: »Nun ruhen alle Wälder, Vieh, Menschen, Städt' und Felder, es schläft die ganze Welt«. Das Lied geht nach der Weise des alten Volksliedes: »Innspruck ich muß dich lassen«. Diese Melodie wurde in Mittenwalde des Abends auf zwei Trompeten vom Thurm herab geblasen. Gerhardt legte ihr in dem: »Nun ruhen alle Wälder« einen geist= lichen Text unter. Während nun aber die Gemeinde im Preise dieses musterhaften kirchlichen Volksliedes von jeher einig gewesen ist, hat sich die Kritik in der Behandlung desselben ein ganz klägliches Armuthszeugniß ausgestellt. »Ein jeder kann mir glauben, was er will, wenn er nur ehrlich ist. Was die Gesangbücher angehet, so stehet einem jeden frei zu singen: »Nun ruhen alle Wälder« oder dergleichen dummes oder thörichtes Zeug mehr. Aber die Priester müssen die Toleranz nicht vergessen, denn ihnen wird keine Verfolgung gestattet.« So urtheilt die erste politische Autori= tät des XVIII. Jahrhunderts, Friedrich der Große, über Gerhardt's Abendlied. In dem Munde eines Fürsten, der sich ja auch sonst in der deutschen Literaturgeschichte eine recht fatale Berühmtheit zugezogen hat, kann dies weg= werfende Urtheil nicht weiter überraschen. Auch durfte man's einem gebildeten Rationalisten nicht verübeln, wenn er in dem Gefühl seiner Menschenwürde daran ein Aergerniß nahm, daß gleich in der ersten Strophe dem Menschen, dem Herrn der Schöpfung, zugemuthet wird, den Wäldern und dem lieben Vieh den Vorrang einzuräumen. Erst der Mensch, dann das Vieh. Doch dürfte die neuere Naturforschung gerade umgekehrt ein gewisses unfreiwilliges Interesse daran haben, den ursprünglichen Text wieder hergestellt zu sehen. Arg fand man auch die Behauptung: »Es schläft die ganze Welt«. Daß Wälder, Städte und Felder überhaupt schlafen mochte zur Noth noch hingehen, wiewohl sich das eigentlich auch nicht recht schickt. Aber die ganze Welt gleichzeitig schlafen zu lassen, welch ein geographischer Unsinn. Jeder Quartaner weiß, daß die ganze Welt niemals schläft, »son= dern wo an einer Hälfte der Welt die Nacht einbricht, sich der Tag an der andern zeigt«, wie in einem Gesangbuche sehr weise bemerkt wird. Es schläft die halbe Welt. So muß es um der Antipoden und Nachtwächter willen korrekter heißen. Aehnlich verfuhr man mit den übrigen Strophen, der Nacht, »des Tages Feind«, den »güldnen Sternen am blauen Himmelssaal«, dem »Kleid und Schuhe« als dem »Bild der Sterblichkeit« u. s. w. Dergleichen Poesie ist nun einmal nicht jedermanns Ding. Aber rein unbegreiflich bleibt es, daß selbst ein so hellsehender Mann wie Claus Harms dem Gerhardt'schen Abendliede gegenüber mit völliger Blindheit geschlagen war. Harms kommt nämlich bei der Beurtheilung desselben zu dem verzweifelten Schluß, daß aus dem Liede nicht einmal durch Veränderungen etwas zu machen sei. Und doch hat Gerhardt gerade bei Abfassung der ersten Strophe, die als das Thema des ganzen Liedes angesehen werden muß und den Hauptanstoß gegeben hat, ein vielbewundertes klassisches Muster vor Augen gehabt. Für das vermeintliche poetische Kauderwälsch der schlummernden Kreaturen ist nämlich kein geringerer verantwortlich, als der berühmte römische Dichter Vergilius, welcher sich im vierten Buche seiner Aeneide V. 522—28 also vernehmen läßt:

Nacht war's, und es genoß holdseligen Schlummer ermüdet
Alles was lebt auf Erden; Gehölz und auch wilde Gewässer
Ruheten; jetzt da zur Mitte die Stern hinrollten den Umlauf,
Da rings schweiget das Feld und Vieh und buntes Gevögel,
Das theils lautere Seen weitum, theils Dickige rauher
Fluren bewohnt, zum Schlafe gesetzt in nächtlicher Stille:
Sorglos labeten alle das Herz, ausruhend von Arbeit.

Doch kennt Gerhardt noch eine bessere Ruhe, die kein Ende hat. Die Sehnsucht nach derselben klingt bereits in dem Abendliede als Echo wider, findet jedoch ihren vollen Ausdruck in dem Sterbeliede aus des Dichters letzten Lebensjahren: »Ich bin ein Gast auf Erden und hab' hier keinen Stand«. Pf 119, 19. Dies Lied ist des frommen Sängers poetisches Testament. Er zieht in demselben die Summe seines Lebens: »Was ist mein ganzes Wesen von meiner Jugend an denn Müh und Noth gewesen? So lang ich

denken kann hab' ich so manchen Morgen, so manche liebe
Nacht mit Kummer und mit Sorgen des Herzens zugebracht«.
In diesem Ton tiefer Wehmuth bewegt sich das Lied. »Die
Welt bin ich durchgangen, daß ich's fast müde bin«. Durch
das Dunkel der Trauer bricht jedoch, wie immer bei Ger=
hardt, der Sonnenschein des Glaubens. Das Fremdlings=
gefühl steigert nur die Heimathsfreude. Die Heimathsfreude
benimmt dem Fremdlingsgefühl jede Bitterkeit. Selig sind
die Heimweh haben, denn sie sollen nach Hause kommen. Vom
Weltschmerz im Sinne zerrissener moderner Lyrik ist der
Dichter weit entfernt. Sein Klagen ist kein Anklagen.
Wenn auch die Herberge böse und der Trübsal zu viel ist
— »Wie gings den lieben Alten, an deren Fuß und Pfad
wir uns noch täglich halten, wenn's fehlt an gutem Rath!«
»Ich habe mich ergeben in gleiches Glück und Leid: was
will ich besser leben denn solche große Leut? Es muß ja
durchgedrungen, es muß gelitten sein; wer nicht hat wohl
gerungen geht nicht zur Freud hinein.« Der Wandersmann
ist müde. Aber wenn sein Ziel ausgemessen, so kehrt er
dann ein im Hause der ewigen Wonne. Da wird er dann
immer wohnen und nicht nur als ein Gast. Da wird er
dann herrlich singen von Gottes großem Thun und frei von
schnöden Dingen in seinem Erbtheil ruhn.

Gerhardt ist ein durch und durch lutherischer Dichter.
Der streng konfessionelle Glaube ist noch durchaus der Glaube
seines Herzens und Lebens. Seine Lyrik ist wie diejenige
Luthers noch durchweht von dem Geist objektiver Kirchlichkeit.
Aber ein Neues tritt hinzu. Wie die Knospe aus der sie
umschließenden Blätterhülle so blickt seit dem Beginn des
XVII. Jahrhunderts aus den Ritzen der rein objektiven
Darstellung immer erkennbarer die Persönlichkeit des Dichters
hervor, das Ich. Das persönliche Glaubenschristenthum

sucht einen Ausgleich mit dem vorherrschenden kirchlichen Be=
kenntnißchristenthum. In Gerhardt vollzieht sich dieser Aus=
gleich. »Seine Lieder spiegeln, nach Ph. Wackernagel's
treffendem Urtheil, den Uebergangscharakter seiner Zeit ab,
wo neben dem christlichen Gemeindebewußtsein sich das per=
sönliche Gefühlsleben, die subjektive Richtung anfing geltend
zu machen, so daß man ihn für den letzten und zugleich
vollendetsten der streng kirchlichen Dichter ansehen kann,
welche im konfessionell=kirchlichen Glauben gegründet waren,
ihn aber auch die Reihe derjenigen Dichter eröffnen lassen
kann, in deren Liedern Preis und Anbetung des geoffen=
barten Gottes zurücktreten vor dem Ausdruck der Empfin=
dungen, die sich der Seele im Anschaun ihres Verhältnisses
zu Gott, dem sich offenbarenden Heil, bemächtigen. Er stand
auf der Höhe der Zeit und beide Richtungen vereinigten sich
in ihm aufs lebendigste.« Man hat ihn mit dem Janus=
bilde verglichen, das rückwärts in die alte und vorwärts in
die neue Zeitentwicklung schaut. Er ist, was das Kirchen=
lied anlangt, der Luther des XVII. Jahrhunderts. Wenn
in den Liedern Luthers und seiner Nachfolger das Wir
vorherrscht, das Ich dagegen zurückgedrängt erscheint, sofern
es nämlich nicht das kollektivische Ich der ganzen Gemeinde
ist, so lag dem weder eine bewußte Absicht zu Grunde, noch
war es reiner Zufall. Denn eine Theorie des Kirchenliedes
existirte damals noch nicht. Die Theorie ist niemals das
erste, sondern immer das letzte. Das Leben schafft die Regel,
nicht umgekehrt die Regel das Leben. Und zufällig erblüht
auch keine Rose am Strauch. So wie das kirchliche Leben
des XVI. Jahrhunderts nun einmal war, vermochte es ein
anderes als das objektiv bekennende Kirchenlied gar nicht
aus sich herauszusetzen. Und wenn dagegen von Gerhardt's
Liedern, wie man ihm nachgerechnet hat, nicht weniger als

16 mit Ich anfangen, mehr als 60 die besondern Be=
ziehungen des einzelnen zu Gott behandeln, im übrigen aber
das Wir im Sinne der frühern Zeit sich nur selten findet,
so entspricht auch dies genau dem Zustande des christlichen
Lebens, dem bereits Johann Arnd durch sein »Wahres
Christenthum« und »Paradiesgärtlein« entgegengekommen
war, und aus welchem heraus unserm Dichter die Lieder
geboren wurden wie der Thau aus der Morgenröthe. Ver=
heerend war der dreißigjährige Krieg in seinem Verlauf,
auflösend und zersetzend in seinen Folgen. Er »zerstörte die
Volkskraft und isolirte die Deutschen zu Einzelleben, deren
gemüthliche Beschaffenheit man wohl eine lyrische nennen
darf«. Ueber den Sorgen und Aengsten, mit denen der ein=
zelne zu kämpfen hatte, verlor sich allmählich der Blick aufs
Ganze. Wohl ruhte der kirchliche Gottesdienst nicht. In
Wäldern und Scheunen fanden sich die Reste der zer=
sprengten Gemeinden mit ihrem Pfarrherrn zusammen. Da
erscholl noch das alte Lutherlied: »Ein feste Burg ist unser
Gott«. Aber in der Einsamkeit strömt aus dem Herzen,
das Gottes gnädige Bewahrung so oft erfahren, der Psalmton
des Vertrauens: »Befiehl du deine Wege und was dein
Herze kränkt der allertreusten Pflege des, der den Himmel
lenkt«. Die Kirche hört allgemach auf im einzelnen zu
singen, der einzelne beginnt in der Kirche zu singen. Es
sind zwei verschiedene Strömungen, durch deren glückliche
Mischung in den Liedern Gerhardt's die kirchliche Lyrik zwar
noch einmal in alter Kraft sich verjüngen, in der Folge aber
auf verhängnißvolle Abwege gerathen sollte. Denn der
fruchtbare Bund der Ergänzung und gegenseitigen Bereiche=
rung, zu dem die allgemeine Kirche und das einzelne Indi=
viduum in Gerhardt sich noch zusammenschließen, löste sich
allmählich wieder auf und führte unter geflissentlicher Ver=

drängung des kirchlichen Faktors zu einer üppigen Allein=
herrschaft des überwuchernden auf sich selbst gestellten Sub=
jektivismus, damit aber zum Ruin des Kirchenliedes,
insofern dasselbe Volkslied sein soll auf breitester objektiver
Grundlage.

Treten wir der Persönlichkeit Gerhardt's selbst noch etwas
näher*). Der liebenswürdigste und begabteste kirchliche Volks=
dichter des XVII. Jahrhunderts war er, einer der größten
Lieblinge der lutherischen Christenheit wird er bleiben. Selbst
diejenigen, denen sein konfessionelles Lutherthum wenig Sym=
pathie einflößt, zollen ihm doch als Menschen und Dichter
ungetheilte Anerkennung. Alle Faktoren, die einen großen
kirchlichen Dichter machen, vereinigten sich in ihm aufs
glücklichste: Die Gabe des Glaubens, die Bildung der Zeit,
die freie Herrschaft über die poetischen Darstellungsmittel,
eine lebhafte und geheiligte Phantasie, ein tiefes, kindliches
Gemüthsleben, ein ernster Lebensgang, eine reiche Lebens=
erfahrung und ein deutsches Herz fürs deutsche Volk. Auch
dichtete er nicht ex professo, sondern war Gelegenheitsdichter
in jenem höheren Sinne, den Goethe mit dem Worte ver=
bindet, wenn er alle seine Poesien Bruchstücke einer großen
Konfession nennt. Ueber seine gelehrten Zeitgenossen mit
ihren unwahren, kriechenden und parfümirten Reimereien
ragt er so hoch empor wie ein Münsterthum über die Ameisen=
haufen der ihn umgebenden Menschenbehälter. Doch wird
es immer bis zu einem gewissen Grade Verwunderung er=
regen, wie es überhaupt möglich war, daß eine dichterische
Individualität, wie diejenige Gerhardt's, in der geistigen
Atmosphäre poetischer Geschmacklosigkeit und absoluter Un=
natur sich so durchaus gesund und rein zu erhalten vermochte.

----

*) Vgl. Bachmann, P. Gerhardt. Ein Vortrag. Berlin 1863.

Denn während andere bedeutende gleichzeitige Kirchenlieder=
dichter, wie Rist, von der künstlichen Bläße der Zeit nicht
unmerklich angekränkelt sind, scheint Gerhardt kaum ernstlich
in Versuchung gekommen zu sein, dem herrschenden Zeit=
geschmacke auch nur Beachtung zu schenken. In sicherer,
unbeirrter Selbständigkeit wandelt er den Pfad der unver=
dorbenen Natur, wie Luther, sein Meister und Vorbild. Er
steht in der Periode der Gelehrsamkeit und der Nachahmung
wie ein ästhetischer und literarischer Anachronismus. Die
Volkspoesie von der Kunst verfehmt flüchtete sich, um nur
überhaupt noch zu existiren, ausschließlich ins Kirchenlied.
Die Aufgabe Gerhardt's aber war es vor andern das Volk
vor Schaden zu bewahren und das Recht sowie den geschicht=
lichen Zusammenhang seiner Poesie in der Gestalt des kirch=
lichen Volksliedes, wie er es schuf, zu erweisen und zu
erhalten.

Gerhardt dichtete, wie bereits angedeutet, rein aus per=
sönlichem Herzensbedürfniß, nicht im Interesse der kirchlichen
Gesangbücher. Doch waren seine Lieder aus dem Gesammt=
geiste der Kirche geflossen und wurden daher alsbald nach
ihrem Erscheinen von der Kirche gewissermaßen als ihr wohl=
erworbenes Eigenthum in Anspruch und Gebrauch genommen.
Das Besondere, was so vielen Gerhardt'schen Liedern eigen
ist, war außerdem so verallgemeinert und das Allgemeine in
ihnen wiederum so besonders gefaßt, daß sowohl die ganze
Gemeinde als auch jeder einzelne sein volles Herz in die=
selben hineinlegen konnte. Darnach aber trug das Volk ein
wenn auch nur unklares, träumerisches Verlangen. Schon
aus diesem Grunde wurden Gerhardt's Lieder aufgenommen
mit großer Freude. Sie fielen als Samenkörner auf einen
wohl zugerichteten Acker. Von den beiden Kantoren an der
Nikolaikirche zu Berlin, Crüger und Ebeling, wurden sie

mit Melodien geschmückt. Es wurde sogar über dieselben gepredigt. Der streng lutherische Theolog Gerhardt erreichte es als Sänger, daß selbst seine Gegner mit ihm zufrieden wurden. Ein Zeitgenosse versichert, daß viele von andern Religionen nur darum die lutherischen Kirchen besuchten, weil Gerhardt's herzbewegliche Lieder gesungen wurden.

Ueber die Lieder selbst existirt außer vielen andern das bemerkenswerthe Zeugniß einer frommen Frau, der Mutter des bekannten Fr. Hippel. Sie schreibt an ihren Sohn: »Nach dem Luther muß ich gestehen keinen bessern Lieder= dichter als Gerhardten zu kennen. Er und Rist und Dach sind ein Kleeblatt, das auserwählte Rüstzeug Luther aber die Wurzel. Gerhardt dichtete während dem Kirchengeläute, könnte man sagen. Ein gewisser Druck, eine gewisse Be= klommenheit, eine Engbrüstigkeit war ihm eigen. Er war ein Gast auf Erden und überall in seinen 120 (131) Liedern ist Sonnenwende gesäet. Diese Blume dreht sich beständig nach der Sonne und Gerhardt nach der seligen Ewigkeit.« Mit der Sonnenwende hat die Frau Recht und auch mit dem Kirchengeläute. Ein Pietist freilich hat behauptet, Ger= hardt's Lieder seien bei der Tabakspfeife gedichtet worden und darum verwerflich. Würde es eine bessere Empfehlung für die Lieder sein, wenn sie, was auch gefabelt worden ist, auf den Knieen gemacht worden wären. Wer in aller Welt dichtet auf den Knieen! Von einem gedrückten, beklommenen und engbrüstigen Wesen vermögen wir jedoch in Gerhardt's Liedern auch nicht die leiseste Spur zu entdecken. In der Kirche zu Lübben hängt des Dichters lebensgroßes Portrait, eine kirchliche Feldherrngestalt, ein ächt lutherischer Charakter= kopf, dem freilich die aufreibende Gedankenarbeit, das Pau= linische »auswendig Streit, inwendig Furcht« die Locken

gebleicht hat, der aber doch dreinschaut unverzagt und ohne
Grauen.

Und so sind auch seine Lieder. Der eigentliche Grund=
zug derselben ist herzliche, ungefärbte Fröhlichkeit, welche
beruhet auf der felsenfesten Gewißheit des Heils in Christo
Jesu, dem Fels des Heils. Ihr Grundton ist der volle
Brustton des gläubigen Vertrauens zu dem Gott der Liebe
in Christo Jesu, der Liebe jedoch, die auch zürnen kann.
Mehr als zwanzigmal redet der Dichter in seinen Liedern
von Gottes Zorn. Es sind eben »gesunde« Lieder. Ger=
hardt weiß, je mehr Gott schlägt, je mehr er liebt. Darum
schwingen sich seine Lieder mitten aus tiefem Leid doch wie
die Lerche jubelnd in die Luft. Sie hallen in den Bergen
wider wie der Ruf der Sennerin. Sie gleichen einer an
der Wiege ihres Kindleins singenden Mutter, oder auch
einem Wandersmann, der im finstern Thal einsam und
doch nicht allein unter fröhlichem Sang und Klang seine
Straße zieht. »Das was ihn singend machet ist was im
Himmel ist.«

Gerhardt umfaßt jedoch auch das Diesseits mit ganzer
Seele und hat ein Verständniß selbst für so materielle Dinge
wie »Korn, Oel und Mehl, Brot, Wein und Bier«. Er
hat mit Luther und der Bibel auch die große Liebe zur
Natur gemein. Als ein ächter Volksdichter theilt er mit
unserm ganzen Volke die Freude an der Natur. Ein sinniges
Gemüth entlehnt er derselben seine lieblichsten Bilder. Seine
kirchliche Poesie ist zugleich die heilige Naturpoesie, ein=
getaucht in die Farben, durchsüßt von dem Duft und durch=
klungen von den Tönen der deutschen Heimath. Die
neuerdings geforderte Uebersetzung des Semitischen ins Japhe=
thitische hat sich bei Gerhardt wie überhaupt bei allen
tonangebenden kirchlichen Lyrikern längst vollzogen. Man

lese Gerhardt's Sommergesang: »Geh aus mein Herz und
suche Freud in dieser lieben Sommerzeit an deines Gottes
Gaben«. Nur wenige Naturschilderungen sind deutscher,
wärmer und wahrer empfunden. Thatsache ist eben, daß
Gerhardt auch gesalbt war mit dem Geiste der alten
deutschen Naturpoesie. Sein Naturgefühl ist, weil christlich,
darum gesund, harmlos, jugendfrisch, ohne alle Empfindelei.
Wie Salomo und die Minnesänger vernimmt er was sich
der Wald erzählt und weiß zu deuten die Sprache der
Vögel.

Seine Poesie ist aber schon deshalb auch eine echt
nationale. Ein Vaterlandslied im höchsten Sinne des Worts
hat er am Ende des dreißigjährigen Krieges gesungen.
»Gott Lob, nun ist erschollen das edle Fried= und Freuden=
wort, daß nunmehr ruhen sollen die Spieß' und Schwerter
und ihr Mord! Wohlauf und nimm nun wieder dein
Saitenspiel hervor, o Deutschland! und sing Lieder im hohen
vollen Chor.« Der Friede trat nur in Folge allgemeiner
Erschöpfung ein. Er besiegelte den Ruin der deutschen
Nation, die ein kümmerlicher Rest geschändet, zerrissen, aus
tausend Wunden blutend am Boden lag. Das war das
Ende der verdienten Züchtigung. Sie hat nichts gefruchtet.
Denn wer ist der Buße thut? Nun versucht's der Herr, ob
er uns möchte zwingen »mit Lieb und Gutesthun«. Darum
»wach auf, wach auf, du harte Welt!« Nur im Frieden
mit Gott ruht das Heil. Er hat uns zerrissen und ge=
schlagen, er wird uns auch wieder verbinden und heilen.
Das ist der Gedankengang des Dichters. Der frohlockende
Hymnus wird von selbst zum ernst mahnenden Bußliede.
Die schlechtesten Patrioten aber können doch diejenigen nicht
sein, die das Volk zur Buße rufen, da ja auch die gefeierten
Dichter der Befreiungskriege zugleich des Volkes Bußprediger

gewesen sind. Darin ist Gerhardt diesen spätern voraus=
gegangen.

Es ist bekannt, mit welchem Nachdruck ein Arndt und
Schenkendorf auf die Wiedergeburt des Hauses und der
Familie als auf eine unerläßliche Vorbedingung der natio=
nalen Erneuerung hingewiesen und welch hohe Mission sie
dabei den deutschen Frauen zugewiesen haben. Nun gerade
dem Ehestande hat Gerhardt einige seiner schönsten Lieder
gewidmet (»Voller Wunder, voller Kunst« und: »Wie schön
ist's doch, Herr Jesu Christ, im Stande, da dein Segen ist«).
Das Lob der Frauen aber singt er in seinem »Frauenlob«
gleich einem Walther v. d. Vogelweide. Deutsch endlich ist
es, wenn er auch das Lied von der Freundschaft singt
und über der Leiche seines Sohnes jenes vom dereinstigen
Wiedersehen.

In formeller Beziehung wäre nicht wenigen Gerhardt=
schen Liedern eine größere Kürze zu wünschen, schon um des
liedhaften Charakters willen. Ein zu langgezogenes Lied
läuft Gefahr, sich in ein bloßes Gedicht zu verwandeln.
Zehn bis zwanzig Strophen sind für ein Lied schon zu viel.
Gerhardt aber hat sich ein Osterlied von 36 Strophen zu
Schulden kommen lassen. Er mag wohl überhaupt ein
wenig zur Weitschweifigkeit geneigt haben. Doch hat seine
Weitschweifigkeit den Vorzug, daß sie nicht ermüdend und
einschläfernd wirkt. Der Reichthum und die Poesie der
Gedanken lassen selbst das längste Lied Gerhardt's noch ver=
hältnißmäßig kurzweilig erscheinen. Die poetische Form
macht bei ihm durchaus den Eindruck ungesuchter Natürlich=
keit, behaglicher Sorglosigkeit. Die Kunst der Sprache, des
Rhythmus und Strophenbaues ist bei ihm so völlig Natur
geworden, daß selbst kleine Unebenheiten durchaus nichts

Störendes haben. Jedes Ding hat indeß seine Grenzen.
Es gibt ein Bußlied Gerhardt's, das schon manchem nerven=
schwachen Leser einen nicht gelinden Schrecken eingejagt hat.
Dies ist der Anfang: »Herr, ich will gar gerne bleiben, wie
ich bin, dein armer Hund«. Die folgende Strophe lautet
noch schlimmer. Das ganze Lied ist bis auf die zwei letzten
Strophen eine gewissenhafte Ausmalung des einmal gewählten
Bildes. Diesem Liede können wir auch keinen Geschmack
abgewinnen. Wir halten es für eine ästhetische Verirrung,
zu der sich Gerhardt durch ein lateinisches Vorbild des
Nathan Chyträus (Sum canis indignus, fateor) hat ver=
führen lassen. Aber welchem großen Dichter wäre nicht
Aehnliches begegnet! Einzelne unfeine Ausdrücke und sprach=
liche Derbheiten finden sich auch sonst noch bei Gerhardt
und sind bei einem Dichter, der jedes Ding beim rechten
Namen nennen will, auch kaum zu vermeiden. Die luthe=
rische Bibelsprache hat ihre eigne Aesthetik, und man kann
nicht zugleich ein kirchlicher Volksdichter und ein ästhetischer
Pedant sein. Im übrigen aber ist Gerhardt's Sprechart,
wie selbst Gervinus in seiner Geschichte der deutschen Dich=
tung einräumt, so edel, gefällig, einfältig und wohlthuend,
wie seine Denkart, und in seiner Form ist nichts oder wenig,
woran ein gesunder Geschmack Anstoß fände. Einzelne
Fremdwörter und gegenwärtig veraltete Wörter und Wort=
formen, wie Reputation, bekleiben (einwurzeln), abe, seind,
weme laufen wohl mit unter. Gewisse Lieblingsausdrücke
und Wendungen, wie im Hui! Orden (für Stand), ci!
u. dgl. kehren häufig wieder. Manierirt jedoch, prunkvoll
oder schwülstig ist die Diktion nirgends. Auch hat Gerhardt
nur wenige Lieder auf ganz neue Versmaße gedichtet. Er
zeigte auch darin für seinen Beruf als Volksdichter ein rich=
tiges Verständniß, daß er an den alten für den kirchlichen

Stil bereits traditionell gewordenen und beliebten Strophen=
formen in seiner Lyrik thunlichst festhielt.

Wie Luther, so ist auch Gerhardt selbst Gegenstand der
Poesie geworden. Im Sinne des demüthigen Mannes war
das sicherlich nicht, doch hat er's verdient. Der Dichter=
lorbeer des heiligen römischen Reichs ist ihm unsers Wissens
nicht zu Theil geworden. Er hat wohl auch nach dieser
Ehrenkrone der Kunstdichtung schwerlich ein Verlangen
getragen. Die Liebe der Nation hat ihm einen bessern Kranz
gewunden, dessen Blätter nicht verwelken. Wolfgang Menzel,
welcher in seiner Literaturgeschichte das lutherische Kirchen=
lied förmlich Spießruthen laufen läßt*), kann doch nicht
umhin, bei Beurtheilung Gerhardt's ganz gegen seine sonstige
Gewohnheit einmal glimpflich zu verfahren. In jeder
deutschen Literaturgeschichte, von welchem Standpunkt aus
dieselbe auch geschrieben sein möge, wird auch dem Paulus
Gerhardt mitten unter den weltlichen Klassikern ein Ehren=
platz eingeräumt werden müssen.

Um das Centrum Gerhardt legt sich der sog. Gerhardt=
sche Dichterkreis.

Gerhardt's Zeitalter war ja mit Dichtern fast überreich
gesegnet. Ein alter Hymnolog stellt folgende Rubrik auf:
Unter 99 (namhaften) Liederverfassern waren 49 Gottes=
gelehrte und Prediger, 19 Rechtsgelehrte und öffentliche
Staatsbeamte, 9 Humanisten und Schulmänner, 3 Privat=
gelehrte, 2 Gewerbtreibende, 1 Arzt, 1 Tonkünstler. 11 waren
von fürstlichem Range, 11 abligen Standes, 10 weiblichen
Geschlechts. Von Geburt waren 29 Meißener und Thürin=
ger, 19 Niedersachsen, 14 Schlesier, 12 Franken, 6 Lau=
sitzer, 5 Hessen und Rheinländer, 3 Böhmen, 2 Oestreicher

---

*) W. Menzel, Teutsche Dichtung, II. Bd. S. 203 ff.

und Ungarn, 2 Polen und Preußen, 2 Pommeraner, 2 Schwaben und Elsässer, 1 Niederländer. Von zweien ist der Geburtsort unbekannt *).

Wir beginnen mit Michael Schirmer († 1673), einem Landsmanne Gerhardt's und mit demselben als Konrektor am Grauen Kloster zu Berlin aufs innigste befreundet. Er wird als der Vorläufer Gerhardt's betrachtet, sofern er nämlich durch Verschmelzung der ältern objektiven mit der neuern subjektiven Dichtungsweise seinem Freunde den Weg bereitet hat. Wir haben unter anderm von ihm das Pfingstlied: »O heil'ger Geist, kehr bei uns ein«.

Ein anderer Sachse, Tobias Clausnitzer, der eine Zeit= lang schwediger Feldprediger war, beschenkte die Kirche mit dem fast gemüthlichen kleinen Kanzelliede: »Liebster Jesu, wir sind hier«. Daran reihen sich aber ganz schicklich die Lieder der Jesusliebe: »Schatz über alle Schätze« (Salom. Liscovius) und: »Meinen Jesum laß ich nicht« (Keimann).

Man sollte nicht meinen, daß das letztere gute, geist= reiche Lied von einem Manne herrühre, der außerdem nicht blos Komödien geschrieben, sondern dieselben auch unter seiner eigenen Leitung zur Aufführung gebracht hat. Und doch ist's so. Der Verfasser des letztgenannten Liedes, Christian Keimann, Rektor in Zittau († 1662), ein frommer gelehrter Schulmann, war allerdings nicht blos ein gekrönter lyrischer, sondern auch ein dramatischer Dichter. Er verfaßte nämlich für seine Gymnasiasten christliche Komödien. Denn

---

*) In dem Mecklenburg = Schwerin'schen Kirchengesangbuch vom Jahre 1764 stammen nach Gläbecke (Der Gesangbuchsführer ꝛc. Rostock 1872) 404 Lieder von 137 Theologen, 20 von Fürsten, 67 von 28 Juristen, 35 von 14 Lehrern, 13 von 3 Medizinern, 2 von 2 Militairs, 7 von 5 Kaufleuten und Handwerkern, 17 von 6 Musikern, 21 von 9 Frauen.

noch im XVII. Jahrhundert lebte man des pädagogischen Glaubens, es dürfte für die jungen Leute auf gelehrten Schulen gut sein, wenn sie frühzeitig daran gewöhnt würden, öffentlich zu reden. So entstanden anfänglich lateinische, später, dem ungelehrten Auditorium der Mütter und Schwestern zu Liebe, deutsche Schuldramen, weltliche und geistliche. Die Veranlassung zu dem Liede, das Keimann's Namen trägt, war folgende. Im Jahre 1656 starb der fromme sächsische Kurfürst Johann Georg I. Seine letzten Worte waren: »Meinen Jesum laß ich nicht«. Darauf dichtete nun Keimann sein herrliches Lied, indem er den Namen des heimgegangenen Fürsten in sinniger Weise mit der letzten Strophe verflocht. Die Anfangsbuchstaben der fünf ersten Zeilen dieser Strophe ergeben nämlich den Namen: Johann Georg Kurfürst zu Sachsen. Mit Hin=zunahme der sechsten Zeile und des Wortes »spricht« aus der fünften erhält man das Reimlein: »Johann Georg Kur=fürst zu Sachsen spricht: Meinen Jesum laß ich nicht«. Man mag das Künstelei nennen, für den Dichter war's Pietät.

Ziemlich gleichzeitig mit Keimann lebte in Guben der Rechtsanwalt und Bürgermeister, auch Landesältester des Markgrafthums Niederlausitz, Johannes Franck († 1677). Er ist der Dichter des seelenvollen Abendmahlsliedes: »Schmücke dich, o liebe Seele« und des lieblichen Liedes der »heiligen Jesulust«: »Jesu meine Freude«. Das erstere hieß in Meiningen zu Anfang des XVIII. Jahrhunderts nur das »Fürstenlied«. Der Herzog Bernhard nämlich ließ es sich regelmäßig zum heiligen Abendmahl singen und sang es selbst mit großem Seelenvergnügen. Der Hofbediente, der es beim Kantor bestellte, sagte nur: »Des Herzogs Lied soll gesungen werden«. Das andere »Jesu meine Freude« erwählte der

Czaar Peter d. Gr. zu seinem Leibliede und ließ es ins Russische übersetzen. Es ist eine Parodie auf das weltliche Volkslied: »Flora, meine Freude, meiner Seele Weide«. Die Einführung desselben in den Kirchen erfolgte nicht ohne Widerspruch. Die alten Leute meinten, in dem Munde der meisten sei es eine Lüge zu singen: »Jesu meine Freude«. Die Alten hatten Recht. Aber im Gottesdienst singt ja nicht der einzelne, sondern die ganze Gemeinde. Was im Munde des einzelnen eine Lüge wäre, ist es doch nicht im Munde der ganzen Gemeinde. Franck, durch dessen zahlreiche geistliche Lieder übrigens ein mystischer Zug geht, war zugleich auch weltlicher Dichter. Als solcher bildet er einen instruktiven Beleg für die bereits angeführte Thatsache von den zwei Seelen in der Brust vieler Dichter des Opitzschen Zeitalters. Während Franck's geistliche Muse unter Palmen wandelt, erlustirt sich seine weltliche in den Gärten Arkadiens. Der Dichter fühlt sich ebenso heimisch auf dem Olymp, wie auf Golgatha. Griechenthum und Christenthum stehen einträchtig neben einander. Der gelehrte, prunkvolle, mythologisch ergriffene Opitzianer verträgt sich aufs beste mit dem an Luther und den Psalmen erwärmten wenn auch nicht streng kirchlichen Dichter. Es glaubten eben damals auch christliche Dichter sich für ihre weltliche Poesie der griechisch-römischen Mythologie als poetischen Handwerkszeugs bedienen zu dürfen, da es sich ja hierbei um ein reines Spiel der Phantasie handelte, ohne innere Antheilnahme.

Auch Homburg († 1681), Rechtskonsulent zu Naumburg ein nicht minder bedeutender Dichter, war beides, weltlich und geistlich, freilich nicht neben einander, sondern nach einander. Er wurde, nachdem er verschiedene Liebes- und Trinklieder, auch eine Tragiko-Komödie von der verliebten

Schäferin Dulcimunde herausgegeben hatte, durchs Kreuz
unters Kreuz geführt. »Wenn einer, sagt er, verwundert
über mein geistlich Liederdichten, fragen wollte, ob Saul auch
unter den Propheten, oder spöttischerweise sprechen wollte,
ich folge dem allgemeinen Weltgebrauch und opfere die Blüthe
und der Jugend bestes Theil der Welt, die Hefen des Alters
dagegen Gott und dem Himmel: der wisse, daß mich
hiezu absonderlich veranlaßt und bewogen mein angstvolles,
schweres Hauskreuz, damit mich der vielfromme, getreue Gott
nach seinem väterlichen Willen, wie jedermann weiß, eine
gute Zeitlang bisher belegt, in welchem ich mich mit Gottes
Wort am besten trösten, stärken und aufrichten können.«
Darum hat er auch zu vielen von seinen 148 Liedern dunkle
Farben gewählt. Wie aber die Traurigkeit in Freude soll
verkehret werden, davon zeugt er in seinen innigen Jesus=
liedern. Und welch hohen Schwunges die gedrückte Seele
des Dichters fähig war, ersieht man an dem gehobenen und
erhebenden Himmelfahrtsliede: »Ach wundergroßer Sieges=
held«.

Homburg's liebster Freund war Johann Georg Albinus
(† 1679), ein Urenkel Selneckers, erst Rektor, dann Pfarrer
in Naumburg. Auf seinem Leichenstein in der St. Oth=
marskirche daselbst steht in lateinischer Sprache die Inschrift:
»Da er lebte starb er, und nun er gestorben ist, lebt er,
weil er wußte, daß dieses Leben der Weg des Todes und
der Tod der Eingang zum Leben sei«. Am bekanntesten ist
er als der gesalbte Sänger des Bußliedes: »Straf mich
nicht in deinem Zorn«, sowie des Liedes der Sterbens=
freudigkeit: »Alle Menschen müssen sterben«. Die Kirche
zählt dies Lied zu ihren besten und gesegnetsten Sterbe=
liedern. Spener erquickte sich an demselben sonntäglich nach
dem Mittagsmahl.

Volksfaßlicher und beliebter noch als des Albinus Sterbe=
lied ist das Trostlied: »Wer nur den lieben Gott läßt
walten«. Der Thüringer Georg Neumark hat es gesungen,
ein viel umhergeworfener Mann († 1681). Er war unter
dem Ordensnamen »der Sprossende« der fruchtbringenden
Gesellschaft Sekretair oder Erzschreinhalter, wurde auch herzog=
lich weimarischer Hofpoet und zuletzt gar kaiserlicher Hof=
und Pfalzgraf. Die Liebe zur Dichtkunst und Musik ver=
ließ ihn auch im Alter nicht. Doch ist seine weltliche Poesie
nur von geringem Belang, denn es ist durchaus die Poesie
eines allzeit fertigen, vielschreibenden Gelegenheitsdichters.
Sie theilt alle Mängel der verschrobenen und geschraubten
Kunstdichtung seiner Zeit. Viel höher stehen Neumark's
geistliche Lieder. »Wie Gott will, so halt ich still«. Dies
Symbolum seines Lebens ist auch der Grundzug seiner reli=
giösen »dichterischen Tugendkunst«. Als »Thränen und
Sorgen sein täglich Frühstück« waren, grünte und blühte
der »Lustwald« seiner geistlichen Lyrik am frischesten und
duftigsten. Es war das aber seine Jugendzeit. Aus der=
selben stammt denn auch sein Hauptlied: »Wer nur den
lieben Gott läßt walten.« Die nähern Umstände, unter
denen dies Lied entstanden, sind unbekannt. Denn in das
Gebiet der Sage gehört es, wenn ein Historiograph des
löblichen Hirten= und Blumenordens an der Pegnitz im
Jahre 1744 berichtet: »Hier (in Hamburg) im Jahre 1653
lebte Neumark als dienstlos in großer Armuth, so gar, daß
er seine Viola di Gamba, welche er vortrefflich spielen konnte,
versetzen mußte. Endlich wurde er rekommandirt an den
schwedischen Residenten Herrn v. Rosenkranz. Der gab ihm
zur Probe etwas an die Reichsräthe in Schweden aufzu=
setzen, und da es wohl gerieth, nahm er ihn an zum Sekre=
tario mit hundert Thalern schwer Geld zur Gage. Als

Neumark seine Viola di Gamba wieder eingelöst, machte er das Lied, und da er's komponirt, spielte er das erstemal darauf mit Vergießung vieler Thränen«. Oder wie der Schluß in dem Gedichte des Hofraths Kind lautet: »Nicht länger kann die Gluth sich halten, er dichtet, spielt mit frommer Hand: Wer nur den lieben Gott läßt walten — noch immer singt es Stadt und Land, und manches Herz, des Kummers Raub, schlägt leichter — segnet Neumark's Staub«. Auch sonst gehen von dem Liede noch wunderbare Mären. So soll ein frommes Mägdlein im Würzbur= gischen von demselben geträumt haben, noch ehe sie etwas davon gewußt. Die Engel Gottes sangen's ihr nämlich im Traume aufs allerlieblichste vor. Und da das Lied ursprüng= lich anonym erschien, so fanden sich einige »Großdeuchter«, die Neumark das Lied absprachen und für ihre eigene Arbeit ausgaben. Eine Dirne, die es vor des Dichters Wohnung absang, erwiderte auf dessen Frage, wo sie dies Lied her= bekommen, ein vornehmer »Pfarr in Mechelnburg« habe es gemacht. Man erkennt an diesen harmlosen Schnörkeln, mit denen Neumark's Lied verziert ist, wie sehr dasselbe nach des Volkes Herzen war. Friedrich Wilhelm I. von Preußen befahl, daß es bei seiner Beerdigung gesungen werden sollte, indem er noch die denkwürdigen Worte beifügte: »Von meinem Leben und Wandel, auch Aktionen und Personalien, soll nicht ein Wort gedacht, dem Volke aber gesagt werden, daß ich solches expresse verboten habe mit dem Beifügen, daß ich als ein großer und armer Sünder stürbe, der aber bei Gott und seiner Huld Gnade suche. Ueberhaupt soll man mich in solchen Leichenpredigten zwar nicht verachten, aber auch nicht loben«. Die Melodie in A moll ist die einzige aller von Neumark komponirten Weisen, welche in kirchlichen Gebrauch genommen und in dem Maße beliebt wurde, daß bald hunderte von Liedern nach ihr gesungen wurden. Nicht minder fand die von Neumark gewählte bis dahin im Kirchenlied noch nicht verwandte Strophenform so allgemeinen Beifall, wie kaum irgend eine andere. Zahlreiche Lieder sind in ihr gedichtet worden.

Eigentlich nur eine wohlgelungene Variation auf das Neumark'sche Lied ist dasjenige des Samuel Robigast († 1708): »Was Gott thut das ist wohlgethan«. Robigast, Rektor am Grauen Kloster zu Berlin, dichtete dies Lied, als er noch Adjunkt der philosophischen Fakultät zu Jena war, einem krank darniederliegenden Kantor zum Trost, der es auch komponirt haben soll. Es war das Lieblingslied des vielgeprüften Königs Friedrich Wilhelm III. von Preußen.

Als einer von den zahlreichen Dichtern in Gerhardt's Geiste verdient endlich noch erwähnt zu werden der Schleusinger Michael Franck, der begabteste von drei poetischen Brüdern. Den früh Verwaisten zwang die bittere Noth, das Gymnasium mit dem Bäckerhandwerk zu vertauschen. Doch starb er schließlich als wohlbestallter Koburger Schulmeister und gekrönter Dichter des Elbschwanenordens. »Ach wie flüchtig, ach wie nichtig ist der Menschen Leben«. Dies sein bekanntestes Lied verräth zwar einen gewissen Mangel formeller Durchbildung, doch hat es Christian Scriver, der berühmte Verfasser des »Seelenschatz« und der »Zufällige Andachten Gottholds« nicht für unwerth erachtet, die schriftmäßigen Gedanken desselben in einer Predigt weiter auszuführen. Auch knüpft sich an das Lied folgende Geschichte. In der Nacht des 21. Februar 1659 stürzte der Thurm der St. Bartholomäikirche in Altenburg in sich zusammen. Der in unmittelbarer Nähe wohnende Generalsuperintendent Sagittarius gerieth dabei in große Gefahr, blieb jedoch unversehrt. Kurz zuvor beobachtete er an seinem dreijährigen

Söhnlein allerhand wunderliche Reden. Schon vor Weih=
nachten hatte das Kind etliche Mal gerufen: »Ach, daß
Gott erbarm! der Thurm fällt ein«. In der Nacht vom
19. auf den 20. Februar aber seufzte es öfters: »Ach wie
flüchtig, ach wie nichtig«.

7. Das Hirtenlied der ästhetischen und mystischen Ueberschwänglichkeit.

———

Gerhardt und die ihm verwandten Dichter sitzen noch sämmtlich zu den Füßen Davids, wie Luther. Sie repräsentiren die kirchliche Poesie. Unabhängig von ihnen bildeten sich jedoch in den Jahren 1648—1680 zwei andere Dichtergruppen, deren gemeinsamer Charakter darin besteht, daß sie das kirchliche Lied vollständig subjektiviren, indem sie es seiner volksthümlichen Allgemeinheit entkleiden und in den Dienst ihrer individuellen ästhetischen und religiösen Geschmacks= und Glaubensverirrung stellen. Es sind die Pegnitzschäfer und die Anhänger einer durch Angelus Silesius von Schlesien aus sich verzweigenden mystischen Richtung.

Die schalmeienden Schäfer und Schäferinnen an der Pegnitz erblickten den einzig wahren Typus des geistlichen Liedes im Hoheliede Salomonis. Das hatte denn eine ganz erschreckliche Sentimentalität zur Folge. Die Kirchenpoesie quittirte ihren erhabenen Diakonissenberuf, wechselte ihr Kostüm vollständig und debütirte auf blumenreichen Auen als tändelnde, süßliche Seelenschäferin. Anfänglich zwar, als der Nürnberger Patrizier Georg Philipp v. Harsdörffer im Verein mit dem sächsischen Kandidaten der Theologie Johannes Klaj den Blumenorden stiftete und leitete, war's nur auf eine weltliche Schäferpoesie abgesehen zur Erlustigung der eleganten Welt. Unter dem Einflusse des Sigmund von Birken verwandelte sich jedoch der alte neckische Hirtengott Pan in den dreieinigen Gott. Aus der weltlichen wurde eine geistliche Schäferpoesie zur Ehre Gottes und zum Preis des Seelenhirten Jesu Christi. Die Ordensglieder trugen am weißen seidenen Bande, dem Symbol der Reinheit und Gemüthsunschuld, eine Passionsblume als stumme Predigerin. Christus ist schon im Hoheliede Salomonis der Blumenhirt. Das Hirtenleben ist ein 'geheiligtes, Gott wohlgefälliges, sintemal schon Adam und Eva in der goldnen Paradieses= zeit alles Vieh der Erde geweidet haben.

Die veränderte Geschmacksrichtung, das Hervortreten der süßen sanften Gefühle an Stelle der starken und tiefen, hing wohl auch mit den veränderten Zeitverhältnissen zusammen. Auf die Davidische Kriegszeit war die Salomonische Frie= denszeit gefolgt. Der Himmel war wieder blau. Die Mücken spielten im Sonnenschein. Die Lämmer hüpften muthwillig in dem Klee. Anlaß und Stoff genug zu einer Schäferpoesie. Nur geistlich hätte sie nicht werden sollen, wenn sie nicht gänzlich geschmacklos und unerträglich werden wollte.

Die pegnesische Poesie macht mit nur geringen Ausnah= men den Eindruck schöngeistiger Affektation und plumper Effekthascherei. Die Darstellung ist überladen mit phanta= stischen Allegorien. »In feuerheißen Worten ist oft nur eine kühle, affektirte Andacht«. Die Liederblumen gleichen den Blumen an gefrornen Fensterscheiben. Nur selten ver= nimmt man den einfachen Laut des christlichen Herzens. Das liebe Ich tritt mit einer Ausschließlichkeit in den Vordergrund, die unanständig genannt werden muß. Charakteristisch ist auch für die Poesie des Blumenordens, daß dieselbe durch

ihren Stifter von allem Anfang an mechanisirt wurde.
Der Erfinder des poetischen Trichters macht sich anheischig,
mit Hülfe desselben einem jeden die deutsche Dicht= und
Reimkunst, ohne Behuf der lateinischen Sprache, in sechs
Stunden einzugießen. Zur nähern Erklärung dieser erstaun=
lichen Manipulation fügt er übrigens bei: »Wie man den
Wein durch Trichter auf Flaschen und Fässer gießt, damit
alle Tropfen zu Nutz kommen, so soll es auch mit der Er=
lernung der Poeterei geschehen, da man doch manche gute
Stunde unbenutzt verloren gehen läßt. Diese sechs Stunden
sind aber nicht nach einander, sondern mit gehörigem Nach=
denken auf mehrere Tage zu vertheilen, und um ein Dichter
zu werden sind nicht sechs Stunden, sondern sechs mal sechs
Monate oder eben so viele Jahre erforderlich«. Immerhin
bestärkte der Nürnberger Trichter in dem verhängnißvollen
Aberglauben, an welchem das XVII. Jahrhundert überhaupt
litt, daß nämlich die Dichtkunst etwas Erlernbares sei.

Klaj, der Mitbegründer des Ordens, trug die von ihm
verfaßten geistlichen Halbdramen in der Sebalduskirche nach
beendigtem Nachmittagsgottesdienste vor hochansehnlicher
volkreicher Versammlung mit tapferer Stimme singend und
deklamirend vor. Jesum besang er als den himmlischen
Pelikan und erwarb sich dadurch wenigstens die Anerkennung,
daß er sich mit der Naturgeschichte dieses wunderbaren
Vogels ziemlich vertraut gemacht habe.

Von den zahlreichen Dichtern des Ordens mit den
üblichen Ordensnamen Macaristo, Fontano, Amyntas, Da=
mon 2c. hat nur Sigmund von Birken (Betulius) ein
erwähnenswerthes Lied produzirt (»Lasset uns mit Jesu
ziehen«). Der Schlesier Christoph Titius dagegen hat als
kaum zwanzigjähriger Jüngling zwar in der Atmosphäre,
nicht aber im Geiste des Blumenordens sein glaubensfrohes,

später auch in fremde Sprachen übersetztes Trostlied gedichtet: »Sollt es gleich bisweilen scheinen, als wenn Gott verließ die Seinen, o so glaub und weiß ich dies: Gott hilft endlich doch gewiß. Hülfe, die er aufgeschoben, hat er drum nicht aufgehoben; hilft er nicht zu jeder Frist, hilft er doch wenn's nöthig ist«.

Während nun so die kirchliche Poesie in der alten Meistersängerstadt Nürnberg sich in süßliche Sentimentalität auflöste, verirrte sie sich gleichzeitig in Schlesien in eine nicht minder bedenkliche Bahn. Sie wurde mystisch=über=schwänglich. Es geschah das aber zu der Zeit, als in der zweiten schlesischen Dichterschule unter Hoffmannswaldau und Lohenstein auch die weltliche Poesie aus Rand und Band ging. Man übertrug die in den höhern Ständen herrschende galante Unsittlichkeit auch auf das Gebiet der weltlichen Dicht=kunst. Es begann jenes schlüpfrige, schamlose und unsinnig bombastische Versemachen, um deswillen die Namen Hoff=mannswaldau und Lohenstein zu den verrufensten in der deutschen Literaturgeschichte gezählt werden. Und doch waren beide Männer sittlich durchaus unbescholten. Sie haben sogar gleichsam zur Sühne für ihre weltliche literarische Unflä=thigkeit geistliche Lieder gedichtet.

Ein gewisser Mystizismus lag schon immer in der schle=sischen Luft. Schon zu Luthers Zeiten hatte daselbst Kaspar Schwenkfeld von Ossigk den Anstoß zur Bildung einer schwarmgeistigen Partei gegeben, welche abhold jeglichem äußern Kirchenthume die unmittelbare innere Erleuchtung höher stellte als das geoffenbarte Wort Gottes in der heiligen Schrift. Darnach hatte der Görlitzer Schuster Jakob Böhme aus allerhand unmittelbaren Eingebungen und biblischen Lichtstrahlen ein tiefsinniges theosophisches System aufgebaut. Endlich waren es Breslauer Jesuiten, welche die mystischen

Lehren Johann Tauler's wieder hervorfuchten und in der Vergottung des Menfchen die Aufgabe des Chriftenthums erblickten.

Der Boden war alfo wohl zubereitet. Es bedurfte nur noch einer für die Einflüffe deffelben empfänglichen dichterifchen Perfönlichkeit. Diefelbe erfchien in Dr. Johann Scheffler, genannt Angelus Silefius, einem Jünger der Arzneiwiffen= fchaft († 1677). Von lutherifchen Aeltern in Breslau geboren trat er fpäter zur katholifchen Kirche über und empfing als Priefter die Weihen derfelben. Seinem von Natur excen= trifchen, an den Schriften Jakob Böhme's und der ältern Myftiker wohl gefättigten Geifte behagte die fchlichte lutherifche Kirchlichkeit je länger je weniger. Ihn verlangte nach einer innern Herzenskirche, in deren geheimnißvollem Zwielicht die wonnetrunkene Seele fchon hienieden Gott fchauet von Ange= ficht zu Angeficht. Es genügte ihm nicht, daß Gott für uns in Chrifto Menfch geworden ift. In feinem »Cherubi= nifchen Wandersmann« träumt er von einer Wiederholung der Menfchwerdung Gottes in unferm eignen Innern als dem einzigen Mittel unferer völligen Vereinigung mit Gott. Das nüchterne Lutherthum hat kein Verfländniß für ein Herz mit fo immenfen Anfprüchen. Scheffler wandte fich daher der verftändnißinnigeren, ihm kongenialern römifchen Kirche zu, indem er nach Konvertitenart durch heftige Befeh= dung der alten Glaubensgenoffen fich den neuen zu empfehlen fuchte.

Die Katholiken gewannen in ihm ohne Zweifel einen fehr begabten Dichter, hätten fich aber nicht zu der Behaup= tung verfteigen follen, daß die Weihe der Poefie erft nach feinem Uebertritt zum Katholizismus über ihn gekommen fei. Scheffler war fchon längft ein Dichter, bevor er die Jungfrau Maria anbetete. Er fetzte im Katholizismus einfach fort, was er im Lutherthum begonnen hatte. Auch ist seine Poesie im wesentlichen eine durchaus konfessionslose. Die meisten seiner Lieder lassen absolut nicht erkennen, welcher von beiden Konfessionen der Dichter angehörte, als er sie verfaßte. Scheffler singt von der Liebe zum Heilande, von der Liebes= und Lebensgemeinschaft mit Jesu. Aber er thut dies in mystischer Ueberschwänglichkeit, in sinnlicher, sinnig sein sollender Spielerei, in einer gewissen Abhängigkeit von der läppischen Tändelei der Pegnitzschäfer. Seine Hirtenlieder, in denen die in ihren Jesum, den holdseligen Daphnis und treuen Damon, verliebte Psyche seufzet wie ein einsames Turteltäublein, sind in der Mehrzahl schon aus ästhetischen Gründen ungenießbar, ganz abgesehen von der unevangelischen Hitze und den pantheistischen Ausschwei= fungen des Gedankeninhalts.

Dennoch haben viele Schefflersche Lieder den Weg in die Gesangbücher gefunden. Der Reiz des Neuen in ein= schmeichelnder, glatter Form, die glühende Jesusliebe, von welcher der Dichter beseelt ist, haben seiner Poesie zahlreiche Freunde verschafft. Die Anhänger Speners, die Hallischen Pietisten und die Herrnhuter fühlten sich von denselben ungewöhnlich angezogen und erbaut. Das orthodoxe Luther= thum dagegen machte den Schefflerschen Liedern eine hart= näckige Opposition. Noch im Jahre 1738 verbot der Mühlhäuser Magistrat die Aufnahme Schefflerscher Lieder in das lutherische Gesangbuch. Es bewog ihn dazu nicht blos der Widerwille gegen den irrgläubigen Mystiker und der Haß gegen den unleidlichen Konvertiten. Man hatte vielmehr selbst in dieser späten Zeit noch eine gewisse instinktive Ahnung davon, daß der Name Angelus Silesius nicht einen

Fortschritt, sondern eine Entartung der kirchlichen Poesie
bezeichne.

Eine gewisse Volksbeliebtheit hat unter Scheffler's zahlreichen lyrischen Liedern nur das christliche Kampflied erlangt:
»Mir nach, spricht Christus unser Held«. Andere, denen
man einen gewissen Zauber nicht absprechen kann, wie die
beiden Jesuslieder: »Ich will dich lieben meine Stärke«
und »Liebe, die du mich zum Bilde deiner Gottheit hast
gemacht« athmen bei aller wohlthuenden Innigkeit doch nur
den Geist einer krankhaft gereizten Andacht. Die lutherische
Kirche kann, auch wenn sie das hohe Lied der Liebe singt,
keinen andern Pfad gehen als den der biblischen Einfalt
und der gesunden Lehre. Wo die Verhimmelung anfängt,
da hört die Kirchenpoesie auf.

Scheffler flößt darum mehr nur ein historisches Interesse
ein. Wir würden ihn, wenn wir über ihn zu verfügen
hätten, mit Vergnügen der katholischen Kirche ganz überlassen.

Zahlreiche Dichter sind bei Scheffler in die Schule
gegangen, freilich nur um in derselben auch die letzten
Erinnerungen an Luther's, Heermann's und Gerhardt's kirchliche Dichtungsart einzubüßen. Wir haben ja selbstverständlich nicht das Allermindeste gegen die himmlische Liebes-
freude an Jesu. Aber ein anderes ist es, aus dieser Freude
singen, ein anderes, dieselbe in mystisch erotischer Weise zum
Gegenstande der Poesie machen.

Höchst bezeichnend für die von Scheffler ausgehende
poetische Richtung ist es, daß sich derselben namentlich auch
die poetisch angeregten Frauen mit Vorliebe anschlossen.
An dichtenden Frauen aber ist gerade im XVII. Jahrhundert durchaus kein Mangel, wie die Nomenklatur ergibt,
die wir bei dieser Gelegenheit und selbst auf die Gefahr

hin den Leſer zu ermüden uns nicht verſagen können*).
Geiſtliche Dichterinnen waren:

Eliſabeth, Markgräfin v. Baden. Louiſe Henriette,
Kurfürſtin v. Brandenburg. Maria Eliſabeth, Markgräfin
v. Brandenburg=Kulmbach. Chriſtine, Prinzeſſin v. Mecklen=
burg=Schwerin. Aemilia Juliana, Reichsgräfin v. Schwarz=
burg=Rudolſtadt (»Wer weiß wie nahe mir mein Ende«).
Anna Sophie, Landgräfin v. Darmſtadt (»In Leſung der
heiligen Schrift hat ſie einen unermübeten Fleiß bezeuget
und in den Patribus hat ſie ſo viel connaissance gehabt,
daß ſie manchen Theologen hätte beſchämen können«). Ludä=
milia Eliſabeth, Tochter des Grafen Ludwig Günther I. v.
Schwarzburg=Rudolſtadt, eine Schwägerin der Aemilia Ju=
liana. (»Sorge Vater, ſorge du, ſorge für mein Sorgen«).
Magdalena Sybilla, Herzogin v. Württemberg. Sophie
Eliſabeth, Herzogin v. Sachſen=Zeitz. Eliſabeth Eleonore,
zweite Gemahlin des Herzogs Bernhard v. Sachſen=Mei=
ningen. Chriſtine Eleonore, Gräfin zu Stolberg=Wernigerode
und deren Schweſter Louiſe Chriſtiane. Dorothea Eleonore
v. Roſenthal. Sybille Schwarzin v. Greifswalde. Katharina
Regina v. Greiffenberg. Gertrud Möllerin geb. Eiſler,
eine gekrönte kaiſerliche Poetin. Barbara Eliſabeth Schubartin.
Roſamunde Juliane v. Aſſeburg.

Um eines möglichen Mißverſtändniſſes willen bemerken
wir übrigens ausdrücklich, daß die genannten Dichterinnen
durchaus nicht als ein poetiſcher Frauenverein betrachtet
ſein wollen. Die äußerliche, übrigens nicht erſchöpfende
Zuſammenſtellung ſoll ohne Rückſicht auf die etwaige inner=

---

*) Vgl. Schletterer, Ueberſichtliche Darſtellung der Geſch. der kirchl. Dich=
tung und geiſtlichen Muſik. 1866. S. 197 ff. Schircks, Geiſtl. Sängerinnen
der chriſtl. Kirche deutſcher Nation. Halle 1857.

liche Zusammengehörigkeit nur dazu dienen, das Kontingent der dichtenden Frauen des XVII. Jahrhunderts als ein nicht unbeträchliches erscheinen zu lassen. Geistliche Lieder dichten war nachgerade zur Modesache geworden. Ein Nachtheil ist der Poesie durch die Frauen weiter nicht erwachsen. Sie folgen überall nur dem maßgebenden Vorgange der Dichter.

8. Das Psalmlied der reformirten Kirche.

Während die römische Kirche auf dem Gebiete des Kultus sich einer Beeinflussung durch die Reformation nicht gänzlich zu entziehen vermochte und daher dem deutschen gottesdienst= lichen Gesange ein gewisses Entgegenkommen bezeigte, be= gann die schweizerische Reformation umgekehrt damit, den gottesdienstlichen Gesang überhaupt abzustellen. Dieser Radikalismus hing mit der puritanischen Abneigung zusammen, welche Zwingli nicht gegen die Kunst überhaupt, — denn er war selbst Dichter und Musikus — wohl aber gegen die kirchliche Kunst hegte. Alles Sinnbildliche und Künstlerische im Kultus sollte als dem Worte Gottes zuwider abgethan werden. In St. Gallen wurden 46 Wagen mit Bildern beladen und unter großem Jubel des Volkes vor der Stadt verbrannt. Kruzifix, Altar, Taufstein, Kerzen, Glasmalereien, Orgel, Glocken fielen als papistische Gräuel einer unver= ständigen Schriftauslegung zum Opfer. Der Unfug Karl= stadt's umgab sich auf schweizerischem Boden mit dem Nimbus eines Gott wohlgefälligen Werkes. Was Luther beibehielt, weil es der Bibel nicht widersprach, das entfernte Zwingli, weil es in der Bibel nicht geboten war. Ihm war es um Wiederherstellung der ursprünglichen apostolischen Einfachheit zu thun. Die ersten Christengemeinden hatten keine Orgel gehabt, Grund genug, daß das herrliche Orgelwerk in der

St. Vincenzkirche zu Bern als »Papstleier« zertrümmert werden mußte. »O du armer Judas was hast du gethan?« Mit diesem alten Choral*) beschloß der betrübte Organist seine Thätigkeit. Es traf im XVI. Jahrhunderte wirklich zu, was Schiller in Maria Stuart den Mortimer sagen läßt: »Es haßt die Kirche, die mich auferzog, der Sinne Reiz, kein Abbild duldet sie, allein das körperlose Wort verehrend«. Zwingli soll in seinem Rigorismus sogar so weit gegangen sein, den Kirchengesang als eine Lächerlichkeit hinzustellen. Er trug nämlich, einer übrigens unverbürgten Nachricht zufolge, dem Rathe zu Zürich eine Bitte um Abstellung des Kirchengesanges singend vor, indem er erklärte, dies sei ebenso sonderbar, als Gott seine Bitten mit Gesang und Orgelspiel vorzutragen.

Diese grillenhafte Einseitigkeit mußte natürlich in der Folge überwunden werden. Doch machte sich das Bedürfniß nach Gemeindegesang zunächst nur in einigen von der schweizerischen Reformation beeinflußten oberdeutschen Städten wie Konstanz, Augsburg, Straßburg geltend. Hier erschienen reformirte Kirchengesangbücher, in denen sogar einzelne Lieder Luther's Aufnahme fanden. Man erklärte das Tempelgemurmel, wie Zwingli den Kirchengesang genannt hatte, für ein frei Ding, das Christus weder geboten noch verboten habe. Nur sollten hauptsächlich Psalmlieder gesungen

---

*) O du armer Judas,
Was hastu getan,
Daß du unsern Herren
Also verraten hast?
Des mustu in der Hölle
Immer leiden Pein,
Luzifers Geselle
Mustu ewig sein. Kyrieleison.

werden. Andere Gesänge, auch wenn sie sonst christlich und schriftmäßig waren, blieben vom kirchlichen Gebrauche ausgeschlossen.

Der französische Reformator Calvin hatte sich, obwohl kein Freund der künstlerischen Ausgestaltung des Kultus, doch davon überzeugt, daß die Andacht, wenn sie nicht allmählich erkalten wolle, des erwärmenden Elements der Musik, insbesondere aber des Gesanges nicht wohl entrathen könne*). Er gestattete daher wie Luther nicht blos dem Unisono des Gemeindegesangs, sondern schließlich sogar dem Kunstgesange Raum im Gottesdienste. Aber daran hielt auch Calvin fest, daß Gott nur durch sein eigenes Wort, nämlich durch den Gesang der alttestamentlichen Psalmen, insbesondere der Davidischen, würdig gelobt werden könnte. Er veranlaßte daher die metrische Uebersetzung der Psalmen ins Französische, woraus zuletzt ein vollständiges, von Ambrosius Lobwasser auch ins Deutsche übertragenes Psalmgesangbuch wurde.

Die Psalmenübersetzungen, mit denen Marot, der Vater der neuen französischen Dichtkunst, den Anfang machte, und die Theodor Beza, Calvin's Jugendfreund, zum Abschluß brachte, fanden großen Beifall, sogar am französischen Hofe.

---

*) In der Vorrede Calvin's zu der „Forme des prieres et chantz ecclesiastiques v. J. 1542 heißt es u. a.: Quant est des prieres publiques, il y en a deux especes. Les vnes se font par simple parolle: les aultres auecque chant. Et n'est pas chose inuentee depuis peu de temps. Car des la premiere origine de l'Eglise, cela a esté, comme il appert par les histoires. Et mesmes sainct Paul ne parle pas seulement de prier de bouche, mais aussi de chanter. Et à la verité, nous congnoissons par experience, que le chant a grand force et vigueur d'esmouuoir et enflamber le coeur des hommes, pour inuoquer et louer Dieu d'vn zele plus vehement et ardent. Vgl. Ph Wackernagel, Bibliographie p. 576.

Durch den Dauphin, den nachmaligen König Heinrich II.,
welcher den 42. Psalm nach einer Jagdmelodie sang, wurde
der Psalmengesang bald allgemeine Hofsitte. Die Königin,
die Herren und Damen des Hofes hatten ihre Lieblings= und
Leibpsalmen und trugen kein Bedenken, denselben die Melo=
dien beliebter Tanz= und Liebeslieder unterzulegen. Goudimel
aber, der Meister des Kontrapunktes und Lehrer Palestrina's,
in der Bartholomäusnacht 1572 zu Lyon als Hugenot hin=
gerichtet, versah die Psalmen mit jenen berühmten vier=
stimmigen motettenartigen Kompositionen, die auch in den
deutsch=reformirten Gemeinden allmählich in Gebrauch
gekommen und theilweis sogar in den lutherischen Kirchen=
gesang übergegangen sind. Es liegen denselben größtentheils
weltliche Volksweisen zu Grunde.

Während in Zürich die Einführung des Kirchengesanges
erst im Jahre 1598 beschlossen wurde, herrschte in Genf, dem
Hauptsitze des Calvinismus, schon im Jahre 1557 ein
fröhliches Liederleben. »Einen höchst anziehenden Anblick,
berichtet ein Zeitgenosse, bietet die Stadt an den Wochen=
tagen, wenn die Stunde der Predigt herannaht. Sobald
der erste Glockenschlag sich hören läßt, schließen sich alle
Buden, jedes Gespräch hört auf, jedes Geschäft wird abge=
brochen und von allen Seiten eilt man in das nächste
Gotteshaus. Dort zieht jeder ein kleines Buch aus der
Tasche, das die Psalmen auf Noten gesetzt enthält, und aus
vollem Herzen in ihrer Muttersprache singt daraus die
Gemeinde vor und nach der Predigt, wie es in der alten
Kirche zu geschehen pflegte. Allgemein bezeugt man mir,
wie viel Trost und Erbauung das gewähre«.

Trotzdem nun durch die Praxis der reformirten Kirche,
die Poesie im Kultus entweder überhaupt nicht, oder doch
nur in der Form des unmittelbaren Schriftwortes zuzulassen,

das Aufkommen einer original geistlichen Dichtung nicht
eben begünstigt wurde, begegnen wir den Anfängen einer
solchen doch schon sehr frühe. Die hervorragenden unter
den reformirten Liederdichtern der ältesten Zeit sind Ambro=
sius Blarer, der »Apostel Schwabens« und sein Freund
Johann Zwick, beide zu gleicher Zeit in Konstanz als Pre=
diger des Evangeliums thätig. Von den Liedern selbst ist
nicht viel zu rühmen. Sie treten nach Form, Sprache und
Inhalt hinter den lutherischen, wenigstens denen aus der
ersten Hälfte des XVI. Jahrhunderts merklich zurück. Es
liegt eine Wahrheit in dem bekannten Worte: Die reformirte
Kirche hat Davids Psalmen, die lutherische Davids Harfe.

Der deutschen reformirten Kirche konnte jedoch der aus=
schließliche Psalmgesang auf die Dauer unmöglich genügen.
Im Laufe der Zeit erzwangen sich auch andere geistliche
Gesänge, darunter zahlreiche lutherische, Aufnahme im Gottes=
dienst. Das Beispiel der Lutherischen wirkte ansteckend.
Der Quell der reformirten Poesie selbst floß jedoch vorerst
noch immer nur kümmerlich. Es schien fast, als wäre dem
reformirten Glauben nach den schwachen Anfängen im XVI.
Jahrhundert die poetische Schöpferkraft überhaupt aus=
gegangen.

Daß dies jedoch keineswegs der Fall war, sollte sich
im Zeitalter Gerhardt's zeigen. Während dieser seine luthe=
rischen Weisen sang, überraschte eine edle Frau reformirten
Bekenntnisses, Louise Henriette v. Brandenburg, geb. 1627,
die Gemahlin des Großen Kurfürsten, eine Urenkelin des
Admirals Coligny, ihre Glaubensgenossen mit vier Liedern,
darunter das auch allen Lutherischen theuerwerthe Oster= und
Sterbelied: »Jesus meine Zuversicht«. Die Tugenden dieses
Liedes sind gut und groß. Es ist überflüssig sein Lob zu
singen. Das Lied lebt im Herzen der gesammten evange=

lischen Christenheit. »Dieses Lied hat man gesungen, als
mein Vater begraben wurde. Es ist das Begräbnißlied
meiner Mutter gewesen, und als man meine selige Frau
ins Grab senkte, hat man es auch gesungen. Darum ist
es mir immer ein besonders liebes Lied, das ich schon oft
mit Thränen der Liebe und der Sehnsucht gesungen habe«
(v. Schubert, Altes und Neues aus dem Reiche Gottes).
In Oranienburg, dieser Stiftung der Großen Kurfürstin,
hängt eine Glocke, ein Geschenk des Königs Friedrich Wilhelm
IV. Sie heißt »Zuversicht« und trägt die Inschrift: »Jesus
meine Zuversicht und mein Heiland ist im Leben«. Der
Kurfürstin Lied bildet im Verein mit noch etlichen andern
reformirten Gesängen seit zwei Jahrhunderten zwischen Luthe=
rischen und Reformirten eine ideale Union, die noch durch
keinen Mißklang gestört worden ist.

Und doch ist dieses Sieges= und Friedenslied Anlaß
geworden zu einem erst neuerdings ausgetragenen Streite.
Wir meinen aber nicht den Streit über einzelne Lesarten,
ob es also in der zehnten Strophe heißen muß: »Nur daß
ihr den Geist erhebt von den Lüften dieser Erde«, oder ob
es richtiger ist, zu lesen »von den Lüsten«. Nach Ephes. 6,
12 ist wohl der ersten Lesart der Vorzug zu geben. Auch
denken wir nicht an die Streitfrage, ob man bei der »langen
Todesnacht« (Strophe 1) und dem »Todesbann« (Strophe 3)
an die unbiblische Lehre von dem sog. Seelenschlafe
erinnert werde, oder ob eine derartige Vorstellung der Kur=
fürstin fern gelegen habe. Die Frage, um welche es sich
handelt, ist vielmehr die, ob die Kurfürstin überhaupt eine
Dichterin gewesen, und wenn sie's war, ob ihr insbesondere
die Autorschaft des Liedes »Jesus meine Zuversicht« zuge=
schrieben werden darf.

Dies Bedenken hat in der That bestanden. In einigen ältern Gesangbüchern fehlt nämlich bei dem Liede überhaupt jedwede Angabe über den Verfasser. In andern ist als solcher der Schloßhauptmann der Kurfürstin, Johann von Assig, oder auch ein gewisser Kaspar Ziegler in Wittenberg genannt. Diese Angaben werden jedoch durch die einfache Thatsache widerlegt, daß in einem der Kurfürstin dedizirten Berliner Gesangbuch vom Jahre 1653 die Kurfürstin ausdrücklich als Verfasserin des fraglichen Liedes bezeichnet wird. Weiter wird jedoch behauptet, die Kurfürstin, eine holländische Prinzessin, habe überhaupt kein Deutsch verstanden. Doch war ihre Mutter, Amalie geb. Gräfin v. Solms, eine Deutsche. Auch pflegte sie selbst deutsch zu beten, denn sie hat sich von dem Grafen Otto v. Schwerin, dem Vertrauten des kurfürstlichen Paars, deutsche Gebete entwerfen lassen. Man ist daher genöthigt, der Kurfürstin zu lassen, was ihr gehört. Unsicher bleibt nur die lange Zeit ziemlich allgemeine Annahme, die Kurfürstin habe das Lied unmittelbar nach dem Tode ihres erstgebornen Sohnes, des Prinzen Wilhelm Heinrich, gedichtet. Wer die Lebens- und Leidensgeschichte der früh heimgegangenen Fürstin kennt, wird wissen, daß sie auch sonst Veranlassung genug hatte, ihre Seele zu speisen mit Gedanken des Todes und der Auferstehung.

Die Kurfürstin dichtete nur zu »personeller Uebung«. Als sie nach der Mitte des Jahrhunderts (1667) starb, war bereits auch außerhalb der Mark Brandenburg in andern Theilen der reformirten Kirche neues Leben in die Poesie gekommen. Die Anregung dazu ging von den Niederlanden aus.

In Joachim Neander († 1680), Prediger zu Bremen, erhielt die reformirte Kirche ihren bedeutendsten Liederdichter.

Auch wir betrachten ihn ganz als einen der unsern. Man hat ihn den reformirten Paulus Gerhardt genannt oder auch den »Psalmisten des Neuen Bundes«. Für seine innere Entwicklung war namentlich der Einfluß Spener's, mit dem er lange Zeit in Verbindung stand, von großer Bedeutung. Seine Poesie ist bei aller Subjektivität doch noch getragen vom Bewußtsein der Gemeinde. Ausgezeichnet durch Einfalt und Erhabenheit, biblisch und volksthümlich sind seine Lob= lieder: »Unser Herrscher, unser König« — »Wunderbarer König«. Die Krone von allen, ein gemeinsames Kleinod der beiden evangelischen Kirchen bleibt jedoch: »Lobe den Herren, den mächtigen König der Ehren«. Die frische jubi= lirende Melodie bringt den verborgenen Zauber dieses schlichten Psalmliedes in vortrefflicher Weise zur Geltung. Der König Friedrich Wilhelm III. hatte an dem Liede seine besondere Freude.

Kurz vor dem Ende des XVII. Jahrhunderts wurde der reformirten Kirche auch ein mystischer Dichter geboren, Gerhard Tersteegen († 1769), Bandweber zu Mühlheim a. d. Ruhr. Zehn Stunden saß Tersteegen täglich am Webstuhl, zwei Stunden verbrachte er im Gebet, den Rest des Tages widmete er dem Studium der ältern und neuern Mystiker. Dabei nährte er sich fast nur von Wasser, Mehl und Milch. Später gab er sein Handwerk auf und beschäf= tigte sich ausschließlich mit der geistlichen Seelenpflege. Zu den religiösen Versammlungen, die er abhielt, drängten sich oft 3—400 Theilnehmer. Diejenigen, welche der Saal nicht faßte, stiegen von außen auf Leitern empor, um durch die Fenster den Worten des Redners zu lauschen. Mehrere Schreiber schrieben zeitweilig seine »geistlichen Brosamen« nach. Auf Reisen lauerte man ihm auf und nöthigte ihn wohl, eine Scheuer zum Betsaal zu machen. Das machte ihn jedoch nicht hochmüthig. »Ich wünschte gern, sagte er, daß der Name Gerhard Tersteegen vergessen und hingegen der Name Jesu in aller Menschen Herzen tief eingeprägt würde«. Seine lyrischen Dichtungen gehören zu dem Besten, was die mystische Poesie überhaupt hervorgebracht hat. Tersteegen ist eben so tief und gedankenreich wie Angelus Silesius, übertrifft ihn jedoch an Klarheit und Ursprünglichkeit. »Gott ist gegenwärtig«. Dies Lied charakterisirt wohl am besten die Grundstimmung des Dichters. »Mache mich einfältig, innig abgeschieden, sanfte und in stillem Frieden; mach mich reines Herzens, daß ich deine Klarheit schauen mag in Geist und Wahrheit; laß mein Herz überwärts wie ein Adler schweben und in dir nur leben«. Dies ist Tersteegen's Mystik.

9. Das Heiligungslied des pietistischen Gefühlschristenthums.

In Blümelei und Ueberschwänglichkeit war die Poesie ausgeartet. So mußte denn nach den Gesetzen des Geisteslebens alsbald wieder eine rückläufige, abwiegelnde Bewegung Platz greifen. Die Poesie mußte wieder zu größerer Einfachheit und Natürlichkeit zurückgeführt werden. Auf weltlichem Gebiet geschah dies durch die sog. Wasserpoeten, auf geistlichem durch Philipp Jakob Spener und seine Schule. Man datirt aber die Spenersche Dichtung vom Jahre 1680.

Spener war ein geborner Elsässer (geb. 1635, † 1705). Ein von Haus aus frommes Gemüth sah er sich durch den innern und äußern Gang seines Lebens mehr und mehr zu der Ueberzeugung hingetrieben, daß er von Gott dazu berufen sei, die erstarrte Kirche zu neuem Leben zu erwecken. Zwar lehnte er es ausdrücklich von sich ab, für einen Reformator zu gelten. Den meisten seiner Zeitgenossen erschien er doch als ein solcher. Man sagte: »Luther verbesserte kühn die verkehrten Gesetze des Glaubens, wer wird der andere sein, welcher das Leben verjüngt«? Der andere war Spener. Im Gegensatz zu der sog. todten, unfruchtbaren Rechtgläubigkeit betonte er das, was man rechte Gläubigkeit nennt, die lebendige Herzensfrömmigkeit, das praktische Christenthum. Als Prediger in Frankfurt a. M. nahm er sich besonders der Jugend an, führte Katechismusübungen und die Feier der Konfirmation ein. Mit den Erwachsenen hielt er besondere Erbauungs= oder Bibelstunden, erst auf seinem Studirzimmer, dann als der Andrang zu groß wurde, in der Kirche. Doch warnte er vor jeder Separation von der Kirche und trachtete für seine Person nur darnach, ein Vorbild der Heerde zu sein. Er meinte, nur ein wirklich Bekehrter könne für andere ein Lehrer und Führer zur Seligkeit werden. In einer besondern Schrift, Pia desideria oder herzliches Verlangen nach gottseliger Besserung der wahren evangelischen Kirche, deckte er die Schäden des beste=henden äußern Kirchenthums auf und empfahl zur Heilung derselben unter anderm auch die fleißige Uebung des allge=meinen Priesterthums. In Dresden, wo er als Oberhof=prediger wirkte, und in Berlin, wo er als Propst an der St. Nikolaikirche starb, setzte er seine auf Erneuerung des religiösen Lebens gerichtete Thätigkeit unermüdlich fort.

Sein Einfluß war ein tiefgehender und weitreichender. In allen Ständen zählte man zahlreiche Anhänger seiner Richtung. Er wurde bald ein Art Gewissensrath für ganz Deutschland. Wer irgend ein tieferes geistliches Anliegen hatte wandte sich an Spener, so daß derselbe in einem Jahre oft 600 Briefe zu beantworten hatte. Durch seine volksthümliche Predigt, so wie durch treue Seelsorge und zahlreiche Schriften wurden hunderte zu gründlicher Erkenntniß des Wortes Gottes und des eignen Herzens geführt. Viele bekannten, daß sie ihre Bekehrung nur dem eifrigen Gebete Spener's zu denken hätten.

Spener selbst hatte freilich der Welt und dem ortho=doxen Lutherthum gegenüber einen schweren Stand. Heftige theologische Streitigkeiten entbrannten. Man schmähte ihn einen Sektirer und Quäker. Seine Anhänger erhielten

den Spottnamen Pietisten. Sie erwiderten: »Es ist jetzt
stadtbekannt der Nam' des Pietisten. Was ist ein Pietist?
Der Gottes Wort studirt und nach demselben auch ein heilig
Leben führt«. Und doch war Spener in der That weit
davon entfernt, eine neue Lehre aufbringen zu wollen. Für
seine Person stand er durchaus auf dem Boden des luthe=
rischen Bekenntnisses. Er forderte nur, daß das Leben in
Uebereinstimmung sein solle mit der Lehre. Er ließ den
kirchlichen Glauben bestehn, aber er wollte, daß sich der
Glaube in Früchten beweise.

Doch lag in der Art, wie der sittenstrenge Spener der
verweltlichten Kirche aufzuhelfen gedachte, allerdings eine
große Gefahr. Indem er nämlich der dogmatischen Ver=
standesspekulation und dem Buchstabenglauben ein biblisch
praktisches Christenthum entgegensetzte, verleitete er zu einer
bedenklichen Unterscheidung zwischen Reinheit der Lehre und
Reinheit des Lebens, die wohl verschieden sind, aber doch
nicht geschieden werden können. Das einseitige Betonen der
persönlichen Herzensfrömmigkeit schwächte nothwendig den
Sinn für die Bedeutung des objektiv Kirchlichen in Wort
und Sakrament, in Dogma und Kultus, und endigte mit
einer vollständigen konfessionellen Nivellirung.

Noch zu Spener's Lebzeiten trug der von ihm ausge=
streute Same bedenkliche Früchte. Nicht wenige separirten
sich ganz von der Kirche als einem »heillosen Babel« und
vegetirten als die »Stillen im Lande«. Andere zogen sich
in die innere Herzenskirche zurück, wie der mystisch gerichtete
Gottfried Arnold, ein begabter Dichter (»So führst du doch
recht selig, Herr die Deinen«. »O Durchbrecher aller Bande«)
und Verfasser der berühmten Kirchen= und Ketzergeschichte.

Ein Dichter war Spener nicht. In seiner Jugend zwar
konnte er dem Drange nicht widerstehn, sich in geistlichen

Dichtungen zu versuchen. In richtiger Erkenntniß ihrer Mangelhaftigkeit übergab er jedoch diese Jugendprodukte den Flammen. Seine neun geistlichen Lieder aus späterer Zeit sind freilich auch wenig mehr als lehrhafte gereimte Betrachtungen, poetische Kanzelprosa. Doch haben dieselben insofern eine gewisse Bedeutung als sie tonangebend wurden für die gesammte Poesie der neuen verinnerlichten Glaubensrichtung.

Der Frankfurter Jurist Jakob Schütz, Spener's Freund, der jedoch in chiliastischer Schwärmerei und Separation von der lutherischen Kirche endigte, sang wahrscheinlich nach einer wunderbaren Errettung aus leiblicher Noth Gott zum Dank das noch jetzt allgemein verbreitete Lied: »Sei Lob und Ehr dem höchsten Gut«. Da dasselbe ursprünglich anonym erschien, so vermuthete man in dem Verfasser irgend einen berühmten kirchlichen Sänger.

Zu den Männern der Sehnsucht, wie Zinzendorf die Dichter des Spenerschen Kreises genannt hat, gehören ferner der Dresdner Hof- und Justizrath Dr. Johann Burchard Freystein (»Mache dich mein Geist bereit«. Matth. 26, 41) und Kaspar Schade, Diakonus an der St. Nikolaikirche zu Berlin, Spener's hochgeschätzter Kollege. Er ist der Dichter des Liedes: »Ruhe ist das beste Gut, das man haben kann« Matth. 11, 28. Auf seinem Denkmal liest man: »Berlin, vergiß nicht, was dir der Herr durch ihn Gutes gethan hat«. Mit mehr oder weniger Glück und Geschick versuchten es endlich noch zahlreiche andere Freunde Spener's, darunter Fürsten und Fürstinnen, wie Gustav Adolf, Herzog zu Mecklenburg-Güstrow, und Christine, Prinzessin von Mecklenburg-Schwerin; Adelige, wie der bekannte Freiherr von Canitz, Spener's Hausfreund zu Berlin, und Veit Ludwig v. Seckendorff, der Historiker des Lutherthums, den neuen

Most in neue Schläuche zu fassen. Es sind fromme, wohl=
gemeinte, biblisch=praktische, erbauliche Lieder. Doch drehen
sie sich fast allesammt um den gemeinsamen Angelpunkt des
individuellen Seelenlebens. Die Gemeinde ist nichts mehr,
der einzelne Fromme ist alles. Den alten fröhlichen, volks=
faßlichen Kirchenton sucht man in ihnen vergeblich. Sie sind
durchaus subjektivistischer Natur. Und doch bilden sie immer
erst die Vorläufer der eigentlich sog. pietistischen Dichter=
schulen, in denen sich die Spenersche Wärme zur höchsten
Gluth steigerte.

Spener's Pietismus hielt sich wie in der Lehre und im
Leben, so auch in der Poesie durchaus in den Grenzen einer
gewissen Nüchternheit. Die streng pietistischen Lieder dagegen,
von denen das ablaufende XVII. Jahrhundert und die ersten
Jahrzehnte des XVIII. beherrscht werden, gehören derjenigen
fortgeschrittenen Richtung an, die hauptsächlich in Halle
ihren Sitz hatte und schließlich im Herrnhuterthum sogar
eine selbständige Kirchenbildung versuchte. Das Eigenthüm=
liche und Unterscheidende dieses Pietismus, der in unglaublich
kurzer Zeit die Höfe, den Adel, die Universitäten, alle
Schichten der Gesellschaft mehr oder weniger durchsäuerte,
bestand darin, daß nach demselben die Sorge um das Eine
was noth ist als die einzige und ausschließliche Lebensauf=
gabe der Menschen betrachtet werden muß. Was dieser
vornehmsten Sorge nicht unmittelbar dient, Wissenschaft,
Kunst, Politik, hat für den Christen keinerlei Bedeutung
und wird als zur Welt gehörig verdammt. Die Kirche mit
ihren geordneten Gnadenmitteln wird geflissentlich ignorirt.
Alles Interesse geht in methodistischer Weise auf die geistliche
Erweckung des einzelnen. Das Christenthum wird identifizirt
mit gewissen Bußvorgängen und vorschriftsmäßigen Aeuße=
rungen des innern Lebens. Es waren diese ultrapietistischen

Einseitigkeiten allerdings nur die Konsequenzen des Spenerschen Systems, allein Spener selbst hatte dieselben in bedäch-
tiger Milde noch nicht gezogen.

Der Vater des Hallischen Pietismus ist August Hermann
Francke († 1727), Spener's Freund und Gesinnungsgenosse.
Er war ein energischer, unerschrockener, feuereifriger Mann
des Gebets. Aus Leipzig und Erfurt vertrieben fand er
endlich in Halle einen geeigneten Boden für seine Thätigkeit,
wenn er sich auch denselben Schritt für Schritt erkämpfen
mußte. Das schönste Denkmal hat er sich errichtet durch
die Gründung des Hallischen Waisenhauses, dieser »in Stein
gehauenen Predigt des Glaubens«! »Fremdling, was du er-
blickst hat Glaub und Liebe vollendet. Ehre des Stiftenden
Geist glaubend und liebend wie Er«. Dies die Inschrift
über dem Eingange des Hauptgebäudes. Im Hofraume
aber steht Francke's Standbild von Rauch's Meisterhand.
Auch die Canfteinsche Bibelanstalt ist durch Francke's Beihülfe ins Leben gerufen worden. Endlich gereicht es ihm
zum bleibenden Ruhme, die ersten Missionare der lutherischen
Kirche, Bartholomäus Ziegenbalg und Heinrich Plütschau
im Jahre 1706 ausgesandt zu haben, und zwar zu den
heidnischen Malabaren in Ostindien.

Als Prediger wirkte Francke namentlich durch seine Er-
bauungsstunden, als Schriftsteller durch Traktate und theologische Schriften, als akademischer Lehrer durch sog. para-
netische Vorlesungen. Sein Grundsatz war: »Der Theolog
muß in der Schrift geboren sein; die Kraft und Frucht der
Erkenntniß muß sich darin zeigen, daß das Herz gebessert
werde. Ein Quentchen lebendigen Glaubens ist höher zu
schätzen als ein Centner des bloßen geschichtlichen Wissens,
und ein Tropfen wahrer Liebe ist mehr werth als ein ganzes
Meer der Wissenschaft aller Geheimnisse. Die Wissenschaft

ist nicht zu verachten, aber sie muß in die Praxin hinein=
geführt werden.« Am Ende seines Lebens († 1727) hätte
er wohl mit St. Paulus sagen dürfen: »Ich habe viel mehr
gearbeitet, denn sie alle; nicht aber ich, sondern Gottes
Gnade, die mit mir ist.« 1 Korinth. 15, 10. Das Waisen=
haus zählte 134 Waisen, die mit demselben verbundenen
Lehranstalten 2207 Kinder unter 175 Lehrern und Inspek=
toren. 150 Schüler und 225 arme Studenten wurden auf
Kosten des Waisenhauses, dessen ursprüngliches Gründungs=
kapital 7 Gulden betragen hatte, täglich gespeist. Ein ganzes
Geschlecht junger Theologen wirkte in Francke's Geiste fort,
und die Zahl derer, die durch ihn auf den Weg des Lebens
waren gebracht worden, war unermeßlich. »Wem ich eine
Stunde schenke, dem glaube ich ein großes Geschenk gemacht
zu haben« pflegte er zu sagen. Doch hat er mitten in
zeitraubender und aufreibender Thätigkeit sogar noch Muße
gefunden, drei Lieder zu dichten. »Gott Lob, ein Schritt
zur Ewigkeit ist abermals vollendet« so sang er im Jahre
1691, da ihn die Stadt Erfurt als Irrlehrer und Sekten=
stifter von sich stieß.

Man unterscheidet die Dichter des ältern und des jün=
gern Hallischen Pietismus.

Der hervorragendste Dichter der ältern Schule ist Joh.
Anastasius Freylinghausen († 1739), Francke's Schwiegersohn
und »rechte Hand«, so wie sein Nachfolger im Pfarramt
an der St. Ulrichskirche in Halle und im Direktorat des
Waisenhauses und Pädagogiums. Freylinghausen war eine
lautere, demüthige Kindesseele. Was nicht nach Gottes
Wort schmeckte, ekelte ihn an, daher er als Dichter auch der
»Schriftreiche« genannt wird. Seine 44 Lieder dichtete er
unter großen leiblichen Schmerzen. Die bessern, wie das
liebliche Jesuslied: »Wer ist wohl wie du, Jesu süße Ruh«

zeichnen sich nicht nur durch formelle Schönheit, sondern auch
dadurch aus, daß sie bei aller Wärme des Gefühls und
bei allem Schwung der Gedanken sich doch rein halten von
jenem süßlichen Liebesgeflüster und forcirten Geistreichigkeiten,
wodurch so viele andere »Prophetenkinder und Pietisten=
schüler« ihre poetischen Erzeugnisse gründlich verdorben
haben.

Von ganz besonderer Bedeutung ist Freylinghausen für
den Kirchengesang, und zwar in doppelter Weise, einmal
als Gesangbuchsherausgeber und sodann als Komponist. In
seinem Gesangbuche stellt er zuerst und mit bewußter Absich=
lichkeit Altes und Neues, die Lieder kirchlicher Objektivität
und diejenigen subjektiver Pietät als gleichwerthig und gleich=
berechtigt neben einander, »nach der Oekonomie und Ordnung
des Heils«. Er läßt sich von dem Grundsatze leiten, daß
die Kirche das Alte zu Rathe halten, aber auch das Neue
nicht verschmähen dürfe, sintemal beides Gottes Gabe und
Geschenk sei. Und so enthält denn die nach seinem Tode
erschienene vollständige Ausgabe seines Gesangbuches unter
1581 Liedern nicht weniger als 6—700, welche von zeit=
genössischen, meist pietistischen Dichtern herrühren. Bemer=
kenswerth und bzeichnend für die gesammte Geistesrichtung
insbesondere aber für den geschichtlichen Sinn des Pietis=
mus ist hierbei der Umstand, daß sich Freylinghausen an
etlichen ältern Liedern nicht unerhebliche Textveränderungen
erlaubt hat. Er scheint dies in aller Unbefangenheit gethan
zu haben, wie ja auch der Berliner Propst Joh. Porst,
der fast gleichzeitig mit Freylinghausen ein nach pietistischen
Prinzipien geordnetes und in der Mark Brandenburg noch
jetzt unvergessenes Gesangbuch herausgab, an den alten
Texten in pietistischem Geschmacke geändert und gebessert
hat.

Ueberaus thätig war Freylinghausen auch auf musikalischem Gebiet. Den geistlichen Gesang pflegte er mit großem Eifer. Er regte nicht blos andere christliche Musiker zu geistlichen Kompositionen an, sondern schuf auch selbst eine gewisse Anzahl Melodien. Er gilt für den Erfinder der sogen. Hallischen Melodien, deren Ruhm freilich im ganzen nicht fein ist. Wie in der Poesie so hat nämlich auch in diesen Melodien der Pietismus den kirchlichen Typus völlig abgestreift. Es sind meist süßliche, verweltlichte Klänge, durch welche der Kirchengesang vollends entnervt und verderbt worden ist. Doch entsprachen sie dem herrschenden Zeitgeschmack und haben sich theilweis noch bis auf unsere Tage im kirchlichen Gebrauch erhalten. Eigenthümlich aber nimmt es sich doch aus, daß gerade die strengen Asceten aus der Spener-Franckeschen Schule, diese entschiedenen Gegner alles weltlichen Wesens, der Vorwurf treffen muß, den bereits heruntergekommenen Choral vollends verweltlicht zu haben.

Ein anderer namhafter Dichter des Hallischen Pietismus, Chr. Friedrich Richter († 1711), war wie Freylinghausen Dichter und Sänger in einer Person. Als Arzt am Waisenhause erfand er die ihrer Zeit weltberühmten »Hallischen Arzneien«, zu deren Bereitung eine eigne Apotheke nöthig wurde. Der jährliche Reingewinn von 30—40,000 Thlr. kam den Franckeschen Anstalten zu gut. Reich werden zu wollen in der Welt hatte sich Richter nie in den Sinn kommen lassen. Christi Armuth war sein Reichthum. In seinen Liedern, die nicht ohne mystische Färbung sind, hat er die Geheimnisse und die Herrlichkeit des inwendigen Christenlebens ausgesungen. »Es ist nicht schwer ein Christ zu sein«. »Es kostet viel ein Christ zu sein«. »Es glänzet der Christen inwendiges Leben«. »Mein Salomo dein freundliches Regieren« — aus diesen Liedern wird des Dichters eignes Wesen am besten erkannt. Es sind beschauliche Andachtslieder von großer erbaulicher Kraft, wenn auch für den Gemeindegottesdienst nicht wohl geeignet. Das Lied von dem Glanze des inwendigen Lebens war Schleiermacher's Lieblingslied.

Daniel Herrnschmidt, ein Kollege Francke's in der theologischen Fakultät zu Halle, verstand es besonders zum Lobe Gottes (»Lobe den Herren, o meine Seele«) und zum Gottvertrauen zu ermuntern (»Gott will's machen, daß die Sachen gehen wie es heilsam ist«). Das erstgenannte Lied gehörte zu G. H. v. Schubert's liebsten Morgenliedern auf seinen Reisen. Er sang es besonders gern nach der Melodie von Louise Reichard. Einmal gereichte es ihm auf seiner italienischen Reise, als er mit seiner Frau zu Bologna von einem Lohnkutscher um das bereits bezahlte Kost- und Reisegeld von Neapel bis Mailand betrogen und kurz zuvor auch durch einen Diebstahl des größten Theils seiner Baarschaft beraubt fast kein Geld mehr zur Weiterreise hatte, zur größten Stärkung und Aufmunterung. Ganz traurig ging er in einer der Hauptstraßen Bologna's unter den Säulenhallen dahin mit dem Gedanken beschäftigt, daß er in dieser Stadt ein verlassener Fremdling sei. Endlich trat er am Wege in eine Kirche. Da er nun die Leute so beten sah, fiel ihm aus dem Liede Herrnschmidt's der Vers ein: »Sein Aufsicht ist des Fremden Trutz: Wittwen und Waisen hält er im Schutz«. Da wurde er wieder ganz freudig. Auch wurde bald durch eine wunderbare Fügung alle Sorge gehoben. Dies nebenbei.

Unter den dichtenden Hallischen Professoren fehlt weiterhin auch der eigentliche theologische Vertreter und Vorkämpfer des Pietismus Joachim Lange nicht. Er ist der Verfasser des

Morgenliedes: »O Jesu, süßes Licht, nun ist die Nacht vergangen«. Er soll dies Lied zu einer Zeit gedichtet haben, da er in Folge eines Augenleidens dem Erblinden nahe war.

Erwähnung verdient endlich noch ein frommer Hallischer Jurist, Jakob Gabriel Wolf, wegen des Liedes: »Seele was ermüdst du dich in den Dingen dieser Erden« — mit dem äußerst wirksamen Refrain: »Suche Jesum und sein Licht, alles andre hilft dir nicht«.

Die bisher genannten pietistischen Liederverfasser hatten sämmtlich ihren Wohnsitz in Halle. *An dieselben reihen sich nun noch einige andere, die wenn auch nicht unter Francke's Augen, so doch in seinem Geiste dichteten. Der fruchtbarste unter ihnen war der Superintendent Neuß in Wernigerode, dessen »Hebeopfer zum Bau der Hütten Gottes« d. i. geistliche Lieder, die er meist in jüngern Jahren gedichtet, sich ihrer Zeit in pietistischen Kreisen einer großen Beliebtheit erfreuten, dermalen aber fast gänzlich aus dem Gedächtniß der Gemeinde entschwunden sind. Dagegen steht noch immer in lebendiger Uebung das Lob= und Gebetslied des Düsseldorfer Bußpredigers Bartholomäus Crasselius: »Dir dir Jehova will ich singen«, und dem Pfarrer Joh. Heinrich Schröder zn Möseburg bei Wolmirstädt ist es sogar gelungen, ein Lied hervorzubringen, dem fast allgemein die kanonische Eigenschaft eines Kernliedes zugesprochen wird. Unter den 150 Kernliedern des Eisenacher Kirchengesangbuchsentwurfs, unter den 80 Kirchenliedern der frühern preußischen Schul= regulative, überall da wo es sich um eine Auswahl des Besten unter dem Guten handelt, findet sich auch das Schrö= dersche Lied: »Eins ist noth! Ach Herr, dies Eine lehre mich erkennen doch« (Luk. 10, 42). Daß dies Lied zu den vorzüglicheren poetischen Leistungen des Pietismus gehört ist unfraglich. Eine gewisse volksthümliche Allgemeinverständ=

lichkeit kann ihm nicht abgesprochen werden, wenn es auch namentlich was die Formulirung des biblischen Gedankeninhalts anlangt, seinen Hallischen Ursprung nirgends verleugnet. Bei dem »größesten Haufen«, zu dem viele »umkehren« denkt Schröder doch nur an die orthodoxe »Babel-Kirche«, in der das Eine was noth ist nach der Meinung des Pietismus nicht gefunden werden konnte. Bedenklich jedoch ist die Melodie des Liedes. Dieselbe überbietet womöglich noch an Ausgelassenheit das neue hüpfende und springende Metrum, welches der Dichter in Anwendung gebracht hat, und gehört unsers Erachtens vielmehr auf den Tanzsaal als in die Kirche.

Wenn wir nun noch des Magdeburgischen Predigers Winckler (»Ringe recht, wenn Gottes Gnade dich nun ziehet und bekehrt«), des Gothaischen Hofraths Gotter (»Schaffet, schaffet Menschenkinder«) und des Sieblebener Pfarrers Schmidt (»Fahre fort, Zion fahre fort im Licht«) Erwähnung thun, so haben wir damit die vorzüglichsten aus der Zahl der ältern Hallischen Dichter genannt.

Die jüngern Hallenser bezeichnen mit geringen Ausnahmen die Entartung der pietistischen Liederpoesie. Sie haben was den ältern Hallensern noch an Einfalt und Natürlichkeit anhaftet vollends abgestreift und suchen das poetisch Wirksame in geschraubter oder süßlicher Ueberschwänglichkeit. Sie bedienen sich mit Vorliebe geschmackloser Allegorien und breit ausgemalter alttestamentlicher Bilder. Auch beginnt bei ihnen bereits jenes Spielen mit dem »Blut und Wunden« Christi, welches wir als ein charakteristisches Merkmal der Herrnhutischen Lieberdichtung werden kennen lernen.

Der eigentliche Herd dieser Liedergattung waren die kleinen pietistischen Residenzen Cöthen, Wernigerode, Saal-

feld, Sorau, Ebersdorf, Köstritz. Die Lieder selbst erschienen
anfänglich als Einzeldrucke und erlangten unter dem Titel
»Cöthnische Lieder« bei den Stillen im Lande eine große
Berühmtheit. Nur wenige finden sich unter ihnen, die auf
das zu ihrer Zeit freigebig gespendete Prädikat »ungemein«
einen gegründeten Anspruch machen können. Wir dürfen
uns daher kurz fassen.

Den ältern Hallensern am nächsten steht Heinrich von
Bogatzky, der Verfasser des »Güldenen Schatzkästlein« so
wie zahlreicher Lieder, von denen das Missionslied: »Wach
auf du Geist der ersten Zeugen« noch bis auf diesen Tag
namentlich allen Missionsfreunden lieb und werth ist.
Bogatzky war ein geborner Schlesier. Ein Landsmann von
ihm, Joh. Sigmund Kunth, dichtete über Ebr. 4, 9 das
Lied: »Es ist noch eine Ruh vorhanden«. Die äußerliche
Veranlassung dazu bot eigentlich ein kleines Reiseabenteuer.
Kunth war nämlich eine Zeitlang Pfarrer zu Pölzig in
Sachsen-Altenburg. Als solcher begleitete er einstmals
seinen Patron, den Grafen Erdmann Heinrich v. Henkel,
auf einer Reise nach Schlesien. Unterwegs zerbrach der
Reisewagen. Die Wiederherstellung desselben nöthigte die
Reisenden zu längerem unfreiwilligen Aufenthalt in einem
Dorfe. Darüber verlor der Graf die Geduld. Er begann
laut zu murren über »die vielfache Unruhe, welcher der
Mensch auf Erden ausgesetzt sei«. Da sprach Kunth:
»Herr Graf, es folgt für die Frommen zu seiner Zeit auch
eine vollkommne Ruhe. Sie wissen ja selbst, was die Schrift
sagt: »Es ist noch eine Ruh vorhanden dem Volke Gottes«.
Das half. Kunth aber ging hinaus ins Freie und verfaßte
sein Lied.

Gleichfalls zumeist auf schlesischem Boden, in Bunzlau
nämlich, entstanden die 218 Lieder des treuen Pfarrers

Ernst Gottlieb Woltersdorf († 1761). Gott hat mir, erzählt er selbst, von Natur eine Neigung zur Poesie gegeben. Schon in meiner Kindheit fing ich an Verse zu machen, die freilich kindisch genug waren. Etwa vom 14. Jahre an versuchte ich etwas verständiger zu dichten, und zwar so, daß es auch fromm heißen sollte. Aber es waren todte Werke. Und es ist gewiß eine sehr elende Arbeit, geistliche Lieder zu dichten ohne den Geist Gottes. Nach seiner in Halle erfolgten Bekehrung begann er einige Verslein von dem »süßen Blute« des Erlösers aufzusetzen. Erst in Bunzlau jedoch wurde der Trieb, dem Herrn Lieder zu dichten, in ihm übermächtig. Wollte ich, um wieder mit seinen eignen Worten zu reden, zuweilen drei Verse schreiben, so wurden gleich 12, 15 oder gar 30 daraus. Manchesmal konnte die Feder dem schnellen Zuflusse nicht einmal folgen. Oft mußte ich's, wenn ich so hinter einander fortgeschrieben, erst überlesen, wenn ich wissen wollte, was es wäre, und mich selbst wundern, daß das dastände, was ich wirklich fand. Ich nahm mir vor, ein Lied gewöhnlicher Größe zu schreiben, aber da ich hinein kam, sind 40, 50, 100, 200 und mehr Verse fertig worden. Solche Lieder können freilich auf einmal nicht gesungen werden, aber, so meint Wolters= dorf, was nicht gesungen wird kann ja gelesen und so betrachtet werden. Er schätzte die vernünftigen Regeln der Dichtkunst, war jedoch für seine Person überzeugt, daß das Göttliche in der Dichtkunst nicht anders als auf den Knieen erlernt und umsonst gegeben werde. Er steht unter den jüngern Hallensern den Herrnhutern am nächsten. Die Gläubigen schildert er als Bienen auf den Wunden Jesu und seine eigene Seele will selbst nichts sein als ein Biene= lein auf Jesu Rosenwunden. Der »Ungewöhnlichkeit« seiner »Redensarten« ist er sich übrigens wohl bewußt,

nicht in gleichem Grade jedoch der durchgängigen Mittel=
mäßigkeit ja oft vollständigen Form= und Poesielosigkeit
seiner endlosen Ergüsse. »Ein großer Theil von uns sind
jene griechischen Christen, die sehr verschieden sind, theils
gleichen den Papisten, theils übertreffen sie an reinem
Unterricht und nähern sich schon mehr dem hellen Gnaden=
licht«. — »Die Reformirten sind vom Papstthum ganz
geschieden. Doch haben sie und wir noch nicht vollkommen
Frieden. Theils ist uns ihr Begriff vom Abendmahl zu
schlecht, theils lehren etliche die Gnadenwahl nicht recht«.
Diese trockne Versifikation der konfessionellen Unterscheidungs=
lehren soll noch überdies nach der Melodie »Nun danket alle
Gott« gesungen werden. Woltersdorf ist ja gewiß nicht ohne
poetischen Sinn, auch nicht ohne wohlthuende Wärme,
namentlich in seinen Kinderliedern, als kirchlicher Dichter kann
er jedoch nicht weiter in Betracht kommen.

Zu großer Nüchternheit kehrt der Pietismus zurück in
der gemessenen Rambachschen Dichtungsart. Der hochge=
lehrte Dr. Jakob Rambach war zuletzt Professor in Gießen
und hessischer Superintendent. Als Liederdichter bemühte er
sich mit Fleiß, die »güldene Mittelstraße zwischen einer
niederträchtigen und hochtrabenden Schreibart« zu beobachten.
Dadurch bekamen seine Gesänge einen vorwiegend didaktischen
Charakter. War es ihm doch auch hauptsächlich darum zu
thun, mit seinen Liedern die Lücken auszufüllen, welche in
Bezug auf die einzelnen Glaubenslehren und Lebenspflichten
in den Gesangbüchern noch vorhanden waren. In diesem
Sinne gab er ein Hessen=Darmstädtisches Kirchengesangbuch
heraus, durch dessen zahlreiche Rubriken er namentlich den
Predigern die Wohlthat erzeigen wollte, für jede dogmatische
oder moralische Materie, die sie etwa abhandeln würden,
auch gleich das passende Lied zu finden. Doch war er

bescheiden genug, seine eigenen Lieder nur dem von ihm gleichfalls besorgten »Geistreichen Hausgesangbuche« einzuverleiben. Uebrigens findet sich noch manches Rambach'sche Lied in manchem Kirchengesangbuche, wie das Tauflied: »Ich bin getauft auf deinen Namen«.

Ganz in Rambach's Geiste dichtete Joh. Friedrich Stark, der berühmte Verfasser des bekannten Gebetbuchs: »Tägliches Handbuch in guten und bösen Tagen vor Gesunde, Betrübte, Kranke und Sterbende«.

Eine günstige Aufnahme fand der Spener-Franke'sche Pietismus gleich von Anfang an auch in Württemberg. Nachdem er hier seine Kinderjahre durchgemacht gelangte er namentlich durch den Einfluß des großen Theologen Joh. Albrecht Bengel und seiner zahlreichen Schüler zu allgemeiner Herrschaft. Doch bewahrte der Pietismus in Württemberg ein mehr lutherisches Gepräge und 'gestaltete sich kirchlicher und volksmäßiger. Die Hauptsänger sind Philipp Friedrich Hiller, Joh. Jakob v. Moser und Christoph Karl Ludwig v. Pfeil.

Hiller († 1769) war zuletzt Pfarrer zu Steinheim bei Heidenheim. Schon im dritten Jahre seiner dortigen Amtsführung hatte er das Unglück die Sprache zu verlieren, durfte jedoch als »stimmloser Pfarrer« weiter wirken bis an sein Ende. Er ist einer der fruchtbarsten Dichter. 1073 Lieder tragen seinen Namen. Unter vielem Mittelgut findet sich doch auch manches poetisch werthvolle Lied, wie: »Jesus Christus herrscht als König«. Der hervorstechende Grundcharakter aller seiner Dichtungen ist Schriftmäßigkeit. Er sagt: »Ich habe mich der Einfalt beflissen. Uebertriebene Ausdrücke einer fliegenden Einbildung, gar zu gemeinschaftliche und vertrauliche Redensarten von Christo als einem Bruder, von Küssen und Umarmen, von einzelnen Seelen, als ob eine jede besonders eine Braut Christi wäre, kindische Liebkosungen gegen Jesu, als einem Kindlein, hab ich vermieden, und ernsthafte Gemüther werden mir diese Ehrerbietung gegen der Majestät unsers Heilandes nicht tadeln«. Seine gesunde schwäbische Art widerstrebte der poetischen Sinnlichkeit der Herrnhutischen Richtung, von welcher auch Bengel nichts wissen mochte.

Hiller ist hauptsächlich in Württemberg bekannt und beliebt. Daselbst steht sein »Geistliches Liederkästlein« noch jetzt in gesegnetem Andenken. Als einst, erzählt A. Knapp, eine Württembergische Kolonie in Grusien, Madschar bei Karaß, von einem tscherkessischen Raubzug überfallen und in die Sklaverei geschleppt wurde, zerschnitten die gläubigen Aeltern noch in Eile zwei Hillersche' Schatzkästlein und gaben den weinenden Kindern, von denen sie getrennt wurden, einzelne Blätter mit, damit sie in der Wüste, wohin sie nun pilgerten, noch einen Halt für die Seele und ein himmlisches Manna hätten.

Von Moser, dem berühmten Staatsmann und juristischen Schriftsteller, ist nur noch bekannt, daß er eine Sammlung von 250 verschiedenen Gesangbüchern und ein geschriebenes Hauptregister über fast 50,000 gedruckte deutsche geistliche Lieder besaß. Seine eigenen zahlreichen Lieder gehören zu den verschollenen. Auch von dem poetischen Nachlasse des frommen Ministers v. Pfeil ist nur wenig auf die neuere Zeit gekommen. (»Betgemeinde, heilige dich« — »Wohl einem Haus, da Jesus Christ«).

10. Das Jesuslied der brüderlichen Liebesgemeinschaft.

Auch in der Oberlausitz bildete sich eine Art pietistischer Dichterschule. Doch haben die Lieder derselben im Unterschiede von den Hallischen, welche das Christenthum vorwiegend als einen Zustand bußfertiger Zerknirschung darstellen, mehr die Seligkeit des Glaubens zum Gegenstande. Henriette Katharina v. Gersdorf (gest. 1726 zu Groß-Hennersdorf in der Oberlausitz), eine geborne von Friesen, Zinzendorf's fromme Großmutter, ging als eine »rechte Mutter in Israel« den frommen Kreisen auch als Dichterin mit gutem Beispiel ermunternd voran. »Ihr bewährtes Mittel war: Beten, Glauben, Stillesein, und auf ihres Gottes Wink weder Kreuz noch Arbeit scheun« (Zinzendorf). Der Pfarrer Joh. Mentzer, der mit ihr in regem geistlichen Verkehr stand, dichtete unter anderen das noch jetzt vielverbreitete Lob- und Danklied: »O daß ich tausend Zungen hätte«. Man merkt es diesem Liede nicht an, daß es unmittelbar nach einer Feuersbrunst entstanden ist, durch welche Mentzer all sein Hab und Gut verloren hatte. Schwedler, gleichfalls ein oberlausitzer Geistlicher, sang manches Lied von der rechten Glaubensfreudigkeit, wie das in Schlesien noch jetzt vielfach als Begräbnißlied übliche: »Wollt ihr wissen, was mein Preis? Wollt ihr lernen, was ich weiß? Wollt ihr sehn

mein Christenthum? Wollt ihr hören was mein Ruhm?
Jesus der Gekreuzigte«.   Zu Berthelsdorf aber verfaßte der
Pfarrer Joh. Andreas Rothe am 26. Mai 1728 zum
Geburtstage seines Patrons, des Grafen Zinzendorf, das
köstliche Lied: »Ich habe nun den Grund gefunden«, das
Lieblingslied der Prinzessin Marianne, Gemahlin des Prinzen
Wilhelm v. Preußen.   Und als der Dichter ein Töchterlein
durch den Tod verlor, sang er sich zum Troste: »Wenn
kleine Himmelserben in ihrer Unschuld sterben, so büßt man
sie nicht ein: Sie werden nur dort oben vom Vater auf=
gehoben, damit sie unverloren sein«.

Unmittelbar aus den Liedern des oberlausitzer Pietismus
entwickelte sich die Poesie der Brüdergemeinde.   Der Stifter
und Hauptsänger dieser Gemeinde ist der bereits genannte
Graf Nikolaus Ludwig v. Zinzendorf (geb. 1700 † 1760).*)
Spener war sein Taufpathe.   Im Pädagogium zu Halle
wurde er unter A. H. Francke's Augen erzogen.   Hier sang
er bereits als zwölfjähriger Knabe sein erstes Lied zum Lobe
des gekreuzigten Heilandes.   Francke prophezeite von dem
heranwachsenden Jünglinge: »Dieser wird einmal ein großes
Licht in der Kirche werden«.   Auf der Universität Wittenberg
lebte er als ein »rigider Pietist«, trieb Rechtsgelehrsamkeit
aus Gehorsam, Herzenstheologie aus Neigung.   Er hatte
schon in dieser Zeit ein dunkles Bewußtsein davon, daß er
einmal ein hauptsächliches Werkzeug zur göttlichen Ehre
werden dürfte.   In der Düsseldorfer Gemäldegallerie, die
er nach beendigten Universitätsstudien auf einer größern
Reise besuchte, blieb er wie gebannt stehen vor einem Bilde
des Gekreuzigten, unter welchem die Worte standen: »Das

---

*) Zinzendorf's Leben von Schrautenbach, herausg. v. Kölbing. 2. Aufl.
Gnadau 1871.

that ich für dich, was thust du für mich?« Widerwillig
trat er für einige Jahre in den sächsischen Staatsdienst. Als
seine Hauptaufgabe erkannte er vielmehr, mit Wort und
Schrift für das Reich Gottes zu wirken. Als ihm jedoch
zu Dresden die fernere Abhaltung von öffentlichen Erbauungs=
stunden verboten wurde, quittirte er den Staatsdienst und
zog sich mit seiner Gemahlin Erdmuth Dorothea, einer
Schwester des Grafen Heinrich XXIX. von Reuß=Ebersdorf,
auf sein Gut Berthelsdorf zurück. In der Nähe desselben,
am sog. Hutberge, hatte sich nämlich mit seiner Beihülfe
und auf seinem Grund und Boden unter dem Namen
Herrnhut bereits eine Kolonie versprengter mährischer Christen
angesiedelt. Zinzendorf beabsichtigte nun, aus dieser Kolonie
eine Gemeinde zu bilden, deren Glieder, wenn auch aus
verschiedenen kirchlichen Bekenntnissen gesammelt, doch darin
einig wären, daß sie ein Herz hätten für Jesum den Gekreu=
zigten. Und so geschah es. Die Ansiedlung wuchs zusehends.
Schon am 12. Mai 1727 konnte Zinzendorf mit Zugrunde=
legung einer christbrüderlichen Gemeindeordnung die »Herrn=
hutische Brüdergemeinde« stiften. Er selbst wurde zum
Vorsteher erwählt. In dieser Eigenschaft trat er nach abge=
legtem theologischen Examen in den geistlichen Stand und
entfaltete eine rastlose, weitausgreifende erweckliche Thätigkeit,
namentlich auch für die Sache der Heidenmission. Bald
jedoch wurde ihm der Aufenthalt in Herrnhut und ganz
Sachsen verboten. Die Verbannung dauerte zehn Jahre.
Während dieser Zeit zog Zinzendorf als »Bruder Ludwig«
in Europa umher, Seelen für das Lamm zu werben. Sogar
nach Westindien zu den Negersklaven und nach Nordamerika
zu den Indianern trieb ihn sein Zeugeneifer. Der Weg
ging immer durch Fährlichkeiten zur Rechten und zur Linken,

durch böse und gute Gerüchte. Seine Gegner nannten ihn wohl den falschen Propheten und das Thier aus dem Abgrunde. In einem krankhaft überreizten Gemüthszustande, unter dem die Gemeinde viel zu leiden hatte, kehrte er endlich nach Herrnhut zurück, erholte sich jedoch allmählich wieder von allerhand romantischen Schwärmereien und blieb bis an sein Lebensende hauptsächlich darauf bedacht, zu pflegen und zu begießen, was er gepflanzt hatte. Die großherzige Sorge auch für das materielle Wohl der Brüder brachte ihn einmal beinahe in das Schuldgefängniß. Wenn seine Handlungsweise nur dem Herrn zur Ehre gereichte, eine andere Rücksicht kannte er nicht. »Ich habe nur eine Passion, das ist Er, nur Er«. Dies war sein Wahlspruch. Herder nennt ihn einen Eroberer im Reiche der Geister, dergleichen die Welt von Anfang nur wenige gesehen hat. Er konnte sagen, daß er in Herrnhut, Herrenhag, Herrendyk und Pilgerruh, Ebersdorf, Jena, Amsterdam, Rotterdam, London, Oxford, Berlin, in Grönland, St. Cruz, St. Thomas, St. Jean, Barbice, Palästina, Surinam, Savannah, in Georgien und Karolina, Pennsylvanien und Guinea, unter Negern, Wilden und Hottentotten, desgleichen in Lettland, Liefland, Esthland, Litthauen, Rußland, am weißen Meer, in Lappland, Norwegen, in der Schweiz, auf der Insel Man, in Aethiopien, Persien, bei den Boten der Heiden zu Land und See Gemeinden und Anhänger des Herrn habe.

Zinzendorf hat mehr als 100 Schriften verfaßt und die Augsburgische Konfession in Verse gebracht. Wir besitzen von ihm mehr als 2000 Lieder. »Wie in einem Faß, daran man den Spunden aufmacht«, so strömten ihm die Gedanken zu. Vieles ist unmittelbar bei festlicher oder gottesdienstlicher Gelegenheit vor versammelter Gemeinde

improvisirt. Acht Lieder sang er an einem Tage »aus dem
Herzen«. Die Regeln sind meist bei Seite gesetzt, um des
Nachdrucks willen d. h. die Form der Zinzendorfschen Lieder
ist vielfach arg vernachlässigt. Anfänglich dichtete er noch
unter dem Einflusse des Hallischen Pietismus Lieder starrer
Bußstrenge, dann, als er sich von dieser Richtung eman=
zipirt hatte, besonders Lieder der seligen Gemeinschaft mit
dem Lamme und der Brüdergemeinschaft. Der Hauptnach=
druck fiel dabei auf die Versöhnung im Blute Christi. Dies
Thema kehrt in Zinzendorf's Liedern immer wieder, oft jedoch
in so barocker Einkleidung, daß ein gesunder Sinn Mühe
hat, sich nicht schwer dadurch verletzt zu fühlen. Dies
behagliche Schwelgen im Anschaun des Martermanns, dies
sinnliche Ausmalen seiner Wunden, besonders der Seiten=
wunde, diese ungenirte Vertraulichkeit im Umgange mit dem
Heilande, dieser mit lateinischen und französischen Brocken
abenteuerlich aufgeputzte Konversationston, in welchem Gott
als Papachen und der heilige Geist als Mamachen ange=
redet wird, Christus das Herrchen ist und die Seinen die
Närrchen sind, all dies unbiblische und unästhetische Getändel
mag wohl in einem »Orden der Närrchen« am Platze sein,
für eine Gemeinde der Heiligen ziemt es sich nicht. »Du
Räthsel der Vernunft, du Thohu vehabohu, von der
gesammten Zunft der blutlichtscheuen Uhu, du Wunder
aller Welt, mixtura inconfusa, du bist's der mir gefällt,
dein Gnadenstuhl fraß Usa«. Das ist doch unter aller
Kritik. Erst im letzten Jahrzehnt seines Lebens ist Zinzen=
dorf zu einer gewissen Nüchternheit zurückgekehrt. Denn
dessen war der Mann seiner ganzen ekstatischen Natur=
anlage nach überhaupt nicht fähig, wie ein gewöhnlicher
Christenmensch zu zeugen von der Seligkeit in Jesu. Bei
ihm gestaltete sich alles in Leben, Lehre und Poesie superla=

tivisch). Das hinderte ihn zwar nicht, eine liebenswerthe
Persönlichkeit und einer der edelsten und reinsten christlichen
Charaktere zu sein, prägte jedoch seiner gesammten Poesie
mehr oder weniger den Stempel des Unfertigen auf.
Zinzendorf hat sein unleugbar großes dichterisches Vermögen
zersplittert in überhasteten Improvisationen oder Predigten,
wie er seine Lieder am liebsten nannte. Er läßt den
großen Dichter mehr nur ahnen, als daß er ihn zeigt.
A. Knapp's überschwängliches Urtheil, wonach Zinzendorf
mit Augustin und Luther auf einer Stufe steht und als
Dichter eigentlich alle seine Vorgänger überragt, beweist
nur, wie schwer es ist, bei solcher Persönlichkeit den Dichter
und den Christen gehörig auseinander zu halten. Doch
ist ihm nichts desto weniger mancher anmuthige Wurf
gelungen, wie das bekannte Pilgerlied: »Jesu geh voran
auf der Lebensbahn«, oder: »Die Christen gehn von Ort
zu Ort«. »So lange Jesus bleibt der Herr wirds alle
Tage herrlicher«. »Er das Haupt, wir seine Glieder, er
das Licht und wir der Schein; er der Meister, wir die
Brüder, er ist unser wir sind sein«.

Die lutherische Kirche hat von Zinzendorf's Liedern nur
einen sehr reservirten Gebrauch gemacht.

Nach dem Vorgange ihres Stifters rühmten die herrn=
hutischen Gemeinden »die blutigen Wunden, die Jesus für
uns alle am Holze empfunden« in einer fast unüberseh=
baren Fluth von Bruderliedern. Renatus Graf v. Zinzen=
dorf, der einzige Sohn des Grafen Ludwig, sang nach
mancherlei Verirrungen: »Die wir uns allhier beisammen
finden schlagen unsere Hände ein, uns auf deine Marter
zu verbinden, dir auf ewig treu zu sein. Und zum
Zeichen, daß dies Lobgetöne deinem Herzen angenehm
und schöne, sage Amen! und zugleich: Friede, Friede sei

mit euch!«. August Gottlieb Spangenberg, »der Melanch=
thon der Brüdergemeinde«, der nach Zinzendorf's Tode
die Oberleitung derselben übernahm, der Organist und
spätere Bischof Christian Gregor, »der Assaph Herrnhuts«
(»Ach mein Herr Jesu dein Nahesein bringt großen Frie=
den ins Herz hinein«), viele andere »Brüder und Schwestern«
konnten dem Drange nicht widerstehen, dem Herrn für ein
jedes Werk wie David mit einem Liede zu danken. Man
dichtete je nach den Umständen, ohne sonderliche Meditation.
Dies führte denn namentlich in der Zeit, da ein falscher
Geist in der Brüdergemeinde eingerissen war, der sich von
dem Streiterernst der ersten Jahre und dem nachherigen
zarten Gefühlschristenthum zu Spiel und Tändelei in Lehre
und Leben verirrte, nach und nach zu poetischen Excessen
der ungeheuerlichsten Art. Das Schlimmste von allem aber
war, daß das üppig aufschießende poetische Unkraut sogar
in den Anhängen des Brüdergesangbuchs, welches zuletzt
bis auf 2357 Nummern anschwoll, Aufnahme fand.

Wenn nun behauptet worden ist, daß die wunderlichen
und zum Theil geschmacklosen Formen des Ausdrucks gerade
der Brüdergemeinde Glück waren, indem sie dadurch vor
der Betheiligung der Halben und Unlautern bewahrt
wurde und vor dem verführerischen Beifall der Welt
gesichert blieb, so ist dagegen zu bemerken, daß die schlimm=
sten Wunderlichkeiten eben nur ein Durchgangsstadium der
Gemeinde bezeichnen, welches sie selbst später als eine Ver=
irrung reuig erkannt und schmerzlich beklagt hat. Als
die Zeit der trunknen Gefühlsschwärmerei und der undis=
ziplinirten Phantasie vorüber war, verstummte auch die aus
diesem Geiste hervorgegangene Liederdichtung. Zinzendorf
war der erste, welcher die Hand dazu bot, die das Brüder=
gesangbuch verunzierenden Auswüchse, zu denen er selbst

reichlich beigetragen hatte, zu kassiren und der verdienten Vergessenheit zu überliefern*).

---

*) Historische Nachricht vom Brüder=Gesangbuche des Jahres 1778, und von dessen Lieder=Verfassern. 2. Aufl. Gnadau 1851.

11. Das Schwanenlied der lutherischen Orthodoxie.

Gegen die grundstürzenden Irrthümer des Pietismus machte zwar die lutherische Kirche in ihren namhaftesten Vertretern gleich anfänglich entschieden Front, war jedoch bei aller Leidenschaftlichkeit und Erbitterung, mit welcher die pietistischen Streithändel geführt wurden, gern bereit, die relative Wahrheit, auf welcher die Stärke der pietistischen Verirrungen beruhte, anzuerkennen und sich anzueignen. Dies konnte aber nicht ohne die entsprechende Rückwirkung bleiben auf die gleichzeitige lutherische Poesie. Denn auch eine solche gab es während der Herrschaft des sog. lebendigen Gefühlschristenthums. Mit den überschüssigen Säften, welche das konfessionelle Lutherthum an den Pietismus abgab, war demselben keineswegs auch der Geist der Poesie abhanden gekommen. Dieser Geist war vielmehr seit den Tagen Gerhardt's nur in eine Art Halbschlummer versunken, während sein Leib die Kirche an starrkrampfähnlichen Zufällen zu leiden hatte, wachte aber alsbald wieder auf, als er das weithin hallende Dröhnen des »Pietistenhammers« vernahm. Das rechtgläubige Lutherthum führte mitten in der Blüthezeit des Pietismus ‚und unmittelbar vor dem sinfluthartigen Hereinbrechen des Rationalismus in der Mitte des XVIII. Jahrhunderts noch einmal den Beweis des Glaubens und der Kraft. In der letzten Kraft seiner bald gänzlich absterbenden Wurzeln und vom Thau des Pietismus mäßig befruchtet trieb der Baum des lutherischen Kirchenliedes noch eine herrliche Nachblüthe.

Hervorragend als orthodoxer Kämpe uud Dichter ist Erdmann Neumeister, eines Schulmeisters Sohn, zuletzt Pastor an der St. Jakobikirche und Scholarch in Hamburg. Er dichtete 715 aus dem reinen Quell des göttlichen Worts geschöpfte Lieder, darunter das fast in alle ältern und neuern Gesangbücher aufgenommene: »Jesus nimmt die Sünder an« (Luk. 15, 1—7). Außerdem verdient unter den zahlreichen Dichtern kirchlicher Richtung hervorgehoben zu werden der Zerbster Pfarrer Betichius wegen seines gesunden Berufsliedes: »Das walte Gott, der helfen kann, mit Gott fang ich mein Arbeit an, mit Gott nur geht es glücklich fort; drum ist auch dies mein erstes Wort: Das walte Gott«, und der Breslauer Pfarrer und Gymnasial= professor Kaspar Neumann (»Auf mein Herz des Herren Tag« Osterlied), der mit dem eigentlichen Haupt der Ortho= doxie, dem berühmten Theologen Valentin Ernst Löscher, zwar nicht die Pietät, wohl aber den Pietismus für einen Fehler hielt. Alle aber übertrifft

Benjamin Schmolk († 1737), der »schlesische Rist«, der »andere Opitz«, der »zweite Gerhardt«, wie man ihn im Eifer freigebiger Huldigung genannt hat. Vier Jahre vor Gerhardt's Tode wurde er zu Brauchitschdorf, einem Dorfe des Fürstenthums Liegnitz, als eines Pfarrers Sohn geboren. Nach dem Wunsche seiner Aeltern widmete er sich auf der Universität Leipzig dem Studium der Theologie und folgte später als entschiedener Bekenner der reinen lutherischen Lehre einem Rufe als Pfarrer an der Friedens= kirche in Schweidnitz. Hier wirkte er unter großen Schwie=

rigkeiten in großem Segen bis an sein Ende. Er predigte kräftig, weil er aus Erfahrung predigte. »Im Beten war er seiner Zuhörer Mund, im Sorgen ihr Auge, in der Liebe ihr Herz«. »Im Lehren war er sinnreich und doch deutlich, im Vermahnen angenehm und zugleich nachdrücklich, im Strafen scharf und auch glimpflich, im Trösten anmuthig und kräftig«. Unter vielfachem Kreuz, zuletzt wiederholt von Schlaganfällen getroffen, kam er sich selber vor wie eine in Dornen blühende Rose. Frühzeitig schon ärntete er reichen Dichterruhm, blieb aber immer klein in seinen eig= nen Augen. Er hat dem Herrn gesungen, so lange er lebte. Von seinen 188 geistlichen Liedern, Gedichten, Kan= taten, namentlich den spätern, bekennt er selbst, daß sie meistentheils aus einer eilenden Feder geflossen sind, daher die Arbeit nicht eben so gerathen, wie es die Grundsätze einer vollkommnen Poesie erfordern. »Wenn die Bäume oft gerüttelt werden, lassen sie auch unreife Früchte fallen. Ich weiß auch wohl eine Zeit, da ich meine Gedichte besser ausputzte, als ich nämlich meinen Priesterrock nicht so oft anziehen durfte«. Sein Vorbild war Gerhardt. An herz= gewinnender Popularität kommt er demselben nahe, in Bezug auf maßhaltige Selbstbeschränkung und Korrektheit steht er ihm jedoch nach. Ein Kritiker urtheilt: »Was ein gewisser Italiener von Seneca sagt, er parfümire seine Gedanken mit so viel Ambra, daß man endlich Kopfschmerzen davon bekomme, das kann man auch von vielen Schmolkschen Liedern sagen«. Es liegt in diesem Urtheil in der That eine gewisse Wahrheit. Schmolk bedient sich mit einer gewissen Vorliebe starkduftender Bilderblumen. Doch ist er durchweg frisch und lebendig, tief und warm, christlich und kirchlich, auch wenn er in schlesischer Gemüthlichkeit hie und da ein wenig zu redselig wird. Anklänge an die pietistische Manier finden sich freilich auch bei ihm, doch versteht er es, wie Gerhardt das Besondere zu allgemein kirchlichen Wahrheiten und Erfahrungsthatsachen poetisch zu erheben. Er dichtete zunächst nur für seine Gemeinde, hat aber dem ihm ange= bornen Hange zur Gelegenheitsdichtung ein wenig zu viel nachgegeben. Immerhin hat er zahlreiche Lieder geschaffen, die wenn sie auch nicht alle gleichmäßig gelungen sind, doch dauernden Werth beanspruchen dürfen. Sie gehen meist nach bekannten Melodien und haben schon zu Lebzeiten des Verfassers in den Gesangbüchern allerorten und im weitesten Umfang Aufnahme gefunden. So enthält z. B. das Gotha= ische Gesangbuch vom Jahre 1724 nicht weniger als 204 Schmolk'sche Lieder, während sich in dem Hauptgesangbuche der Pietisten deren nur zwei finden.

Beim ersten Schritt in das Haus Gottes grüßt uns Schmolk mit dem wirthlichen Sonntagsliede: »Thut mir auf die schöne Pforte«. Am Taufstein beten wir mit ihm: »Liebster Jesu, hier sind wir«, besonders aber die sechste Strophe: »Hirte, nimm dein Schäflein an, Haupt mach es zu deinem Gliede; Himmelsweg zeig ihm die Bahn, Friede= fürst schenk ihm den Friede: Weinstock hilf, daß dieser Rebe auch im Glauben dich umgebe«. Nachdem wir am ersten Sonntage des Advents dem Gesegneten des Herrn entgegengejubelt haben: »Hosianna, Davids Sohn kommt in Zion eingezogen«, gedenken wir der Leiden Christi in dem Charfreitagsliede: »Seele geh auf Golgatha«, aber auch des Lichts, das aus dem Leiden hervorbricht, in den Oster= liedern: »Ich geh zu deinem Grabe du großer Osterfürst« — »Der Tod ist todt, das Leben lebet« — »Mein Jesus lebt, was soll ist sterben?« Und wie liebreich weiß Schmolk zu mahnen und zu trösten, wie innig zu beten? »Himmelan geht unsre Bahn« — »Je größer Kreuz, je näher Himmel«—

»Weicht ihr Berge, fallt ihr Hügel« Jes. 45, 10. — »Herr höre, Herr, erhöre« — Wer sich die Erquickung bereiten will, diese Lieder und wär's auch zunächst nur gedächtniß= mäßig sich anzueignen, der wird sich nicht weiter darüber wundern, daß Schmolk noch heute ein Liebling der lutherischen Gemeinden allerwärts, ganz besonders aber in Schlesien ist.

Schmolk ist der letzte bedeutende kirchliche Sänger des unverfälschten Lutherthums. Er hat ihm das Schwanenlied gesungen. Der Rationalismus, dem es beschieden war, das lutherische Kirchenlied zu Grabe zu tragen, stand bereits vor der Thür. Dieser tragische Ausgang war schon längst vor= auszusehen. Daß derselbe jedoch lediglich durch die eigne Schuld des strengen Lutherthums herbeigeführt worden sei, ist zwar eine sehr herkömmliche aber doch nur theilweis zutreffende Behauptung. Ein eigensinniger Subjektivismus, der jeden Privateinfall sofort zu der Bedeutung eines allgemein gültigen Prinzips erhoben sehen möchte, ist dem deutschen Volke von jeher eigen gewesen. Es stand zu erwarten, daß derselbe namentlich seit dem Umschwunge, welchen das deutsche Geistesleben seit dem Ende des dreißig= jährigen Krieges erlitt, wie auf allen Gebieten des Lebens, so auch auf dem der kirchlichen Dichtung seine Konsequenzen ziehen werde, nicht wegen, sondern trotz der Orthodoxie. Was konnte sie dafür, daß unter dem Einflusse eines sich nach und nach von dem kirchlichen Bekenntnisse innerlich emanzipirenden Zeitgeistes die Dichter bewußt oder unbewußt dahin gelangten, sich nicht mehr als Objekte, sondern viel= mehr als Subjekte der Kirche zu betrachten? Zudem ward durch den Westfälischen Friedensschluß die Vernichtung des deutschen Nationalbewußtseins besiegelt, die Vernichtung des kirchlichen konnte daher nur noch eine Frage der Zeit sein. Fällt aber die Kirche, so muß die Poesie nach. Erst ordnete sich das subjektive Element dem objektiv kirchlichen bescheiden unter, dann stellte es sich als gleichberechtigt neben dasselbe, bis es zuletzt zu ausschließlicher Herrschaft gelangte.

Die nämliche Erscheinung wiederholt sich auf dem Gebiete des Gemeindegesanges und der Kirchengesangbücher. In der ersten Hälfte des XVII. Jahrhunderts erhielten sich im allgemeinen noch die Kirchenmelodien der Reformationszeit. Die Tonmeister dieser Zeit folgen noch der alten strengen Kunstrichtung, wenn auch gewisse Neuerungen bereits mit unterlaufen. In der zweiten Hälfte des Jahrhunderts dagegen kommen die konzertirenden, opernhaften, arienmäßigen Melodien auf. Der Gegensatz des subjektiven Christenlebens zu dem objektiv kirchlichen spricht sich in denselben ebenso aus, wie in den gleichzeitigen Liedern. Der ursprüngliche Rhythmus, die »Schwungweise«, wird verwischt, die sog. Zwischenspiele treten ins Leben. Der Erfinder derselben soll der berühmte Orgelmeister Pachelbel sein. Leider sind sie noch immer nicht ausgestorben, trotzdem sie schon der bekannte Claus Harms mit einer förmlichen Lauge des launigsten Spottes übergossen hat*). Man betrachte nur, urtheilt eine andere kompetente Stimme, eine Gemeinde mitten im Gesange eines einigermaßen langen Liedes. Auch die weniger Lesefertigen haben während der Fermate und des Zwischenspiels bereits die kommende Verszeile herausstudirt. Nun öffnen sie den Mund, erheben die Augen vom Buch, und während jener die unendlich gedehnten Silben dahersingt, wandern diese zerstreut und gelangweilt in der Kirche herum.

---

*) Ges.: Weicht und quält mich nicht ihr Sorgen,
  Zwischensp: s'ist mir alles eins, s'ist mir alles eins —
  Ges.: Mein Versorger lebt und wacht.
  Zwischensp: Ob ich Geld hab oder keins. u. s. w.

Wer ehrlich ist wird sich gestehen, daß ihm während eines solchen Schneckengesangs von zehn Strophen wenigstens zehn fremdartige Gedanken durch den Kopf laufen, und die menschliche Natur müßte anders sein, als sie ist, oder mindestens die Hälfte dieser Nebengedanken ist nichts weniger als erbaulich. Das Bild ist nach dem Leben gezeichnet. Einen Theil der Schuld an dieser Kalamität tragen

die Gesangbücher. So lange dieselben zunächst der häuslichen Erbauung zu dienen bestimmt waren, behauptete der kirchliche Gemeindegesang seinen Charakter als Volksgesang. Die Lieder wurden aus dem Stegreif gesungen. Da verboten sich die Zwischenspiele ganz von selbst. Als jedoch die Gesangbücher ein unentbehrliches Requisit der Kirchenbesucher wurden, bedurfte es der Zwischenspiele schon aus dem rein äußerlichen Grunde, um manchem ungeübten Leser das Mitsingen überhaupt zu ermöglichen. Das Bedürfniß nach Gesangbüchern im Gottesdienste wuchs aber in dem Maße, als das Liederleben im Volke abzusterben begann und die Zahl der gottesdienstlichen Lieder sich vermehrte. Wenn mit den alten bekannten Liedern allsonntäglich neue unbekannte wechselten, so war selbstverständlich an ein Auswendiglernen durch bloße Uebung nicht mehr zu denken. Das geschah aber in der zweiten Hälfte des XVII. Jahrhunderts. Als im Jahre 1660 das Lied: »Jesu meine Freude« bekannt wurde, weigerten sich die Alten, dasselbe mitzusingen, weil sie es in ihrer Jugend niemals gehört und auswendig gelernt. Weitverbreitet ist die Klage, daß namentlich von den Frauen, deren Gesangbücher häufig mit kleinen Spiegeln ausgestattet waren, aber auch von den Männern nicht gehörig mitgesungen werde. Die Mädchen genossen nämlich in den Schulen überhaupt keinen Singunterricht. Wie jedes Ding, so hatte freilich auch das

Auswendigsingen zwei Seiten. Schon in einer Predigt aus dem XVI. Jahrhundert wird es als ein ärgerlicher Uebel= stand hervorgehoben, daß viele Leute etliche Lieder unrecht gelernt haben und die Worte unrecht singen. So sangen z. B. viele in der letzten Strophe des Liedes: »Nun bitten wir den heiligen Geist« anstatt der Worte: »daß in uns die Sinne nicht verzagen« höchst gedankenlos: »daß in uns die Sünde nicht verzagen«. Aehnliche Verdrehungen kamen wohl noch häufiger im XVII. Jahrhundert vor«. Wie muß sich doch, klagt ein Zeitgenosse, das bekannte Lied: »Nun lob mein Seel den Herren« von den Idioten zermartern lassen, indem etliche singen: »So fern der Ruß vom Ofen«, etliche: »Er kennet uns arme Mägde, Gott weiß, wird sind nicht stolz«. Und trotzdem die Anfangsworte der zu sin= genden Lieder auf einer Tafel an der Außenseite der Kirchthür zu jedermanns Nachachtung regelmäßig angegeben waren, so entstand doch namentlich in größeren Kirchen nicht selten dadurch ein störendes Durcheinander, daß sich die Sänger in den verschiedenen Theilen der Kirche wohl in der Melodie, nicht aber im Texte des Liedes gehörig zusammen= fanden. Verschiedene Lieder wurden nach ein und derselben Melodie gleichzeitig gesungen. Aus diesen und noch manchen andern Gründen erschien allgemach die Einführung der Gesangbücher im Gottesdienste unabweisbar. Waren dieselben jedoch ursprünglich in der Regel noch nicht für eine bestimmte Landeskirche oder Lokalgemeinde, sondern für die ganze Kirche bestimmt, so nahmen sie im XVII. Jahrhundert immer mehr einen partikularistischen Charakter an. Jede Provinz, jedes Ländchen und Städtchen verlangte und erhielt bald ein eignes Gesangbuch. Dazu kamen die sog. Nummern= tafeln auf, was wiederum zur Folge hatte, daß in der Kirche immer nur aus dem einen zufällig eingeführten Nummern=

gesangbuch gesungen werden konnte. Außerdem wurden die
Gesangbücher durch das Einströmen neuer Lieder immer dick=
leibiger. Johann Crüger's, des berühmten Berliner Kantors
und Komponisten Gesangbuch vom Jahre 1658 enthielt zuletzt
1316 Lieder. Wunderlich gespreizt und schwülstig lauten
die Titel. Nikolaus Selnecker gibt seinem Gesangbuch vom
Jahre 1587 noch den verhältnißmäßig einfachen Titel:
»Christliche Psalmen, Lieder und Kirchengesänge, in welchen
die christliche Lehre zusammengefasset und erkläret wird,
treuen Predigern in Städten und Dörfern, auch allen frommen
Christen zu diesen letzten und schweren Zeiten nütz und
tröstlich«. Hören wir dagegen, wie man im XVII. Jahr=
hundert den Mund voll nimmt. »Musikalischer Vorschmack
der jauchzenden Seelen im ewigen Leben. Das ist: Neu
ausgefertigtes, vollständiges und mit Fleiß durchgesehnes
Evangelisch=Lutherisches Gesangbuch, darinnen Herrn Dr.
Lutheri und aller anderer geistreichen gottseligen so wohl
alten als neuen Lehrer wohlgesetzte Gesänge, an der Zahl
über 1100 Texten in richtiger Ordnung befindlich und mit
Diskant und Baß überzeichnet. Allen christlichen Herzen
zu sonderm Gebrauch in Freud und Traurigkeit, in der
Kirchen und zu Hause sich damit aufzurichten zu gut mit
allem Fleiß verfasset, neben dreien nützlichen Registern, einem
Anhang Fest= und Sonntags=Collekten durchs ganze Jahr,
und einem schönen Gebetbuch, ans Licht gegeben auch mit
30 schriftmäßigen Sinnenbildern beziert von Peter Sohren,
bestalltem Cantor und Organisten der evangelischen christ=
lichen Gemeine zum hl. Leichnam in Elbing. 1683«. Dem
Titel folgt gewöhnlich noch eine längere Dedikations= oder
Vorrede, welche an den »christlichen Leser«, an die »gestrengen,
edlen, ehrenfesten, großgünstigen Herren und Patrone« oder
auch »Matronen«, an die »guten Gönner und Gevattern« des

Herausgebers gerichtet ist und in welcher über den Segen des geistlichen Liedersingens so wie über Entstehung, Einrichtung und rechten Gebrauch des Gesangbuchs ausführlich gehandelt wird. Auch werden wohl nach älterm Vorgange neben viel schätzbarem historischen Material allerhand erbauliche Anekdoten, Familien- und Personalnachrichten,*) Anzüglichkeiten an die Adresse des »mißgünstigen Tadlers« mit eingeflochten. Titelvignetten aller Art, David mit der Harfe, Luthers Bild, Portraits fürstlicher Personen, Wappen, Städteansichten sind sehr beliebt, auch ist das Gesangbuch oft »auf vieler Herzen Begehr« in ein recht »geschmeidiges, länglichtes« Format gebracht. Doch gibt's auch Gesangbücher in Folio und Zwerggestalten von der Größe des Gothaischen Hofkalenders. Die anfangs noch beigedruckten Noten verschwinden allmählich, desgleichen die Warnung Luther's vor den falschen Meistern, welche in den Gesangbüchern des XVI. Jahrhunderts sehr häufig die Stelle eines Motto vertritt. Auch die alte lutherische Gewohnheit, die Lieder nach der Ordnung des Kirchenjahrs auf einander folgen zu lassen, mit den Adventsliedern zu beginnen und mit den Liedern von den letzten Dingen den eigentlichen Kern des Gesangbuchs zu schließen, kommt mehr und mehr in Abgang. Dagegen häufen sich die Anhänge und Beigaben. Die kirchlichen

---

*) Aehnliches findet sich übrigens sogar in den Liedern. So lautet beispielsweise die letzte Strophe eines alten Passionsliedes: »Recht laßt uns alle bitten Christum für Obrigkeit, ob wir schon von ihr litten Gewalt, auch für all Feind, daß ihn'n Gott woll gnädig sein hat Heinrich Müller gesungen wohl im Gefängniß sein! (Vgl. Schamelius, Ev. Lieder-Kommentarius. I. S. 150.) Dagegen schließt Joseph Schaitberger, welcher 1685 aus dem Teferecker Thal um seines luth. Glaubens willen vertrieben wurde, sein Exulantenlied (»Ich bin ein armer Exulant«) mit der Strophe: »Wer dieses Liedlein hat gemacht, der wird hier nicht genennet: des Papstes Lehr hat er veracht't und Christum frei bekennet«..

Perikopen, allerhand Gebete, der kleine Katechismus Luther's, die Passionsgeschichte, die Historie von der Zerstörung Jerusalems, die Augsburgische Konfession, — dies alles muß dazu dienen, das Gesangbuch zu einem möglichst vollständigen Haus=, Kirchen= und Volksbuch zu machen, zu einer rechten Laien=Bibel.

Was den Gemeindegesang in der ersten Hälfte des XVIII. Jahrhunderts betrifft, so gelangten die arienmäßigen ihre Motive dem Volksgesang und der weltlichen Kunstmusik entlehnenden Melodien zu immer größerer Ausbildung. Von Seiten der Hallischen Pietisten und der gesangfrohen Herrn= huter geschah dies in möglichst zwangloser Weise. Luthe= rischerseits wurde die Arienform besonders durch den Altmeister Johann Sebastian Bach († 1750) auf die höchste Stufe der Kunst erhoben. Bach hat als der bedeutendste und relativ kirchlichste Tonmeister seiner Zeit, dessen eigenhändig geschrie= benen Notenblättern regelmäßig ein S. D. G. (Soli Deo Gloria) beigefügt ist, auch der Pflege des Chorals eine ganz besondere Sorgfalt zugewendet, allein nur wenige der von ihm theils selbständig erfundenen theils blos bearbeiteten Choralmelodien sind in den Gemeindegesang übergegangen. Sie ermangeln zu sehr der rechten kirchlichen Volksthüm= lichkeit. Bach ist vorwiegend der Meister der geistlichen Kunstmusik. Er wird in seinen herrlichen Tonschöpfungen immer nur von der auserlesenen Gemeinde der Kundigen recht verstanden und gewürdigt werden.

———

12. Das Kunstlied des denkgläubigen Christenthums.

Um die Mitte des XVIII. Jahrhunderts tagt in Deutsch=
land das Zeitalter der Aufklärung, nachdem es schon lange
zuvor gedämmert hatte. Es vollzieht sich jene geistige Re=
volution, infolge deren das gesammte Leben in allen seinen
Beständen einer totalen Umgestaltung unterzogen, nämlich
auf den Kopf gestellt wurde. Es geschah dies hauptsächlich
unter dem Einflusse der englisch=französischen Freidenker und
der Leibnitz=Wolff'schen Philosophie. Klarheit sollte fortan
der Maßstab der Wahrheit sein. »Gott sprach: Die Sonne
sei, die Welt fiel ins Gesicht; Gott sprach: Wolff sei, es
ward in allen Seelen licht«. Und doch war das Zeitalter
der Aufklärung zugleich dasjenige des Aberglaubens, in
welchem »Swedenborg Geister sah, Gaßner Teufel austrieb,
Schröpfer Verstorbene heraufbeschwor, Cagliostro mit aus=
gelebten Weltmännern und nervösen Weibern sein betrüge=
risches Spiel trieb, die Rosenkreuzer den Stein der Weisen
und die Tinktur des Lebens wieder anpriesen, die Geheim=
nisse des Magnetismus mit wunderbarer Lust begrüßt
wurden«.*)

Mit Friedrich dem Großen bestieg die Freidenkerei den
Thron. »Die Religionen, proklamirte der große König,
müssen alle tolleriret werden und mus der Fiscal nur das

*) Kahnis, Der innere Gang des deutschen Protestantismus. 3. Aufl.
1874. I. S. 312.

Auge darauf haben, das keine der andere abrug Tute, den hier muß ein Jeder nach seiner Fasson Selig werden«.

Die Krankheit durchlief verschiedene Stadien. Auf kirchlichem Gebiete nahm sie die Form des Rationalismus an, d. h. des Unglaubens unter der Firma des gesunden Menschenverstandes. Darnach ist die letzte Instanz in Sachen des Glaubens und der Moral die Vernunft und das Gewissen des Einzelnen. Was, wie die heilige Dreieinigkeit, in der Theologie und Schrift unbegreiflich ist, verdient keinen Glauben. Der Mensch wird ohne Sünde geboren, oder doch nur mit einem überwiegenden Hange zur Sinnlichkeit. Er kann sich selbst vom Bösen erlösen. Christus ist nur der beste Mensch. Eine Versöhnung durch Christi Blut und Tod war eben so unmöglich wie unnöthig, denn Gott ist die Liebe. Christus hat uns durch sein Beispiel nur gezeigt, wie wir uns durch Tugend und Rechtschaffenheit das Wohlgefallen Gottes und die Seligkeit erwerben können. Taufe und Abendmahl sind ehrwürdige Ceremonien. Die unsterbliche Seele darf auch nach der Trennung vom Leibe im Jenseits noch auf die Möglichkeit einer Bekehrung hoffen, wenn sie dieselbe in diesem Leben versäumt hat.

Diese oberflächliche und darum der Philisterhaftigkeit des natürlichen Menschen so einleuchtende Denkweise gelangte nach und nach zu unbedingter Herrschaft. Der Pietismus hatte ihr unabsichtlich doch kräftig vorgearbeitet. Denn es bedurfte nur einer ein wenig anders gerichteten Zeit, um das warme Gefühlschristenthum umzuwandeln in ein eisiges Verstandeschristenthum. Der Rationalismus ist nichts anderes als der aus dem Herzen in den Kopf getretene Pietismus.*)

*) Tholuck, Geschichte des Rationalismus. Berlin 1865.

Nicht blos in theologischen Schriften, in der schönen Literatur und Poesie, auf dem Theater, in den Hörsälen und ästhetischen Cirkeln, sondern auch in den Schulen und auf den Kanzeln wurde im Sinne der Aufklärung eifrig ge= wirkt. Der berüchtigte, von Goethe so hart gegeißelte Friedrich Bahrdt erkärte: »Ich betrachte Moses, Jesum wie den Confucius, den Sokrates, den Luther, den Semler und mich selbst als Werkzeuge der Vorsehung, durch welche sie auf die Menschheit Gutes wirkt nach ihrem Wohlgefallen«. Der Berliner Buchhändler Friedrich Nicolai aber legte es in seiner »Allgemeinen deutschen Bibliothek« geflissentlich darauf an, christlichen Glauben und christliches Leben über= haupt zu vertilgen. In seinem Roman »Sebaldus Noth= anker« entwirft er eine aufgeklärte Musterpredigt nützlicher Wahrheiten. Die Bauern sollen früh aufstehen und des Viehs und des Ackers fleißig warten, damit sie reich werden. Selbst Goethe's gesunder Sinn empörte sich gegen Friedrich Nicolai's frivole Aufklärerei. Er wirft ihm vor: »Was du mit Händen nicht greifst, das scheint dir Blinden ein Un= ding, und betastest du was, gleich ist das Ding auch be= schmutzt«.

Die »neumodische« Geistlichkeit war mit sammt allen Denk= fähigen unter den Verächtern des alten Glaubens von ihrer aufgeklärten Unfehlbarkeit bald vollständig überzeugt. Es fruchtete wenig, daß der gefürchtete Lessing, selbst ein Frei= denker, der neumodischen Theologie gelegentlich höchst unan= genehme Wahrheiten sagte. »Ich bin, sagt er, von solchen schalen Köpfen (den vulgären Rationalisten) auch sehr über= zeugt, daß, wenn man sie aufkommen läßt, sie mit der Zeit mehr tyrannisiren werden, als es die Orthodoxie jemals gethan«. Man predigte doch auf der Grundlage einer glaubenslosen Moral und geschmacklosen Naturphilosophie zu

Weihnachten über Stallfütterung, am Gründonnerstag über
Grünkohlbau, zu Ostern über den Nutzen des Frühauf=
stehens und Spazierengehens. Der biblische Text bot das
unschädliche Mittel, nützliche Wahrheiten damit einzuprägen.
Auch schien es ja ganz unzweifelhaft, daß der »große Tugend=
lehrer« von Nazareth und seine Apostel, wenn sie das Glück
gehabt hätten in der Aera der deutschen Weltweisheit zu
leben, Rationalisten gewesen sein würden. Im übrigen
legte sich »der mehrere Theil der Prediger« auf Kuriosi=
täten, Münzen, Medaillen, Autoren und Geschlechtsregister.

Das waren schlimme Zeiten für die geistliche Dichtkunst.
Gleichwohl wagten einige Dichter den Versuch, ihren gänz=
lichen Verfall wo möglich abzuwenden. Denn noch wirkte
in den niedern Volksschichten sowohl als auch in einzelnen
Gebildeten der alte Glaube fort. Goethe's Vater ließ sich
bei Licht rasiren, um den Frühgottesdienst nicht zu ver=
säumen. Aber selbst in edleren Gemüthern war der Glaube
schon stark vom Zeitgeiste angekränkelt. Sie standen im
Kampf mit fremden und eignen Zweifeln. Daher reimen
sie mit Vorliebe Gott und Spott, Wahrheit und Klarheit,
während die frühere Zeit durch die Reime Sonne und Wonne,
Noth und Tod charakterisirt wird, das Stadium aber, wel=
ches Novalis repräsentirt, durch den Reim: Sehnen und
Thränen.*) Als die hervorragendsten dichterischen Reprä=
sentanten des kleinen Häufleins derjenigen, die einestheils
zu viel Pietät besaßen, um mit dem Alten gänzlich zu
brechen, anderntheils zu modern gebildet waren, um sich dem
Neuen gänzlich zu verschließen, müssen Gellert und Klopstock
angesehen werden. Beide gehören der allgemeinen Literatur=

---

*) Siehe J. P. Lange, Die kirchliche Hymnologie. Zürich 1843. S. 57.

geschichte an.   Hier kommen sie nur als geistliche Liederdichter
in Betracht.*)

Als der Professor Gellert eines Tages zufällig erfuhr,
im Koburgischen gehe das Gerücht, er habe sich erhenkt, sagte
er lächelnd zu dem jungen Freunde, der ihm die Mitthei=
lung gemacht hatte: Schreiben Sie den Koburgern, ich selbst
rufe ihnen die Worte des alten Liedes zu: »Ich hang und
bleib auch hangen an Christo als ein Glied«.   Wenn Gellert
den Namen Jesus hörte, so fühlte er neue Kraft in sich.
Sein Bekenntniß auf dem Todtenbett war: »Das ist je
gewißlich wahr und ein theuer werthes Wort, daß Christus
Jesus gekommen ist in die Welt, die Sünder selig zu machen,
unter welchen ich der vornehmste bin« (1 Timoth. 1, 15).
Doch mußte er es erleben, daß ein böhmischer Priester,
welcher seine geistlichen Oden und Lieder gelesen, ihn geradezu
aufforderte, in den Schoß der römischen Kirche zurückzu=
kehren, da er von der Nothwendigkeit und Nützlichkeit der
guten Werke besser denke, als Luther.   Gellert gehört eben
mit seinem Herzen noch der alten Zeit an, mit seiner Ver=
nunft war er der Gegenwart zugewendet und von ihr be=
stimmt.   Er steht vermittelnd zwischen Glauben und Unglauben,
Bibel und Natur, Christenthum und Kultur.   Er gedachte
den Spott der Bibelfeinde und Freigeister durch den Nach=
weis zu entwaffnen, daß man ein gebildeter Mensch und
doch zugleich ein frommer Christ sein könnte.   »Seine geist=
lichen Lieder hatten gerade Bibelton genug, um die Frommen
noch zu erbauen, und nicht zu viel, um die Vernunftmora=
listen nicht zurückzustoßen« (Gödeke).   Den Geschmack an
der Religion vermehren, wenigstens den gesitteteren Theil

---

*) Ueber Gellert vergl. Luthardt, Rede am 13. Dezember 1869 in der
Aula der Leipziger Universität gehalten.   Leipzig 1870.

der Nation, der sich an der »rohen und unbearbeiteten
Sprache der Väter« stieß, mit der geistlichen Dichtung ver=
söhnen, das war der Zweck seiner Liederdichtung. Diese
Arbeit war, wie sein Biograph Cramer bezeugt, seinem
Herzen die feierlichste und wichtigste, welche er in seinem
Leben unternommen hatte. Niemals beschäftigte er sich mit
der Abfassung geistlicher Lieder, ohne sich sorgfältig darauf
vorzubereiten und ohne mit allem Ernst seiner Seele sich zu
bestreben, die Wahrheit der Empfindungen, welche er aus=
sprechen wollte, an seinem eignen Herzen zu erfahren. Er
wählte seine heitersten Augenblicke dazu, machte auch zu=
weilen einen Stillstand in dieser Arbeit, in der Absicht und
Erwartung, die Gesinnungen, die er durch seine Lieder in
seinen Mitchristen erwecken wollte, in seiner Seele stärker
werden zu lassen. Er glaubte, was er sagte, und sagte,
was er glaubte. Sein auf praktische Frömmigkeit dringen=
des Christenthum athmete eine wohlthuende Wärme, denn
es kam aus einem demüthigen Herzen. Seine an den Bibel=
ton gefällig anklingende Sprache hatte, wie Friedrich der
Große bemerkte, etwas so Coulantes, daß sie jedermann ohne
großes Nachdenken verstehen konnte. »Sie dürfen, schreibt
ihm Rabener, keinen Augenblick zweifeln, daß Sie mit Ihren
frommen Gedichten erbauen werden. Verehrer der Religion
werden mit diesen Gedichten den Leichtsinn derjenigen be=
schämen, welche glaubten, daß der Witz nur zu einer eiteln
Belustigung gut sei. Und diese Leichtsinnigen müssen die
Religion lieb gewinnen, da sie ihnen in einer so angenehmen
und reizenden Kleidung vorgestellt wird. Was werden Ihre
Schriften erst bei denjenigen wirken, die Ihr gutes Herz
kennen? Diesen sind Ihre Wahrheiten doppelt überzeugend,
da sie wissen, aus was für einer reinen Quelle, aus was
für einem guten Herzen alle diese Wahrheiten herfließen«.

Der Ruhm des vielgeliebten und hochgefeierten Mannes erhielt in der That durch seine geistlichen Lieder einen mächtigen Zuwachs. Sie wurden ins Dänische, Russische, Holländische, Französische und Slowakische übersetzt. Auch in dem Gottesdienste anderer Konfessionen, wenn anders in Gellert's Tagen von konfessionellen Unterschieden überhaupt noch die Rede sein konnte, erlangten sie bald das Ansehen beliebter Kirchenlieder. Das war denn für den Dichter eine herzliche Freude. Denn von anderer Seite schalt man ihn einen geistlichen Dichter kleinen und einfältigen Geistes, abergläubisch und milzsüchtig.

Doch ist Gellert wohl selbst nicht der Meinung gewesen, Kirchenlieder im eigentlichen Sinne des Worts geschaffen zu haben. Er kannte ja die alten Lieder wohl und war ein Freund derselben. Er wollte sie nicht verdrängt wissen. Er wußte alte Kirchengesänge, die er mit ihren Melodien lieber verfertigt haben mochte, als alle Oden des Pindar und Horaz. Seine eignen 54 geistlichen Oden sind mit wenigen Ausnahmen moralisirende Lehr= und Leselieder, nicht einmal immer fließend und ansprechend in der Diktion, gereimte Prosa. »Lebe wie du wenn du stirbst wünschen wirst gelebt zu haben«. »Gesetzt, Gott hätt es uns vergönnt, nach unsers Fleisches Willen, wenn Wollust, Neid und Zorn entbrennt, die Lüste frei zu stillen; gesetzt, Gott ließ den Undank zu, den Frevel, dich zu kränken, den Menschenhaß: Was würdest du von diesem Gotte denken?« Ist das Poesie oder Prosa? Ist das gesungen, oder nicht vielmehr docirt? Schleiermacher meint, Gellert sei zu kränklich gewesen, um ein rechter Dichter zu sein.

Nur eine kleine Minderzahl der Gellert'schen Lieder nimmt einen höhern Flug und gemahnt hin und wieder an die schmucklose Einfalt der alten kirchlichen Lyrik. Für das

bei weitem gelungenste von allen halten wir das Weihnachts=
lied: »Dies ist der Tag, den Gott gemacht« nach der
Melodie: »Vom Himmel hoch da komm ich her«. Hier
versucht es der Dichter wenigstens, die Heilsthatsachen selber
reden zu lassen. Ansprechend und doch anspruchslos sind
ferner: »Mein erst Gefühl sei Preis und Dank« — »Wenn
ich o Schöpfer deine Macht« — »Ich komme Herr und
suche dich« — »Jesus lebt, mit ihm auch ich« — »Auf
Gott und nicht auf meinen Rath«. Diese Lieder sind noch
immer weit verbreitet und sehr beliebt überall da, wo sich
das eigne religiöse Denken und Empfinden mit der Poesie
des frommen Gellert noch jetzt vollkommen deckt. Auch hat
sich das Bild des Dichters unserm Volke so tief eingeprägt,
daß es die Lieder desselben noch lange in dankbarem Herzen
tragen wird. Kein noch so lutherisches Gesangbuch wird von
den Gellert'schen Liedern gänzlich absehen können. Uebrigens
sind dieselben mit dem innern und äußern Lebensgang des
Dichters eng verflochten, Früchte seiner Leiden und Freuden,
Ausflüsse seiner Studien, etliche haben sogar einen Geschichts=
leib. »Es hat Ew. Majestät Soldaten noch nie geschadet,
wenn ich an der Spitze meiner Reiter mit dem lauten Ge=
sang: Auf Gott und nicht auf meinen Rath — in die
Feinde einhieb«. Dies die Antwort, welche der tapfere
Ziethen seinem König gab, als sich derselbe über den Glauben
des frommen Generals lustig machte.

Ohne wahrhaft volksthümlich zu sein sind Gellert's
Lieder doch wenigstens durchaus volksverständlich. Von den=
jenigen Klopstock's läßt sich dies nicht sagen.

Klopstock war nicht wie Gellert ein geistlicher Gelegen=
heitsdichter. Er betrachtete es vielmehr geradezu als seinen
zweiten Beruf, Lieder für den öffentlichen Gottesdienst zu
machen. Er hielt dies zwar für eines der schwierigsten

Unternehmen, glaubte jedoch, daß ihm die Arbeit durch Gottes Gnade gelungen sei. Von seinen mehr als 60 Originalliedern ist das bekannteste: »Auferstehn, ja auferstehn«. Wenn die meisten derselben dermalen höchstens noch als Leselieder Beachtung finden, so liegt die Schuld davon wenigstens nicht an dem Metrum. Denn die Klopstock'schen Lieder sind insofern ohne weiteres singbar, als sie zum größten Theil bekannten, altkirchlichen Melodien untergelegt sind. Das ist aber freilich auch der einzige Vorzug, durch welchen sie sich der Gemeinde empfehlen. In Bezug auf Sprache und Gedankeninhalt sind sie für einen gewöhnlichen Christenmenschen bei weitem zu ungewöhnlich. Lessing trifft den Nagel auf den Kopf, wenn er von Klopstock sagt: »Es kann wahr sein, daß Herr Klopstock als er seine Lieder machte in dem Stande sehr lebhafter Empfindungen gewesen ist. Weil er aber blos diese seine Empfindungen auszudrücken suchte und den Reichthum von deutlichen Gedanken und Vorstellungen, der die Empfindungen bei ihm veranlaßt hatte, durch den er sich in das andächtige Feuer gesetzt hatte, verschwieg und uns nicht mittheilen wollte, so ist es unmöglich, daß sich seine Leser zu eben den Empfindungen, die er dabei gehabt hat, erheben können. Er hat also, wie man im Sprichwort zu sagen pflegt, die Leiter nach sich gezogen und uns dadurch Lieder geliefert, die von Seiten seiner so voller Empfindung sind, daß ein unvorbereiteter Leser oft gar nichts dabei empfindet«. Der Dichter des Messias und der Oden konnte auch in seinen geistlichen Gesängen nur auf hohem Kothurn einherschreiten. Von ganz gesunden Anschauungen im Betreff des kirchlichen Volksliedes ausgehend fehlt er darin, daß er das Erhabene in das Pathetische, und das Wirksame in das Seufzerlich=Rührhafte setzte. Für seine Person von der Schönheit, Hoheit und Wahrheit der

christlichen Heilsthatsachen überzeugt, gibt er doch dieser
Ueberzeugung meist einen so ausgesucht kunstvollen Ausdruck,
daß man nicht einen gläubig bekennenden Dichter, sondern
einen wohlgeschulten deklamirenden Rhetor vor sich zu haben
glaubt. Mit dem Herzblut der lutherischen Bibel genährt,
ein durch und durch deutsches Gemüth, ließ er sich durch
seine verhängnißvolle Begeisterung für die Formen des klas=
sischen Alterthums verleiten, der von ihm selbst so hoch ge=
feierten deutschen Sprache Gewalt anzuthun und sie ihrer
natürlichen Ungezwungenheit und ihres musikalischen Wohl=
klangs völlig zu berauben. Er hätte, wie Gellert in einem
Briefe an die Gräfin Bentink zunächst in Bezug auf die
Messiade bemerkt, wohlklingender schreiben können und sollen.
Gleichwohl galt er seiner Zeit auch im geistlichen Liede nächst
Gellert für den größten Poeten. Er sang Christum, den
Mittler, unser Leben und unsere Unsterblichkeit durch seinen
Tod. Er war kein Pietist, sondern hielt's mit dem Worte:
Alles ist euer. Aber das berechtigt noch nicht, ihn, wie
wohl geschehen ist, einen lutherischen Dichter zu nennen.
Das Bekenntniß der Väter ist bei ihm durchaus subjektiv
gefärbt. Sein Christusbild ist nicht mehr ganz dasjenige
des XVI. Jahrhunderts, zeigt vielmehr bereits eine wenn auch
noch sehr entfernte Aehnlichkeit mit dem Humanitätsideal der
Aufklärungsepoche. Auch ist Klopstock wie Gellert nur ein
geistlicher Uebergangsdichter. Die geistliche Poesie nimmt
in ihm nicht eine aufsteigende, sondern vielmehr absteigende
Richtung. Das ergibt sich auch aus dem Umstande, daß
Klopstock kein Bedenken getragen hat, 29 ältere Kirchenlieder
nicht zwar, wie er sich ausdrücklich verwahrt, umzuarbeiten,
wohl aber zu verändern. Das üble Beispiel, welches er
dadurch gegeben, hat er später selbst »fast bereuet«, wie sein

Freund Funk berichtet, der ihm, dem Unmusikalischen, mit seinen musikalischen Kenntnissen zur Seite stand.

Es machte nun immerhin einigen Eindruck auf die bildungsseligen Zeitgenossen, daß Männer wie Gellert und Klopstock, die doch im übrigen ganz auf der Höhe der Zeit standen, es nicht unter ihrer Würde hielten, im Sinne des biblischen Christenthums geistliche Lieder zu dichten. Ihre Lieder wurden wenigstens überall gehört, während die vereinzelten Stimmen weniger namenloser Dichter, die noch ganz dem alten Glauben zugethan waren, einsam verhallten, die Poesie des stillen Herrnhuts aber, in welches die Gewässer der Aufklärung nicht eingedrungen waren, gänzlich unbeachtet blieb.

Die moralisch verständige Manier Gellert's und die sentimental pathetische Klopstock's blieb maßgebend für die gesammte Poesie der Aufklärungszeit. Auch die reformirte Kirche eignete sich dieselbe in ihren Dichtern an. Der fromme Lavater suchte sogar Gellert und Klopstock noch ·zu überbieten. Fr. Adolph Krummacher hielt sich mehr an das Muster Herder's. Die Mission verdankt ihm das treffliche Lied: »Eine Heerde und ein Hirt«. Doch kann es nicht unsere Absicht sein, die ganze an Gellert und Klopstock sich anlehnende Dichtergruppe im einzelnen durchzumustern. Unerquicklich würde solche Musterung sein und unfruchtbar, wenn auch die Namen, die zu nennen wären, an den meisten Gesangbüchern der Gegenwart noch immer unverdrossene Verehrer haben.*)

---

*) Erwähnung verdient indeß ein Lied von J. Tim. Hermes: »Ich hab von ferne, Herr, deinen Thron erblickt« welches aus dessen Roman: »Sophiens Reise von Memel nach Sachsen 1769« in viele bessere Gesangbücher übergegangen ist.

13. Das Leselied der glaubenslosen Moral.

Inmitten des heitern Lichtes, welches in der Blüthezeit des Rationalismus über Leben, Lehre und Kultus ausgegossen war und von dessen Widerschein bestrahlt ein aufgeklärter Berliner Prediger seinen letzten zehn Zuhörern deutlich zu machen versuchte, daß Kirchengehen zur Seligkeit nicht nothwendig sei, bildeten die lutherische Bibel und das Gesangbuch ein paar höchst störende dunkle Schlagschatten. Man kam daher auf den vernunftgemäßen Einfall, dieselben mittelst der weißen Tünche des fortgeschrittenen Zeitbewußtseins zeitgemäß zu restauriren. Mit der Bibel hatte dies indessen seine Schwierigkeiten. Der Wertheimer Versuch mißglückte. Um so leichteres Spiel hatte man mit dem Gesangbuch. Es begann jene berüchtigte Gesangbuchsrevolution, an deren Folgen wir noch heute schwer zu tragen haben.

Wie jedes größere geschichtliche Ereigniß hatte freilich auch diese Revolution ihre Vorboten. Sie kam durchaus nicht wie ein Dieb in der Nacht. Das rationalistische Gesangbuch ist vielmehr nur der lachende Erbe gewesen, welcher geärntet hat, was andere schon längst vor ihm gesäet haben.

Wenn man ein Gesangbuch aus der zweiten Hälfte des XVIII. Jahrhunderts betrachtet, so fühlt man sich wehmüthig

überrascht durch die bunte Menge von Rubriken und Ru=
brifetten, in welchen die Lieder zellenartig isolirt sind. Das
Gesangbuch erinnert höchst unbehaglich an einen Kramladen
oder Medizinkasten. Die speziellsten Vorschriften der Moral,
jede Tugend, jedes Laster, sind mit besonderen Liedern
bedacht. Für jeden Stand, jede nur erdenkliche oder gedachte
Lebenslage existirt ein besonderes poetisches Schubfach.
Allein diese Geschmacklosigkeit hat der Rationalismus nicht
erst aufgebracht, sondern bereits vorgefunden und nur mit
sympathischer Verständnißinnigkeit weiter ausgebildet. Schon
vor der rationalistischen Zeit hatten die einzelnen Stände
und Gewerke des »geistlichen und evangelischen Zion« ihre
besondern Lieder. Schon im Jahre 1720 macht ein
gelehrter Liederfreund den unmaßgeblichen Vorschlag, ein
Gesangbuch für Malefikanten und arme Sünder erbaulich
einzurichten. Das Beste wäre, »wenn die Lieder von armen
Sündern selbst aufgesetzt würden«. Im Jahre 1737 aber
gab der Diakonus Gottschald in Eubenstock ein Universal=
gesangbuch heraus, welches nicht nur für jede einzelne
Glaubens= und Pflichtenlehre, sondern auch für alle Stände,
Anliegen und Vorfallenheiten einen entsprechenden Hymnus
darbietet. Gottschald bringt Lieder zum Gebrauche beim
Spazierengehen, bei Gevatterschaften, bei Nässe und Dürre,
bei Erscheinung eines Kometen, bei schweren Prozessen, bei
Lahmheit, Blindheit und Taubheit, bei Schlaflosigkeit, bei
Sorge wegen vieler Kinder, für Adlige, Advokaten, Amt=
leute, Arzneiverständige, Bader und Barbiere, Bauern, hohe
und niedere Bediente, Bergleute, Buchdrucker und Buch=
händler, Fischer, Fuhrleute und Gärtner, Jäger, Kauf=
mannsdiener, Klöppelleute, Künstler, Offiziere, Poeten,
Soldaten, Winzer, einen geheimdten Staatsminister, Stu=
denten. Der Student singt: »Ich soll zeigen meinen

Fleiß, weil ich ein Studente heiß«. Ja Gottschald bittet ausdrücklich, man möge doch die Gefälligkeit haben und ihm einige noch mangelnde Lieder für Gaukler, Seiltänzer, Taschenspieler, Kartenmacher, Hofnarren, Schelme, Diebe, Zigeuner und Spitzbuben mittheilen.

Man sieht, das Gras war bereits niedergetreten. Die Neigung, den alten großartig einfachen und lebensvollen, auf dem Kirchenjahr oder der Heilsordnung beruhenden Organismus des Gesangbuchs in eine Unmasse einzelner anatomischer Präparate haarspaltend zu zerlegen, ist ältern Ursprungs. Sie zeigt sich bereits im Ausgange des XVII. Jahrhunderts.

Ganz das Nämliche ist aber auch der Fall im Betreff der rücksichtslosen und schnöden Behandlung, welche der Rationalismus den alten Gesangbuchsliedern angedeihen ließ. Er hat sie nämlich der Aufnahme in seine neuen Gesangbücher entweder überhaupt nicht für werth gehalten, oder, so weit dies doch geschah, nach Maßgabe des herrschenden theologischen und ästhetischen Zeitgeschmackes durch allerhand Korrekturen, Umdichtungen, Verkürzungen oder Erweiterungen oft bis zur Unkenntlichkeit »verbessert«. Nichts kann begründeter und verdienter sein als die harten Vorwürfe, welche sich die rationalistischen Gesangbuchsredaktoren dieserhalb zugezogen haben. Leider aber haben sie auch nach dieser Seite hin nur in größerem Maßstabe fortgesetzt, was andere bereits vor ihnen begonnen hatten. Schon längst vor der rationalistischen Zeit ist von Lutheranern, Mystikern, Pietisten und Herrnhutern an manchen alten Liedern hin und wieder willkürlich geändert worden. Und zwar erstreckten sich die Veränderungen nicht blos auf die Form, sondern gelegentlich auch schon auf den Inhalt. In einem Gesangbuche aus der zweiten Hälfte des XVII. Jahrhunderts beginnt beispiels-

weife Luthers Lied von der feften Burg fo: »Ein feftes
Schloß ift unfer Gott, auf den wir Chriften hoffen«. In
einem Hohenfteinifchen Gefangbuche vom Jahre 1707 dagegen
ift die Glaubensgerechtigkeit aus den betreffenden alten
Liedern herauskorrigirt. Ja auch die Freiheit, ältere, kirchlich
rezipirte Lieder aus dem Gefangbuche ganz auszufcheiden, um
für die neuern Raum zu gewinnen, hat fich nicht erft der
Rationalismus geftattet. Derfelbe ift nirgends ganz original.

Zumeift waren es nun Männer in hohen kirchlichen
Aemtern, Generalfuperintendenten, Konfiftorialräthe und
Hofprediger, welche ihre Mußeftunden damit ausfüllten,
die alten Lieder für die neuen Gefangbücher zu modernifiren.
Einer der Herren foll dabei von feiner Gattin unterftützt
worden fein. Mit ganz eigenthümlichen Mächten haben die
Liederverbefferer ganz augenfcheinlich im Bunde geftanden.
Bunfen hat die nur zu begründete Vermuthung ausge=
fprochen, die gefammte Liederverbefferung fei durch die ver=
einte Thätigkeit dreier Perfönlichkeiten zu Stande gebracht
worden, von denen fchon eine einzige genügt hätte, die
alten Lieder ganz heillos zu verderben. Diefe drei Perfönlichkeiten waren 1. Vetter Michel, der Freund alles Haus=
backnen und Ordinären, der nichts vertragen kann, was
über feinen gemeinen Horizont geht; 2. deffen gelehrter
Kollege, der hochberühmte Verbefferer Johann Ballhorn,
der überall feine Weisheit anbringen muß; 3. Bruder
Weinerlich, der Dämon der modernen Sentimentalität.

Man ging an die Lieder eines Luther, Nicolai, Heer=
mann, Rift 2c. in der Vorausfetzung, daß diefe Leute von
den Regeln des guten Gefchmacks und der poetifchen
Korrektheit eigentlich nicht die geringfte Ahnung gehabt
hätten. Man fand ihre Sprache faft durchweg nachläffig,
holpericht und elend. Die nächfte Aufgabe beftand demnach

darin, den poetischen Produkten der Vorzeit nachträglich
diejenige Formvollendung zu geben, in welcher dieselben für
die Kinder des XVIII. Jahrhunderts überhaupt erst für
genießbar gelten konnten. Die Liederverbesserer standen
unter den formellen Einwirkungen der zweiten Blütheperiode
unserer nationalen Literatur. Daraus erklärt sich zum
Theil die sprachliche Pruderie und der puritanische Eifer,
mit welchem auf alle wirklichen oder scheinbaren sprachlichen
Verstöße und Härten in den alten Liedern Jagd gemacht
wurde. Mit mehr als schulmeisterlicher Pedanterie und ohne
alles Verständniß für das Historische und Volksthümliche in
der Sprache, wurden ungewöhnliche, im übrigen aber gut
deutsche Konstruktionen wie Vater mein, Herre mein; volltönende
Wortbildungen wie geuß, geneuß, festiglich, seliglich; ältliche
Wörter wie Fehde, stracks, Witz (höchste Weisheit); Asso-
nanzen, unreine Reime sorgfältig ausgemerzt. Alles poetisch
Wirksame, alles Plastische und Drastische, alle konkreten
lebendigen Bilder wurden in abstrakten Dunst aufgelöst.
Selbst der verhältnißmäßig noch wohlgesinnte Adolf Schlegel glaubte Luther's »feste Burg« in das gebildete Deutsch
eines »starken Schutzes« umwandeln zu müssen. Alle
»Redensarten«, welche »der Spottgeist ins Lächerliche ziehen
könnte«, wurden in mißverstandenem apologetischen Interesse
hinweggeräumt. Man stümperte an den sich hartnäckig
sträubenden alten Liedern so lange herum, bis auch die
letzten Spuren volksthümlicher Form und Sprache glücklich
verwischt und alles möglichst weltförmig zugerichtet war.
Nicht selten scheint man ohne jeden vernünftigen Grund,
rein um des Prinzips willen, formell verbessert zu haben.
So singt P. Gerhardt ganz biblisch: »Befiehl du deine
Wege«. Ein rationalistischer Censor korrigirt dafür: »Empfiehl
du deine Wege«. Man kann sagen, diese Aederung war

aus Höflichkeitsrücksichten geboten. Das läßt sich hören. Dabei kommt wenigstens der Humor nicht zu kurz. Aber, wenn G. Neumark anhebt: »Wer nur den lieben Gott läßt walten« — welch zwingende Rücksicht lag vor, daraus zu machen: »Wer nur den weisen Gott läßt walten?« Die Lieder kommen selbstverständlich um so schlimmer weg, je höher das Alter ist, mit dem sie behaftet sind. Indeß wie schon Kronos seine eignen Kinder wieder verzehrte, so hat die Aufklärung nicht nur bereits von ihr »verbesserte« Lieder in unersättlichem Verbesserungshunger wieder und wieder verbessert, sie hat sogar rationalistische Originallieder unter ihr Messer genommen. Selbst der gute Gellert mußte sich purifiziren und sublimiren lassen. »Ihn preise was durch Jesum Christ im Himmel und auf Erden ist«, so dichtet er. Aber falsch. »Ihn preise was durch Jesum Christ Freund und Verehrer Gottes ist«. So hätte er nach dem Dafürhalten seiner aufgeklärtern Nachfolger richtiger sich ausdrücken müssen.

Man wird hier unwillkürlich erinnert an die orginellste aller Varianten, die sich in einem Zwickauer Gesangbuche findet. Das Gesangbuch wurde unter der Regierung des Königs Anton von Sachsen neu aufgelegt. Anton's Vorgänger war der König August gewesen. Der Drucker glaubte nun, den Anfang des Weihnachtsliedes: »Als August das Szepter führte und die ganze Welt regierte« ebenso loyal als zeitgemäß dahin abändern zu müssen: »Als Anton das Szepter führte und die ganze Welt regierte«.

Mehr noch als die Form war es jedoch der Glaubensinhalt der alten Lieder, welcher zum Aergerniß gereichte. Vielen scheinbar blos formellen Aenderungen liegen daher wenn auch oft kaum erkennbare dogmatische Rücksichten zu Grunde. Was nach den Gesetzen des guten Geschmacks,

der Sprachrichtigkeit und des Silbenmaßes unbedenklich hätte
stehen bleiben können, das wurde lediglich der herrschenden
theologischer Zeitrichtung zu Liebe in Stücke zerschlagen
und umgegossen. Es handelte sich also gar nicht etwa
darum, das Glaubensgold der alten Lieder in neuen Formen
auszuprägen, die neuen Formen waren vielmehr zumeist nur
bedingt durch die neuen moralischen und religiösen Ideen,
welche man den alten Liedern einzuverleiben für angemessen
erachtete. Helmbold beginnt eines seiner Lieder so: »Hört
ihr Aeltern, Christus spricht, den Kindern sollt ihr wehren
nicht, sondern sie lassen zu mir kommen, daß sie von mir
werden aufgenommen«. Diese durchaus schriftgemäße Strophe
lautet dagegen in der Mundart des Rationalismus »Groß ist
Aeltern eure Pflicht, verzärtelt eure Kinder nicht«. Wer
sieht nicht, wie hier mit der Form zugleich der christliche
Inhalt beseitigt wird und — werden sollte. Denn die
rationalistische Basedow-Pestalozzische Pädagogik war von der
Furcht beherrscht, daß das Christenthum den Menschen ent-
menschliche.*) P. Gerhardt bezeugt ganz in Uebereinstimmung
mit der Schrift und dem kirchlichen Bekenntnisse: »Der
Grund, da ich mich gründe, ist Christus und sein Blut.
Das machet, daß ich finde das ewge wahre Gut. An mir
und meinem Leben ist nichts auf dieser Erd, was Christus
mir gegeben, das ist der Liebe werth«. Dafür setzt der
umdichtende Unglaube ganz konsequent: »Wenn ich aus
Schwachheit fehle und nur aus Vorsatz nicht, so stärket
meine Seele die hohe Zuversicht: Den, Herr, der deinen
Willen so gut er immer kann bemüht ist zu erfüllen, siehst
du erbarmend an«. So ist die Grundlehre der Reformation,

*) Ich will lieber, daß mein Konrädchen Tauben rupfe, als den Katechismus
lerne. Salzmann.

daß der Mensch vor Gott gerecht wird aus Gnaden, um Christi willen, allein durch den Glauben, die Lehre, von der man, wie Luther in den Schmalkaldischen Artikeln schreibt, nicht weichen und nachgeben kann, es falle gleich Himmel und Erde, oder was nicht bleiben will, in ihr direktes Gegentheil verkehrt.

Die »Besserung« der Lieder stellt sich heraus als Ausscheidung, Abschwächung, Verfälschung, Bekämpfung so ziemlich alles dessen, was in den alten Bekenntniß- und Zeugnißliedern nicht diesen selbst, sondern der heiligen Schrift angehört und worin gerade der unvergängliche Werth derselben begründet ist.

Schritt man nun in diesem Bestreben, das alte Evangelium durch ein neues zu ersetzen, auch nicht immer bis zur völligen Umdichtung der Lieder, so versuchte man sie doch wenigstens dadurch mit dem rationalistischen System in Einklang zu bringen, daß man an die Stelle der scharfausgeprägten, inhaltsvollen biblischen Ausdrücke so weit thunlich die neuaufgekommenen rationalistischen Schlagwörter setzte. Demnach wird Gott, oder was dasselbe sein soll, die Vorsehung, der Himmel »hochgeachtet«. Jesus wird als »Menschenfreund und Tugendlehrer anerkannt«. Christus verwandelt sich in Christenthum oder Religion. Buße erscheint als Besserung, Heiligung als Tugend- oder Besserungsernst, ewiges Leben als Unsterblichkeit. Die heilige Dreieinigkeit geht auf in der bekannten deistischen Trilogie: Gott, Pflicht, Unsterblichkeit. Der Teufel darf sich auch nicht mehr blicken lassen. Er wird aus den Liedern hinauskomplimentirt und durch irgend ein sauersüßes Surrogat von seelenschädlichem Einfluß verschämt ersetzt. Nicht einmal eine liturgische und poetische Existenz wollte man ihm ferner zugestehen

Es versteht sich, daß die angedeuteten Gewaltthätigkeiten in ihrer Gesammtheit sich nicht ausnahmslos in allen rationalistischen Gesangbüchern wiederholen. Die Gesangbücher leiden zwar alle an dem nämlichen Fehler, aber nicht alle in gleichem Grade. Es ist eine gewisse Verschiedenheit in der Einheit. Häufig ließ man bei allem blinden Eifer doch eine gewisse vorsichtige Toleranz walten, um der Schwachen willen. Als Reklame für die einen, als abschreckendes Beispiel für die andern und um die Verwirrung vollständig zu machen blieben daher in manchem modernisirten Gesangbuch vorläufig noch etliche Kernlieder unverändert stehen. Sie standen auf dem Aussterbeetat, einzelne hohe Säulen, mitten unter Trümmern oder auch in einem besondern Anhange zeugend von verschwundener Pracht*). Man hoffte zuversichtlich, diese letzten Reste der Finsterniß würden mit der Zeit ganz von selber verschwinden wie Nebelstreifen vor der steigenden Sonne. Von andern Liedern wurden wenigstens einige Strophen unversehrt beibehalten. Noch andere bekamen, um jeglichem Mißverständniß zu wehren, einen salvirenden Vermerk, dahin lautend: »So sangen unsere Väter«.

Von irgendwelcher Pietät gegen das poetische Erbe der Väter zeugen demnach auch die berührten Ausnahmen nicht. Doch war's nicht durchweg bewußte Feindschaft gegen das Evangelium, welche die alten Lieder verbannte oder wie Taxushecken verschnitt. Man handelte vielfach in gutem Glauben, wie Saulus als er die Gemeinde Gottes verfolgte. Man wollte die Spötter zu Boden schlagen und

---

*) Im Gothaischen Gesangbuch v. Jahre 1778 sind zwar die gangbarsten Lieder Luther's verändert, außerdem aber auch »die sämmtlichen Lieder dieses Mannes in einem besondern Anhange unverändert beigesetzt, damit diejenigen nichts verlieren möchten, die den Glaubens= und Heldengeist der luth. Lieder in einen eignen Ausdrücken beizubehalten wünschten«.

diejenigen gewinnen, »die dem Witze und Geschmack zu Ehren ungläubig geworden waren«. Man ließ sich bei dem poetischen Säuberungsgeschäfte, bei dem man es alles Ernstes mit einem Augiasstalle zu thun zu haben glaubte, einfach von der kühl verständigen, selbstzufriedenen weinerlichen Trockenheit leiten, die dem Rationalismus nun einmal eigen ist.

Dennoch kann das Urtheil über die gesammte Lieder=verbesserung kein glimpfliches sein. Man braucht ja gar nicht einen besondern Grad christlicher Reife zu besitzen, ein wenig Geschmack und Wahrheitssinn ist genügend, um eine Prozedur im höchsten Grade verwerflich zu finden, bei welcher fanatische Ungeschichtlichkeit gepaart mit denkgläubiger Philisterhaftigkeit und kritischem Unverstand über alte tausend=fältig bewährte Kernlieder in erbarmungsloser Seelenruhe den Stab brach. Es ist ja ein Schauspiel, wie wenn »ein Maurergeselle an den Farnesischen Herkules oder an den Belvederschen Apollo« die bessernde Hand gelegt hätte.

Schon mitten in der Zeit der Liederrevolution erhoben sich gewichtige Stimmen freilich erfolglos gegen dieselbe. Kästner, der als Professor der Mathematik im Jahre 1800 in Göttigen gestorben ist, der »Wolfianer, der Satirikus«, wie er sich selbst ironisirend schreibt, protestirte mit aller Entschiedenheit gegen die Liederveränderungen. Von den Ver=besserungen in: »Herr Gott dich loben wir« sagt er insbe=sondere: »Dieses Lied hat durch und durch in Ausdrückungen und im Gange so was Feierliches, daß Neuerungen darin machen mir so viel ist, als von einem alten Wappen den Helm wegnehmen und statt dessen bordirte Hüte und weiße Feder darauf setzen«. Herder, der doch »einer Aeolsharfe glich, die zu allen Lüften, von wannen sie auch kamen, harmonisch klang«, erklärt sich in der Vorrede zum Wei=marischen Gesangbuch vom Jahre 1795 ausdrücklich gegen die Verbesserungen, mit denen man die Gemeinden marterte. Er meint, ein Wahrheits- und Herzensgesang, wie die Lieder Luther's alle waren, bleibt nie mehr derselbe, wenn ihn jede fremde Hand nach ihrem Gefallen ändert, so wenig unser Gesicht dasselbe bleibe, wenn jeder Vorübergehende darein schneiden, rücken und ändern könnte, wie's ihm gefiele. Der Kirche Gottes liegt unendlich mehr an Lehre, an Wort und Zeugniß in der Kraft seines Ursprungs und der ersten gesunden Blüthe seines Wuchses, als an einem bessern Reime oder an einem schönen aber matten Verse. Gerade diese treuherzige Altvatersprache einer verlebten Zeit und der ungezählte hinüberlaufende Herzensüberfluß zu vieler Silben und Worte macht auf eine bewundernswürdige Weise den Reiz und die Kraft dieser Lieder, so daß man nicht glätten, nicht rücken und schneiden kann, oder der erste unmittelbare Eindruck wird geschwächt und das Ehrwürdige der alten Vatergestalt geht verloren. Der Wandsbecker Bote, Matthias Claudius schreibt an seinen Vetter Andres: »Ueber kräftige Kirchenlieder geht nichts; es ist ein Segen darin und sie sind in Wahrheit Flügel, darauf man sich in die Höhe heben und eine Zeitlang über dem Jammerthal schweben kann. Auch mögen wohl viele Lieder nicht so sein, als sie sein sollten, das ist alles wahr. Aber ich weiß nicht, ob's an dem Verbessern oder an den Verbesserern liegt; genug, ich kann mir nicht helfen, daß es mich um einige alte Lieder nicht dauern und leid sein sollte. Das Kleid macht, dünkt mich, den Mann nicht; und wenn der Mann gut ist, so ist alles gut. Ob da ein Knopf unrecht sitzt, oder eine Naht schief genäht ist, darauf kommt am Ende wenig an; und wer sieht darnach? Man ist einmal daran gewöhnt, und oft steckt's grade darinnen, und muß so sein. So ein: »Befiehl du deine Wege« z. E., das man in der Jugend, in Fällen wo es nicht so war wie's sein sollte, oft und andächtig mit der Mutter gesungen hat, ist wie ein alter Freund im Hause, dem man vertraut und bei dem in ähnlichen Fällen man Rath und Trost sucht. Wenn man den nun anders montirt und im modernen Rock wieder sieht, so traut man ihm nicht und man ist nicht sicher ob der alte Freund noch darinn ist... Da pfleg ich wohl bisweilen in der Kirche, wenn die Gemeinde nach der Verordnung singt, still zu schweigen und im Herzen die alte Weise zu halten«. Goethe endlich läßt sich also vernehmen: »Darum kann ich die Liederverbesserungen nicht leiden. Das möchte für Leute sein, die dem Verstand viel und dem Herzen wenig geben. Was ist daran gelegen was man singt, wenn sich nur meine Seele hebt und in den Flug kömmt, in dem der Geist des Dichters war. Aber wahrhaftig, das wird einem bei den gedrechselten Liedern sehr einerlei bleiben, die mit aller kritisch richtigen Kälte hinter dem Schreibpult mühsam polirt worden sind«.*)

Die Vernunft= und Naturreligion hat jedoch ihre dichterische Ueberlegenheit nicht ausschließlich die alten Lieder fühlen lassen, sie hat auch eine eigene Poesie zuwege gebracht. Aber hier zeigte sich nun erst in vollem Umfange, wie dem Rationalismus mit dem lebendigen Christus selbst alles rein natürliche dichterische Vermögen abhanden gekommen war. Es ist schwer keine Satire zu schreiben. In seinen Orginalschöpfungen feiert der deistische Glaube und renom= mistische Moralismus wahre Orgien naturalistischer Geschmack= losigkeit. Hier erst, wo der Rationalismus sich vollständig

---

*) Leitriß, Stimmen berühmter Staatsmänner, Dichter ꝛc. über das unver= fälschte Kirchenlied. Berlin 1869. Vgl. darin auch besonders das Urtheil von Karl v. Holtei S. 16 ff.

frei und ungezwungen bewegen darf, offenbart er den ganzen unerschöpflichen Reichthum seiner lehrhaften Altklugheit und poesielosen Empfindsamkeit.

Die sog. Beweise für das Dasein Gottes, Gottes Wesen und Eigenschaften, die Schöpfung, Erhaltung und Regierung der Welt, der Mensch nach Leib und Seele, Augen und Ohren und allen Gliedern, Vernunft und allen Sinnen, der Mensch in seiner Würde und Bestimmung als Welt= bürger und Gottesverehrer mit allen Tugenden und Lastern, auch Essen und Trinken, Haus und Hof, Weib und Kind, Acker, Vieh und alle Güter, überhaupt der erste Artikel des Apostolikums — das waren hauptsächlich die Gegenstände einer zuvor nie dagewesenen fabrikmäßigen Reimerei.

»Wie könnt ich zweifeln, daß du bist? Zu sichtbar ist's, daß Güt und Macht den Weltenbau hervorgebracht«. Und ich? Ich bin ein Mensch! O Menschen seid Menschen! Von diesen soliden Gemeinplätzen aus verstieg sich die aufgeklärte Muse in so entlegene Regionen, daß sie schließlich sogar die Eigenschaften der Luft und der Schwimmblase des Fisches in physikalischer Begeisterung ansang. Neben dem Kantischen Imperativ und der Freimaurerei, mitten unter Brennholz, das uns im Winter wärmt und schützt, und versifizirten Lehrsätzen aus der Anatomie, Psychologie und Logik wird freilich auch des Herrn Jesus gedacht. Aber wie? »Du Glaube, heilsam für die Welt, du Glaube voller Ruh, daß ohne Gott kein Haupthaar fällt, du nahmst durch Jesum zu«. Sehr viel mehr wußte man von Jesus auch in den neuen Festliedern nicht zu sagen.

Ueberall viel Worte und wenig Inhalt. Die Sprache ist ja die Hauptsache, denn: »Nimmer könnt ich hier auf Erden weise, froh und glücklich werden, müßt ich ohne Sprache sein«. Für ein nicht minder erhebliches Unglück

hätte es jedoch auch angesehen werden müssen, wenn der
Schöpfer beim Bau des menschlichen Auges die Augenlider
weniger praktisch eingerichtet hätte. »Ach, heißt es darum,
ach, wie würd es elend lassen, wenn man sie (die Augen=
lider) mit Händen fassen und nach aufwärts ziehen müßte,
das bedenke, lieber Christe«. Aber was wäre das Leben
erst ohne Reinlichkeit! »Reinlichkeit veredelt unsere Triebe,
knüpfet enger das verschlungne Band, selig wem der
Unschuld reine Liebe ihre Blüthen um die Schläfe wand«.
Zu Nutz und Frommen der Kinder schuf man daher auch
ein Lied über den Nachahmungstrieb, der uns »früh zu
unserer Wohlfahrt« hinzuführen bestimmt ist. Es hängt
eben eins am andern. Bei den Kindern denkt man un=
willkürlich wieder an den Segen der Schutzpocken und dankt
Gott, daß er uns »das Thier geschenket, das mit seiner
Milch uns tränket, das die Seuche schnell verbannt.«

Jedennoch, der Mensch, der sich »dem Dienst der Brüder
weiht« und dem Vaterlande theils »durch Kunst«, theils
»durch die Arbeit rauher Hand« zu nutzen sucht, ja der
»mit festem Muthe Gott und der Tugend treu« ist und
»von Sündenliebe frei sich seines Werthes freuen darf«,
dieser Mustermensch braucht zu seiner Glückseligkeit nicht
blos Gesundheit, sondern auch Schlaf. Er thut darum
wohl daran, nach der Melodie: »Wie schön leucht't uns der
Morgenstern« sehr geschmackvoll den dankbaren Genuß des
Schlafes zu besingen. Aber ach, wenn »des Arztes Blick
mir erklärt, was sein Ausdruck mir verschwieg«, dann —
»verzeih den Trieben der Natur! Nicht murren, weinen
will ich nur!« »Auf Gräbern der Entschlafenen sei der
Tugendbund aufs Neue versiegelt! Hier gelobe ich der
Tugend ew'ge Treue!«

Dies letztere Gelübde birgt nun aber in sich die frucht=
baren Keime zu einem ganzen Stoppelfeld dürrer Pflichten=
und stroherner Morallieder, die nach der bekannten Ab=
schreckungstheorie die Tugend meinen, indem sie das Laster
möglichst breit treten. Zu den Lastern gehört jedoch nicht
blos der blinde Aberglaube, der Geisteszwang und Gewissens=
druck, sondern auch das unvernünftige Verhalten gegen
Thiere und Bäume. Denn: »Das kleinste Thier betritt die
Welt mit mir auf gleiche Weise; es fühlt sein Dasein und
erhält sich auch mit Trank und Speise; hat ebenso wie ich
ein Herz, hat Sinneskraft, fühlt Lust und Schmerz und
liebt wie ich das Leben«. Wer darum »frech ein Mit=
geschöpf betrübt«, den treffen ebenso Schmach und Schande
wie den Baumfrevler. Und bei dieser Gelegenheit entgeht
denn sogar der Apfelwein seinem Schicksale nicht, poetisch
abgezogen zu werden. Es heißt: »Nicht des Pilgers Durst
allein, der Kranken Pein nur stillet der Bäume Frucht;
ein süßer Wein, der aus dem Apfel quillet, erfreut auch des
Gesunden Herz und führt es dankbar himmelwärts zu Gott
dem Freudengeber«. Wobei wir übrigens weiter kein Gewicht
darauf legen wollen, daß diese Strophe den Verdacht erweckt,
als muthe sie dem durstigen Pilger, der unter Obstbäumen
seine Straße dahinzieht, eine straffällige Handlung zu.

Mit abschreckenden Farben wird unter andern Lastern
besonders auch das der Spielsucht geschildert. Welch ein
grausiger Anblick der Spieltisch und der Spieler! Betrüger
lauern voller Tücke auf sein Geld und Gut. Sein Herz
ist nicht dem Berufe, nur dem Spieltische geweiht. Der
innre Trug malt ihm Gewinn, und ach! der Thor, er raubt
sich selbst sein Geld und erkauft sich nur Verdruß.

Das ist freilich alles leider nur zu wahr. Auch ist es
denjenigen Rationalisten, deren Leben viel besser war als

ihr System, ohne Zweifel mit dergleichen gereimten Moral=
predigten durchaus Ernst gewesen, aber wer es über sich
gewinnen kann, dieselben schmackhaft zu finden, dessen
Geschmacksnerven müssen sich in einem nicht eben beneidens=
werthen Zustande der Verwahrlosung befinden. Die ratio=
nalistischen Lieder konstatiren einen poetischen Bankrott, wie
er gründlicher nicht gedacht werden kann. Frische, Schwung=
kraft, Volksthümlichkeit, es ist alles dahin. An ihre Stelle
ist kahle Reflexion, hohles Pathos getreten. Die Phantasie
sinkt selbst in den relativ bessern Liedern nach kurzem Anlauf
alsbald flügellahm wieder auf die dürre Haide abstrakter
Allgemeinheit und geschwätziger Lehrhaftigkeit herab. Die
deistischen, arianischen und pelagianischen Irrthümer, in
denen die Dichter befangen waren, erzeugten ihrer Natur
nach in den Gemüthern eine solche gähnende Oede, daß ein
innerer Anlaß, ein Herzensbedürfniß zu poetischer Aussprache
eigentlich gar nicht vorhanden war. Denn was sie der
Seele Leben nannten, die abstrakte Tugend, das macht
bekanntlich keine Gedichte. Da nun aber doch gedichtet
werden mußte, so konnte sich's nur um die Aneignung einer
gewissen handwerksmäßigen Routine handeln. Vielfach wurde
durchaus fabrikmäßig, auf Bestellung gearbeitet. Die
Gesänge wanderten oft noch rauchend in die Druckerei, um
die im Schematismus des Gesangbuchs noch vorhandenen
Lücken auszufüllen. Wenn darum diejenigen zu beklagen
waren, in deren Dienst man die Aufklärung reimte, so waren
es die, welche sich diesem Geschäft unterzogen, noch viel
mehr. In der peinlichen Lage, bei vollständiger innerer
Mittellosigkeit außer den prosaischen Ausgaben auf der
Kanzel und am Altar, Taufstein und Grabe auch noch
poetische für das Gesangbuch machen zu sollen, blieb ihnen
nichts anders übrig, als entweder bei der dürftigen Predigt=

prosa eine poetische Anleihe zu machen, oder den matt=
glimmenden Aschenhaufen anstudirter Begeisterung unter
einem ganzen Laubwald rauschender Phrasen künstlich
zu verbergen. Daher denn auch die eigenthümliche Er=
scheinung, daß in den meisten rationalistischen Fest=, Glau=
bens= und Gebetsliedern es sich immer nur um Gefühle und
Empfindungen handelt, dergleichen nur derjenige andern
aufzureden und anzudichten sucht, der sie selbst nicht besitzt.
Wer wirklich an der Krippe gejubelt, am Auferstehungsgrabe
triumphirt und unter dem Kreuze geweint hat, wie der
Rationalismus in seiner Poesie versichert, der bringt eben
solche Poesie überhaupt nicht fertig, der deklamirt nicht,
sondern der singt. Darum, die rationalistische Poesie mag
ehrlich und aufrichtig sein in ihrem Moralismus, Huma=
nismus und Naturalismus, als Poesie des christlichen
Glaubensbewußtseins und der gläubigen Erfahrung der
biblischen Heilsthatsachen ist sie eine wenn auch vielfach
unbewußte Unwahrheit.

Nicht oft genug kann endlich der Umstand hervorgehoben
werden, daß gerade im Zeitalter Goethe's und Schiller's der
vollständige Bruch mit dem Bekenntniß der Kirche eine
Poesie zur Folge haben sollte, die als eine grausame Ironie
auf die gleichzeitigen klassischen Meisterwerke erscheinen und
die Abneigung gegen das herrschende rationalistische Kirchen=
thum, ja gegen das positive Christenthum überhaupt, von
welcher die klassischen Dichter ohnehin schon erfüllt waren,
bis zur Verachtung steigern mußte.*)

In zahllosen privaten und offiziellen Liedersammlungen
liegt der poetische Niederschlag des Rationalismus vor. Aus

---

*) Zwar bin ich kein Widerchrist, kein Unchrist, aber doch ein decidirter
Nichtchrist. Goethe an Lavater.

den geöffneten Schleusen des Unglaubens ergoß sich in
der Zeit zwischen dem siebenjährigen Kriege und den Be=
freiungskriegen eine wahre Sinfluth von Gesangbüchern
über das deutsche Volk. Eins der ersten modernisirten
Kirchengesangbücher erschien 1765 zu Berlin. Der Verfasser
desselben war der Beichtvater der regierenden Königin Eli=
sabeth Christine, der Oberkonsistorialrath Diterich. Sein
Gesangbuch galt fortan für das Mustergesangbuch der Auf=
klärung und wurde das Signal zum allgemeinen Umsturz
sämmtlicher Landeskirchengesangbücher. Alt sind in demselben
nur die vorgezeichneten Melodien. Alles übrige ist neu
oder im Geiste einer »vernünftigen Andacht« erneuert.
Ungeändert sind nur die 42 Lieder des Herausgebers.
Dagegen haben sich selbst die Lieder eines Klopstock, Cramer,
Cronegk, Sturm und Gellert, die doch sämmtlich der neuesten
Zeit angehörten, sublimirende Korrekturen gefallen lassen
müssen. Luther's Lied von der festen Burg fehlt ganz.
Diterich zog die Gellert'sche Paraphrase vor: »Wenn Christus
seine Kirche schützt«.

Es war der ausdrückliche Befehl des Königs, daß das
gedachte Gesangbuch in der erweiterten Gestalt, die es
später angenommen hatte (Mylius), spätestens mit dem
Anfange des 1783sten Jahres in den evangelischen Kirchen
und Schulen der sämmtlichen preußischen Provinzen zum
öffentlichen Gebrauche eingeführt werden sollte. Aber viele
Gemeinden zeigten durchaus keine Lust, sich ohne weiteres
das neue ihrer innersten Art fremde Gesangbuch aufoktro=
yiren zu lassen. Die Einführung desselben stieß an vielen
Orten auf unüberwindliche Schwierigkeiten und scheint darum
vielfach unterblieben zu sein. Vier Berliner Gemeinden
wendeten sich mit der Bitte an den König, das alte Porst'sche
Gesangbuch behalten zu dürfen. Viele Berliner Bürger

ließen die Kurrentschüler, wenn sie mit dem neuen Gesangbuch
kamen, nicht mehr vor den Häusern singen. Die Pommerschen,
Ostfriesischen und Magdeburger Landstände wurden infolge
eines von ihnen eingereichten Protestes von der Einführung des
»Mylius« dispensirt. Hie und da kam es zu Unruhen und
ärgerlichen Auftritten, selbst während des Gottesdienstes.
Einzelne Geistliche, welche die Einführung des Gesangbuchs
erschleichen oder erzwingen wollten, wurden insultirt. Man
protestirte gegen die neuen Lieder als den Grundwahrheiten
der christlichen Religion widersprechend und überdies für den
gemeinen Mann zu hoch und unverständlich. Kortum, der
Verfasser der Jobsiade, gab eine eigene Schrift gegen das
neue Gesangbuch heraus. Auch sonst fehlte es nicht an
Streitschriften für und wider. Mag nun auch bei vielen
aufsässigen Gemeinden die Kostenfrage und die Gewohnheit
das Ihrige gethan haben, ein Rest alten Glaubens war
jedenfalls in den Gemeinden vielfach noch vorhanden, und
es war gewiß für sehr viele eine Herzens= und Gewissenssache,
wenn sie dem neuen Gesangbuch gegenüber das Lied an=
stimmten: »Halte was du hast empfangen, du mein theur
erkaufter Christ«. »Ja, wenn der Teufel etwas Arges vorhat,
die Leute einmal aufzubringen, so läßt er eben ein neues
Gesangbuch aufbringen.«

Auch in den außerpreußischen Landeskirchen gab es noch,
überall ihrer 7000, die ihre Kniee nicht beugen wollten vor
Baal. Als im Königreich Württemberg das neue Gesangbuch
vom Jahre 1791 eingeführt werden sollte, argwöhnte das
Volk, die Veränderungen seien aus Ueberdruß am alten gesche=
hen und man wolle ihm mit dem alten Ausdruck seinen alten
Glauben nehmen und mit dem neuen Ausdruck einen neuen
Glauben unterschieben oder es auch gar katholisch machen.
Deshalb ließen sich die Gemeinden in vielen Dörfern und

manchen Städten zu den gröbsten Widersetzlichkeiten hinreißen. Die Liedertafeln wurden in den Koth geworfen. Statt der aufgesteckten neuen Lieder wurden andere aus dem alten Gesangbuch mit wüthendem, die Orgel übertönenden Zeter= geschrei angestimmt. Die Orgeltreter wurden von der Orgel weggerissen. Die Geistlichen und wer sich sonst mit dem neuen Gesangbuch blicken ließ wurden mit Häuseranzünden und Fenstereinwerfen bedroht. An manchen Orten nahmen die Unruhen einen so drohenden Charakter an, daß militä= rische Hülfe requirirt werden mußte. Viele separirten sich von der Kirche.

Diese Vorgänge mögen zum Beleg dafür dienen, daß die rationalistischen Gesangbücher durchaus nicht überall einem längst gefühlten Bedürfnisse abhelfend entgegen kamen. Für die Mehrzahl der Gebildeten bedurfte es ja entweder überhaupt keines Gesangbuchs, oder doch nur eines solchen, wie's der Rousseau'sche Naturpädagog Basedow im Jahre 1767 unter dem Titel herausgab: »Universalgesangbuch zur gesellschaftlichen und unanstößigen Erbauung auch für solche Christen«, welche verschiedenen Glaubens sind. Auch ein Gesangbuch für Gartenfreunde und Liebhaber der Natur hätte vollkommen genügt. Schon damals galt, was Schleier= macher den Gebildeten seiner Zeit zuruft: »Ich weiß, daß ihr weder in heiliger Stille die Gottheit verehrt, noch auch die verlassenen Tempel besucht«. Das Volk selbst in seinem Kern mußte für die neumodischen Gesangbücher erst erzogen werden. Das wußte übrigens der Rationalismus recht wohl. Aber der Mensch gewöhnt sich schließlich an alles, warum nicht an ein schlechtes Gesangbuch? Wenn nur diese Gewöhnung nicht so bittere Früchte getragen hätte. Denn, wie schon ein alter Liederfreund bemerkt hat, »alte gute oder bewährte Gesangbücher ändern oder gar abschaffen, bedeutet gar viel. Gott verhüte, daß im Kirchen= und Polizeiwesen nicht etwas Gefährliches daraus entstehe.« Und wenn Friedrich der Große am Ende seiner Regierung die denk= würdige Aeußerung hat fallen lassen: »Meine schönste Bataille würde ich darum geben, wenn ich Religion und Moralität unter meinem Volke wieder da haben könnte, wo ich sie bei meiner Thronbesteigung fand. Ich sehe wohl, daß ich hätte mehr dazu thun sollen« — was bedürfen wir dann weiter Zeugniß? Derselbe König hatte als Kronprinz im Jahre 1739 an Voltaire geschrieben: »Es gibt nur Einen Gott und Einen Voltaire in der Welt, und Gott hat eines Voltaire bedurft, um dies Jahrhundert liebenswürdig zu machen«. Mit der wachsenden Aufklärung ging der Verfall des kirch= lichen, sittlichen und nationalen Lebens der deutschen Nation Hand in Hand. Und daß man dem Volke das Brot seiner Lieder nahm und ihm einen Stein dafür bot, dadurch ist zwar dieser Verfall nicht erst verursacht, wohl aber in hohem Grade beschleunigt worden. Denn das Gesangbuch ist die eigentliche Volksbibel. In seinen Liedern betet, glaubt und bekennt, trauert, jubelt und tröstet sich das Volk. Und es ist darum nicht gleichgültig, welche Sprache diese Lieder reden, welcher Geist in ihnen weht. Die Sprache der Aufklärung aber konnte nur entnationalisirend wirken, denn es ist nicht die Sprache der Väter. Und der Geist der Aufklärung konnte nur entchristlichend wirken, denn es ist nicht der Geist der Kirche.

14. Das Stimmungslied des neuerwachten Glaubenslebens.

Als ein Zeichen günstiger Vorbedeutung durfte es an=
gesehen werden, daß die Dichter der weltlichen Klassizität
trotz ihrer vornehm ablehnenden Haltung dem positiven
Christenthum gegenüber doch mit dem poetischen Treiben der
Aufklärung unverworren bleiben wollten. So konnte und
kann man doch nicht sagen, daß der Widerwille gegen die
Lieder des Rationalismus lediglich in dogmatischer Befangen=
heit oder unzureichender ästhetischer Durchbildung begründet
sei. Einen Lessing, Goethe und Schiller trifft dieser Vorwurf
nicht.

Von nicht zu unterschätzender Bedeutung für eine künftige
Regeneration der geistlichen Dichtkunst waren ferner die Be=
mühungen Herder's um das weltliche Volkslied. Als geist=
licher Dichter ohne Bedeutung hat Herder doch als Samm=
ler, Bearbeiter und Beurtheiler weltlicher Volkslieder gesundere
Zustände für das religiöse Volkslied positiv angebahnt. Indem
er den längst verschütteten Brunnen der wahren Volkspoesie
wieder aufgrub, ermöglichte er zugleich in weiten Kreisen
wieder das Verständniß für die Poesie des Volkes überhaupt.
Und damit war viel gewonnen. Denn ohne tiefere Einsicht
in das Wesen der Volkspoesie ist eine gerechte Würdigung

des Kirchenliedes nicht wohl möglich. Und wenn sich das=
selbe überhaupt wieder verjüngen sollte, so konnte dies nur
dadurch geschehen, daß die Dichter vom hohen Olymp der
sog. reinen Kunstanschauung herabstiegen und mit dem Volke
wieder in seiner eignen Sprache reden lernten. Denn man
mache sich doch keine Täuschung! Wie viel ist wohl von
unserer gesammten Kunstpoesie eigentlich ins Volk über=
gegangen?*) Welches sind denn die klassischen Muster, aus
denen das Volk, soweit es nicht den bevorzugten Bildungs=
kreisen angehört oder seine urwüchsige Art durch den Genuß
gemeinschädlicher Halb= oder Verbildung eingebüßt hat, noch
immer seine geistige Nahrung zieht? Man betrachte nur
ein echtes Volkslese= oder Liederbuch ein wenig genauer.
Wie ganz anders nimmt sich doch solch Buch aus verglichen
mit einem schöngeistigen Töchteralbum oder einer goldbro=
katnen poetischen Anthologie? Anpopularisiren läßt sich das
Volk nichts. Ihm mundet nur was nach der Quelle des
wahren Volkslebens schmeckt.

Und auch an solchem Quellwasser fehlt es in der Wüste
der Aufklärungszeit nicht ganz. Damit das Volk unterwegs
nicht gar verschmachte, damit es hoffen lerne, erweckte Gott
der Herr ihm in Matthias Claudius († 1815), dem Wands=
becker Boten, einen Mann und Dichter nach seinem Herzen.**)
In seiner Jugend nicht unberührt von den Einflüssen der
Zeit und wohl befreundet mit ihren literarischen Größen
ging Claudius später seinen eigenen Weg, fast einsam zwar,

---

*) Vergl. Herder, Stimmen der Völker in Liedern. Sämmtl. Werke. VIII.
S. 58.

**) Lübker, Lebensbilder aus dem letztverflossenen Jahrhundert deutscher
Wissenschaft und Literatur. Hamburg 1862. Mönckeberg, Matthias Claudius.
1869.

wie Hamann, der »Magus des Nordens«, aber fröhlich und vielem Volk zum Trost. Er ist eine freundliche, herzgewinnende lutherische Charaktergestalt. »Wir wollen, schreibt er an seinen Vetter Andres, wir wollen an ihn (Jesum) glauben, und wenn auch niemand mehr an ihn glaubte. Wer nicht um der andern willen an ihn geglaubt hat, wie kann der um der andern willen auch aufhören an ihn zu glauben?« »Ihr thätet besser, räth er den Rationalisten, wenn ihr suchtet, die Vernunft gläubig zu machen, statt umgekehrt den Glauben vernünftig«. »Zerbrich dir nicht den Kopf zu sehr, zerbrich den Willen, das ist mehr«. So zeugte er für den lebendigen Christus. Der Dichter der Luise nannte das ein immer tieferes Versinken in einen Morast. Von Goethe mußte sich Claudius um deswillen einen Narren voller Einfaltsprätensionen schelten lassen. Aber wenn er von den tonangebenden Meistern weniger erhoben wurde, so wurde er dafür von dem Volke um so fleißiger gelesen. Denn seine Volksschriftstellerei erinnerte, was Kraft und Einfalt der Sprache und zweifellose Glaubensgewißheit anlagt, wieder an Luther, und in seinen Liedern wurden Gott, Natur und Vaterland dem Volke wieder in einer Weise nahe gebracht, wie es seit Gerhardt kaum geschehen. Und doch sieht sein »Asmus« in gar manchem Stück fast weltlich aus. Er predigt selten oder fast gar nicht im gesalbten Kanzelton, hat vielmehr meist wunderliche, gar humoristische Einfälle. Aber mag er nun vom Riesen Goliath oder von dem »lieben vollen Becher« singen, es ruht bei ihm alles auf der Grundlage eines kerngesunden deutschen Gemüths und eines durchaus christlichen Lebensernstes. Sein Lachen ist ernsthafter als manches Weinen, seine freilich nicht immer ganz ungesuchte treuherzige Naivetät ergreifender als das kunstgerechteste Pathos. Ueberall spricht aus ihm, um mit

Herder zu reden, die unsträfliche echte Natur. Claudius ist der lutherische Alban Stolz, nur ohne die zahlreichen Ungenießbarkeiten desselben. Er ist der norddeutsche Peter Hebel, nur viel tiefer und körniger und sprachgewaltiger, ein Meister in dem, was er verschweigt. Ein kirchlicher Liederdichter war er nicht. Auch kann man ihn kaum einen geistlichen Dichter nennen, trotzdem er die seltene Gabe besitzt, selbst die gewöhnlichsten Dinge und Vorgänge der Natur und des Menschenlebens geistlich zu verklären. Die erbauliche Kraft seiner Lieder ist mehr nur eine mittelbare. Wir sehen den Quell des Heils nicht, aber wir hören ihn rauschen unter der Oberfläche. Und das Volk hat ein feines Gehör. Es zählt noch immer manches Claudiuslied zu seinen Lieblingsliedern, vor andern das Abendlied: »Der Mond ist aufgegangen«. Herder nahm dies Lied als das einzige zeitgenössische deutsche Lied in die bekannte Liedersammlung »Stimmen der Völker in Liedern« auf, um »einen Wink zu geben, welches Inhalts die besten Volkslieder sein und bleiben werden«, nämlich christlich zugleich und deutsch. Das Lied findet sich außerdem in mehreren Gesangbüchern und ist sogar ins Englische übersetzt worden: „The moon hath risen on high“.

Bei hellem und vollen Bewußtsein, im festen Glauben, freudig und gottergeben ist Claudius gestorben, wie seine älteste Tochter bezeugt, welche an den deutschen Mann und Hamburger Buchhändler Friedrich Perthes*) verheirathet war. Die ihn begruben auf dem Wandsbecker Kirchhof haben einen guten Mann begraben, und dem deutschen Volke war er mehr.

---

*) Friedrich Perthes Leben. 3. Aufl. Gotha 1855.

Der Bote ging in schlichtem Gewand,
Mit geschältem Stab in der biedern Hand,
Ging forschend wohl auf und forschend wohl ab,
Von der Wiege des Menschen bis an sein Grab.

Er sprach bei den Frommen gar freundlich ein,
Bat freundlich die andern auch fromm zu sein,
Und sahn sie sein redliches ernstes Gesicht,
So zürnten auch selbst die Thoren ihm nicht.

Doch wußten nur wenige, denen er hold,
Daß im hölzernen Stabe gediegenes Gold,
Daß heimliche Kraft in dem hölzernen Stab,
Zu erhellen mit Lichte des Himmels das Grab.

Nun ruhet er selbst in der kühligen Gruft,
Bis die Stimme des hehren Erweckers ihm ruft;
O! gönnet ihm Ruh in dem heiligen Schrein
Und sammelt die Aernten des Säemanns ein.

Friedrich von Stolberg.

Ein unternehmender Gegner erwuchs der Aufklärung in der romantischen Schule.*) Es ist hier nicht der Ort, die anfänglichen Einseitigkeiten und Verirrungen dieser Schule kritisch zu beleuchten. Wir haben es zunächst nur mit der Schule zu thun, die von ihren pantheistischen und ästhetischen Jugendsünden gereinigt gegen das platte Spießbürgerthum der Aufklärung und das vornehme Weltbürgerthum der Kunst= seligkeit für das Christenthum und das Deutschthum in die Schranken trat. Die Romantiker mögen mit ihrer ange= strebten Repristination des deutsch = christlichen Mittelalters einen Fehlgriff begangen haben, darin hatten sie doch Recht, daß dem deutschen Volk nur durch die Kirche Christi wieder geholfen werden könne. Und war nun auch das, was sie Kirche nannten, ein sehr verschwommenes Ding, und das

---

*) Vergl. Barthel, Die deutsche Nationalliteratur der Neuzeit. 8. Aufl. 1870.

Interesse, welches sie an der Wiederaufrichtung dieser Kirche nahmen, ein überwiegend ästhetisches, ja standen sie auch selbst zu ihren christlichen Idealen persönlich zum Theil nur in dem Verhältniß eines Propheten, der andern predigt und selbst verwerflich wird, — die bloße Thatsache, daß eine ganze Dichterschule das positive Christenthum wieder auf ihren Schild hob, konnte nicht ohne nachhaltige Wirkung sein. Wir reden zunächst nur von der geistlichen Poesie. Das Eine, was ihr vor allem noth war, vermochten freilich die »Nazarener«, wie Goethe die Romantiker nannte, nicht zu schaffen, nämlich ein kirchlich Volk. Aber daran vermochten sie die im Rationalismus verknöcherten Zeitgenossen zu er= innern, daß der Quell der geistlichen Poesie nicht im haus= backnen Verstande, sondern in dem warmen Gemüth und der Hingabe an Jesum zu suchen sei, und das wurde durch ihre geistlichen Lieder wieder klar, daß das todtgeglaubte Evan= gelium noch Geheimnisse in sich barg, von denen sich die Popularphilosophen nichts träumen ließen, so wie daß die verachtete Kirche in den nützlichen Naturbetrachtungen und den hohlen Unsterblichkeitsphrasen der Gesangbuchsmacher durchaus noch nicht den letzten poetischen Athemzug gethan hatte. Wirkte daher die Poesie der Romantiker ihrer ganzen subjektiven Art nach auch nicht unmittelbar kirchenliedbil= dend, so zog sie doch wie ein frischer Frühlingshauch durch die religiöse Stickluft auf der Grenze des XVIII. und XIX. Jahrhunderts und erweckte in vielen Herzen wieder die Sehnsucht nach den vergrabenen Heiligthümern des Volkes und der Kirche.

Der geistliche Liederdichter der romantischen Schule ist Novalis († 1801). Er starb im 29. Jahre seines Lebens, noch ehe sein christlicher Charakter, menschlich angesehen, zur Reise gekommen war. Er war eine überaus zartbesaitete,

faſt weibliche Natur. Die ganze ideale Unklarheit der Ro=
mantik, ihre myſtiſchen Spekulationen, ihre mit Katholizis=
mus ſtark verſetzten evangeliſchen Anſchauungen, das alles
wogte und gährte in ſeiner Seele. Nur mühſam bahnte er
ſich einen Ausweg aus den Irrgängen der Romantik und
gelangte erſt ein Jahr vor ſeinem Tode dahin, mit dem Heil
in Chriſto, das er vorher doch nur im Dämmerlichte einer
ſpielenden, träumeriſchen Phantaſie erblickt hatte, ganzen und
vollen Ernſt zu machen. Dafür zeugen ſeine Jeſuslieder:
»Was wär ich ohne dich geweſen«. »Wenn alle untreu
werden«. »Wenn ich ihn nur habe«. Es mag kirchlich
und theologiſch angeſehen an dieſen Liedern ja manches ſein,
mit dem ein lutheriſcher Sinn ſich nicht befreunden kann.
Verſetzen wir uns jedoch in die Zeit zurück, in welcher ſie
zuerſt erklungen ſind, ſo iſt uns zu Muth wie dem Sänger
des Hoheliedes (2, 12): »Die Blumen ſind wieder hervor
kommen im Lande, der Lenz iſt herbei kommen, und die
Turteltaube läßt ſich hören in unſerm Lande«, welches damals
gleich war als wie das Galiläa der Heiden. Wir vermögen
nicht einzuſtimmen in das Lob, welches Schleiermacher ſeinem
Freunde ſpendet, indem er ſagt: »Wenn die Philoſophen
werden religiös ſein und Gott ſuchen wie Spinoza, und die
Künſtler fromm ſein und Chriſtum lieb haben wie Novalis,
dann wird die große Auferſtehung auf beiden Welten ge=
feiert werden«. Wir ſind auch nicht im Stande, mit Fr.
Schlegel des Novalis Lieder für etwas Göttliches zu erklären.
Wohl aber tragen wir kein Bedenken, dieſelben, ſo weit ſie
von der Seligkeit in Jeſu handeln, dem Beſten beizuzählen,
was die rein individuelle Lyrik auf dieſem Gebiete über=
haupt hervorgebracht hat. Der frühvollendete Novalis flößt
uns in ſeiner Art eine ähnliche ſympathiſche Theilnahme
ein wie Theodor Körner.

Dieser Name gemahnt an ein tiefes Leid und an eine glorreiche Zeit, von deren Blüthen freilich nur wenige reifen sollten. Mit der Schlacht von Jena begann die Noth und die Schmach. Unter der Napoleonischen Zwingherrschaft sollte es offenbar werden, wohin es führt, wenn ein Volk seines Gottes und seiner Kirche, seiner Sprache und seiner Lieder, seiner Vergangenheit, seines Berufes und seiner Sitte vergißt. Der Gräuel der Verwüstung an heiliger Stätte war ein vollständiger. Was Theodor Körner dem tückischen Korsen ins Angesicht schleudert, daß er nämlich Recht, Sitte, Tugend, Glauben und Gewissen aus der Brust unseres Volkes gerissen habe, das trifft als eine furchtbare Anklage nicht minder die sog. Aufklärung des XVIII. Jahrhunderts. Indem sie die deutsche Nation entchristlichte und entnationalisirte, hat sie dieselbe zugleich verdummt und entnervt. Das Aas war da, es fehlten nur noch die Adler. Und sie ließen nicht auf sich warten. Die Fundamente der alten Reichs= herrlichkeit waren schon längst unterwühlt. Kein Wunder, daß sie beim ersten Sturm über Nacht in sich zusammen= stürzte und unter ihren Trümmern ein ganzes um seine alte Treue schnöde betrogenes Volk begrub. Das war ein Jammer. Eine Zeit war es voll Blut und Thränen. Da brach manch starkes Herz. Da galt es, mit der edlen Königin Luise nicht blos einen Tod zu sterben. Das Sterben währte viel lange Tage. Nun hieß es: Tröstet, tröstet mein Volk! Aber wo blieben die Götzen, denen man so lange gehuldigt hatte! Wo blieben sie nun die aufgeklärten, vernünftigen Tröster! Ihre Weisheit, die nun die Probe bestehen sollte, verflog wie Spreu, die der Wind zerstreuet. Und wo blieb die Kunst, von der man die Erlösung erhofft hatte von allem Uebel? Wie ein grausamer Hohn klingt das Wort aus Goethe's Munde: »Rüttelt nur an euern Ketten, ihr werdet sie doch nicht zerbrechen!« Sie sind doch zerbrochen worden. Denn die Noth lehrte wieder aufwärts schauen und glauben und beten. Sie hat auch wieder singen gelehrt. Mit dem christlichen Glaubensbewußtsein erstarkte auch wieder das deutsche Nationalbewußtsein. Mit der Kraft, die selig macht erwuchs von neuem die Kraft, die Knechtschaft bricht. Sobald man wieder anfing, an den in Christo offenbaren lebendigen Gott zu glauben, hörte man auf, am Vaterlande zu verzweifeln. Unter dem Kreuz der Trübsal wurde das eiserne Kreuz geschmiedet, ein Symbol des Zeichens, in dem wir siegen.*)

Die Dichter wurden wieder des Volkes Propheten. Aber es waren ganz neue Menschen und die nicht mehr lose und thörichte Gesichte predigten, sondern die vor allem das Volk auf die Kniee, zur Buße riefen. Als rechte Vaterlandsdichter waren sie zugleich christliche Dichter. Und weil sie als Volksdichter nur mit des Volkes Gedanken dachten und in seiner Sprache redeten und an seiner Seite litten und kämpften, darum waren ihre Lieder von zündender Wirkung in Hütte und Palast.

Wir haben jedoch die Dichtung der Befreiungskriege zunächst nur von ihrer geistlichen Seite ins Auge zu fassen. Am eigenartigsten tritt uns dieselbe entgegen in den geistlichen Liedern des Max v. Schenkendorf († 1817). In der Schule der Romantik ist er zum deutschen Manne herangewachsen, zum »Rheinhüter« und »Kaiserherold«. Eine romantische, an das katholische Mittelalter gemahnende Färbung haben auch etliche seiner geistlichen Poesien. Es er-

---

*) Vergl. W. Baur, Geschichts= und Lebensbilder aus der Erneuerung des religiösen Lebens in den deutschen Befreiungskriegen. 2 Bde. 3. Aufl. Hamburg 1872.

ging auch ihm, wie seinem Freunde und Waffengenossen, de la Motte Fouqué, der selbst auch geistlicher Dichter, von sich bekennt, »daß er denselben Gang genommen habe, wie die zum Christenthum bekehrten Völker der alten Zeit, erst Katholizismus, dann gereinigtes evangelisches Christenthum«. Und das war ganz natürlich. Die katholische Kirche, die zwar innerlich vom Rationalismus durchaus nicht unberührt geblieben war, hatte doch wenigstens äußerlich, in ihrem Kultus, noch den alten geheimnißvollen Zauber 'und sinn= lichen Glanz bewahrt, während die lutherische auch in ihren äußern Formen zu einer wahrhaft mitleiderregenden Kahl= heit und Nüchternheit herabgesunken war. Für poetisch an= gelegte Naturen mußte daher schon aus diesem Grunde der Katholizismus zu einer gewissen Versuchung werden. Aber selbst wenn es ihnen gelang, zum einfach bibelgläubigen Christenthum durchzudringen und sich an demselben genügen zu lassen, so konnte von dem, was man konfessionelles Be= wußtsein nennt, zunächst überhaupt noch nicht die Rede sein. In jenen Jahren des neuerwachenden Glaubenslebens traten die bekenntnißmäßigen Unterschiede noch durchaus zurück vor der seligen Freude, überhaupt nur Christum wiedergefunden zu haben. In Christo wußten sich die Gläubigen eins, mochten sie nun im übrigen äußerlich einer Kirchengemein= schaft angehören, welcher sie wollten. Es war die Zeit der erwachenden ersten Liebe, die goldene Maienzeit des Glau= bens, in welcher alle, die Christum lieb hatten, sich auch äußerlich als Brüder betrachteten und über dem, was sie christlich einigte, noch völlig das außer Acht ließen, was sie kirchlich trennte.*) Träumte man doch sogar in jenen Tagen den alten lockenden Traum einer großen allgemeinen christ=

---

*) Vgl. Kahnis, Christenthum und Lutherthum. Leipzig 1871. S. 4 ff.

lich germanischen Kirche. Schenkendorf trug sich mit diesem
Ideal. Er erblickte in der Verwirklichung desselben das ein=
zige Mittel der völligen Einigung Deutschlands. Für die
Reformation ging ihm das rechte Verständniß ab. Er sah
mehr auf die Zersplitterung nach derselben, nicht genug auf
den Segen durch dieselbe. Und doch fühlte und dachte er
in seinem innersten Kern durchaus deutsch, nicht römisch.
»Wie sich alle Blumen wenden zu dem hellen Sonnenlicht,
nehm aus den durchbohrten Händen jeder an, was ihm ge=
bricht«. Das ist der Grundzug seiner geistlichen Lyrik.
Christi Wege mit Palmen zu bestreuen, die Menschen ein=
zuladen in Gottes Reich, darin erkannte er je mehr und
mehr seinen Beruf als Dichter. Es ist etwas bräutlich
Verlangendes, Sehnsuchtsvolles in seinen seelenvollen Liedern.
Außerdem sind sie alle, wie das bekannte »Sonntagsfrühe«
von außerordentlicher Formvollendung.

Auch Theodor Körner war zugleich geistlicher Dichter.
Abgesehen davon, daß seine Kriegs= und Vaterlandslieder
allesammt jenen Glaubensheroismus athmen, der die deutsche
Jugend von den Altären hinweg auf die Wahlstatt führte,
hat er auch eine Anzahl geistlicher Sonette gedichtet, die aus
einem von der Sonne des Evangeliums nicht blos ange=
schienenen, sondern bereits wohlthuend erwärmten Herzen
kommen. Neben Körner aber steht als Sänger und Held
Ludwig Giesebrecht, der nicht nur als freiwilliger Husar
manch kräftiges Reiterlied gesungen, sondern auch als geist=
licher Dichter seiner Harfe gar liebliche Klänge entlockt hat.
(»Laßt mich meine Pfade still mit Christus gehn, was mir
fromme, schade muß ja er verstehn«.)

Die tiefsten Spuren hat jedoch Ernst Moritz Arnd
(† 1860) in der Bewegung der Zeit zurückgelassen. Was
dieser verehrungswürdige, fromme und ehrenfeste Mann für

die Erneuerung nicht blos des nationalen Lebens, sondern vornämlich auch des religiösen Denkens und Fühlens in den ersten Jahrzehnten dieses Jahrhunderts gewirkt hat, ist noch lange nicht genug gewürdigt. Er ist unmittelbar aus dem Volke hervorgegangen und verstand wie wenig andere das Eine, was dem Volke noth war. »Ich sehe, ruft er dem deutschen Volke zu, ich sehe dein Unglück und das Unglück deiner Kinder. Ich müßte ein heilloser Bösewicht sein, wenn ich nicht mit einem Worte der Strafe und Warnung drein riefe. Es ist deiner Bosheit Schuld, daß du so gestäupet wirst, und deines Ungehorsams, daß du so bestrafest wirst. Also mußt du inne werden und erfahren, was für Jammer und Herzeleid bringet, den Herrn deinen Gott verlassen und ihn nicht fürchten, spricht der Herr Zebaoth. Ohne recht= schaffene Buße war Deutschland und ohne lebendigen Glau= ben, ohne Liebe zum Vaterlande, seine Kraft vergeudend in Augenlust, Fleischeslust und hoffärtigem Leben, krank an Haupt und Gliedern. Keine Religion, keine Zucht, keine Begeisterung weder bei den Fürsten noch bei dem Volk. Die Jugend alt und grau geworden. Da kamen die Franzosen. Als Zuchtruthe wollte Gott sie brauchen, nicht als Meister. Aber dieser übermüthige Feind hätte nichts gegen Deutsch= land vermocht, wenn es sich selbst nicht untreu geworden, wenn es nicht das letzte Gefühl der Gemeinschaft verloren hätte, wenn nicht einzelne seiner Fürsten sich mit dem Unter= drücker verbunden gegen das eigene Vaterland. Deutsche Feldherrn, kennt ihr euer Volk? Gerade, einfältig, stark und tapfer ist es. Aber habt ihr nichts als Fäuste, so wisset, durch bloße Fäuste wird diese Welt weder befreit noch be= zwungen«. So redet Arndt. In mancher deutschen Er= innerung lebt sein Bild nur noch als das eines streitbaren Makkabäers, der mit dem Schwert des Geistes die Wälschen

zu Boden schlägt. Ja, aber das Recht und den Muth zu
solch heiliger Zornesthat hat er sich allein dadurch erworben,
daß er gleichermaßen die Axt dem faulen Baume des eignen
Volksthums an die Wurzel legte. Weil das Vaterland nächst
Gott seine höchste Liebe war, darum konnte er kein Volks=
schmeichler sein. Die Liebe machte ihn streng. Angenehme
Unwahrheiten hatte das Volk zur Genüge gehört. Nun
mußte sich zeigen, ob es überhaupt noch fähig war, die
Wahrheit zu vertragen d. h. ob es überhaupt noch eine Zu=
kunft hatte. Es bedurfte eines deutschen Mannes, der ihm
die rücksichtslose, bittre, verletzende Wahrheit sagte, damit es
gesunde und sich ermanne und frei werde. Arndt war dieser
deutsche Mann.

Wie und wodurch war er's geworden? Durch die Auf=
klärung nicht. Die Wurzeln seiner Charakterbildung liegen
in der heiligen Schrift, in der frommen altkirchlichen Sitte
seines Vaterhauses. Die triebkräftigen Keime des alten un=
verfälschten Glaubens hatte ihm die Mutter in die jugend=
liche Seele gepflanzt. Und was aus den schönen großen
blauen Augen dieser sinnigen und muthigen Frau hervor=
leuchtete, das waren Strahlen aus der Quelle alles Lichts.
Arndt bekennt es ja selber in großer Demuth: »Wenn mir
hin und wieder gelungen ist, deutsch sprechen und manches
singen zu können, so verdanke ich das am meisten von Kind
auf geübter fleißiger Lesung der Lutherbibel«. Dieser echt
deutsche Bildungsgang, nicht blos die Noth der Zeit, hat
ihn zu dem Deutschesten der Deutschen gemacht, schlicht, treu,
wahr, unbeugsam und doch liebreich, tapfer und fröhlich,
männlich und doch kindlich, weil stark und fest im Glauben,
abhold allem pharisäischen Scheinwesen. Weil er ein Mann
des Wortes und des Gebets war, darum ist er auch ein so
tapferer Sänger gewesen. Jedes deutsche Kind kennt nicht

blos Arndt's Vaterlands= und Kriegslieder, es liebt sie auch.
Ein heiliges Vermächtniß der Väter hat sie das Geschlecht
der Gegenwart überkommen und wird sobald von ihnen nicht
lassen können. So lange der Gott nicht gar veraltet ist,
der Eisen wachsen ließ und aus langer Schande Nacht uns
allen in Flammen aufgegangen war, so lange werden die
Lieder des Sängers von Rügen im Herzen unsers Volkes
unvergessen bleiben. Wir haben eben noch nichts, wodurch
jene Lieder in Zeiten vaterländischer Nöthe und Siege ersetzt
werden könnten. Ein so unmittelbarer Ausdruck der na=
tionalen Volksinnerlichkeit, von so frischer Ursprünglichkeit und
von so ungesuchter Popularität sind sie.

Weniger bekannt sind dermalen Arndt's 83 rein geist=
liche Lieder. Die hat er wenigstens nach den richtigen
Mustern gedichtet. Er sagt: »Ein jeder evangelische Christ,
der Lieder singen will, hat in seines Martin Luthers Bibel
und Liedern die rechten starken und einfältigen Muster«.
Was aber die Seele seiner geistlichen Lieder bildet, das
spricht er wiederholt aus, unter anderm in der Strophe:
»Vom Menschensohn, vom Gottessohn, dies bleibt das Lied,
der Klang der Ton. Mein Herz klingt seine Herrlichkeit
von nun an bis in Ewigkeit«. In Christo allein das Heil,
in seinem Blut allein der Friede mit Gott, das war sein
Glaubensbekenntniß, der diamantne Fels, auf dem er stand.
Mehrere seiner Lieder haben in neuern Gesangbüchern Auf=
nahme gefunden, wie das Weihnachtslied: »Der heilge Christ
ist kommen«, das Grablied: »Geht nun hin und grabt mein
Grab«, das Glaubenslied: »Ich weiß woran ich glaube«.
Ein Kirchenlied im strengen Sinne hat jedoch auch Arndt
nicht hervorzubringen vermocht. Von einigen Anklängen an
den alten Kirchenliederton abgesehen ist auch seine geistliche
Poesie mehr nur ein Ausfluß individueller Seelenstimmung

und Glaubens= und Lebenserfahrung. Des Dichters Schuld
ist es jedoch nicht, wenn seine Lieder nicht im Stil ob=
jektiver Kirchlichkeit gehalten sind. Dieser Mangel war
eben das Merkmal der Zeit, in welcher die Lieder entstanden
sind.

Daß Arndt auch zu denjenigen christlichen Patrioten ge=
hörte, welche es aufs tiefste beklagten, daß das Volk durch
die Toleranz der Aufklärung um seine alten Lieder war be=
trogen worden, versteht sich von selbst. Schon Schleiermacher
hatte im Jahre 1804 den Vorschlag gemacht, die verbesser=
ten Lieder bei Seite zu legen und auf die Kernlieder zurück=
zugreifen. Auch der Reichsfreiherr v. Stein trat für dieselben
ein. Von einem Staatsmanne über seine Meinung um das
Gesangbuch befragt, gab er folgende Antwort: »Vor das
Erste, das Gesangbuch muß mit dem allgemeinen christlichen
Glaubensbekenntniß übereinstimmen. Denn wer gibt einer
Gesangbuchs=Kommission oder einem Konsistorio oder irgend
einem Verein einzelner Personen die Befugniß, von diesem
allgemeinen Glaubensbekenntniß eigenmächtig abzuweichen.
Der, der es bezweifelt, der verlasse Kanzel und Katheder
und handle nicht gegen den ihm ertheilten Beruf. Würde
man es dulden, daß ein Professor einer Militärschule oder
ein Feldprediger Vorträge im Sinne der Quäker hielte, oder
ein Professor der Rechtsgelehrsamkeit Grundsätze aufstellte,
die [die Heiligkeit des Eigenthums, die Gültigkeit der Ver=
erbung untergrüben. Das wäre ein Gesichtspunkt, der bei
dem Gesangbuch zu fassen sein wird. Der andere wäre,
man wähle alte Lieder, bis zu Anfang des XVIII. Jahr=
hunderts. Denn das spätere Zeitalter, auch großentheils
das unsrige, ist kein religiöses, ist ein wissenschaftliches, in=
dustrielles, kommerzielles, politisirendes, geschwätziges, frech
absprechendes und höchst eitles Zeitalter. Ich würde also

unter den Tausenden von vortrefflichen alten Liedern aus=
wählen, sie nicht ändern, aus den eben angeführten Gründen,
zu denen hinzukommt, daß so viele Geschlechter in diesen
Trost, Erbauung und Asyl fanden gegen langweilige, kalte
Prediger, die ihr schales Machwerk oft mit einem widrigen
Organ, lächerlicher Geberde und großer Selbstgefälligkeit
vortragen«. Arndt jedoch reklamirte in seiner Schrift »Vom
Wort und vom Kirchenlied« die alten Liederkleinodien noch
ungleich energischer. Er führt aus, daß der echte Kern des
Protestantismus außer in der lutherischen Bibel in Klang
und Kraft geistlicher Lieder niedergelegt war. Dieser blieb
dem Volke lange Zeit unangetastet und unverkümmert in
seiner schönen Ganzheit. Erst in dem letzten halben Jahr=
hundert haben Mäuse, die eben keine scharfen Zähne haben,
angefangen, daran zu knaupern um ihn, wenn nicht zu zer=
fressen, doch zu zernagen. Wir kennen, ruft er aus, die
Zeit, wodurch unsere Jugend gegangen ist, welche nun,
Gottlob! hinter uns liegt und welche diejenigen, die sie am
gelindesten richten, die Zeit der Klügelei und Aufklärung
nennen, welche aber auch von vielen die Zeit der Verrucht=
heit und Gottlosigkeit gescholten wird. Deswegen muß das
Meiste, was in den letzten fünfzig Jahren gemacht und ein=
geführt ist, wieder abgeschafft und ausgekehrt werden, weil
es eitel Spreu und Dunst ist, wovon nichts bleibt, wenn
der rechte feurige Kehrbesen des Evangeliums und die Kunst
des höhern Geistes darüber kommt. Darum wette ich, so
lange deutsch gesprochen wird, werden Luther's und Gerhardt's
meiste Lieder leben und in christlichen Kirchen gesungen
werden, nicht weil der Luther oder Gerhardt sie gedichtet
hat, sondern der Geist Gottes. Ich habe bei Menschen
meines Bekenntnisses die große Hungersnoth gesehen, worin
sie gerathen sind durch die magern und dürftigen Katechis=

men und Gesangbücher, die ihnen die alte Einfalt und
Kraft des Wortes, die alte Innigkeit und Fröhlichkeit der
Sprache und des Glaubens verdünnt und weggewässert
hatten. Darum wollte Arndt denn auch in den Gesangbüchern
an den alten Liedern keine Ausbesserung einzelner Verse
gestatten, auch da nicht, wo unserer Zeit einiges hin und
wieder anstößig und veraltete Sprache scheinen möge. Auch
ungewöhnliche und veraltete Wortformen müßten stehen
bleiben.

So Arndt im Jahre 1819. Dagegen findet eine moderne Romanschriftstellerin, daß die Kernlieder eigentlich
weiter nichts sind als grobzugehauene, von gemein sinnlichen
Ausdrücken strotzende Verse, für die Anschauungen eines noch
auf niederer Bildungsstufe verharrenden Volksgeistes gedichtet!
Arndt's Worte waren nur ein Nachhall der dreihundert-
jährigen Jubelfeier der Reformation im Jahre 1817 und der
95 Thesen, welche Claus Harms bei dieser Gelegenheit wider
die Vernunftreligion veröffentlicht hatte. Durch alle edlern
Geister der Nation, die Jugend der Befreiungskriege voran,
ging wieder ein historischer Zug. Die germanistischen Sprach-
studien nahmen ihren Anfang durch Jakob Grimm. Die
Theologie begann sich wieder auf ihren eigentlichen Beruf
zu besinnen. Die Bibel wurde wieder ein Gegenstand des
Studiums. Die Hymnologie erhob sich zu einer selbständigen Wissenschaft. Die alten Lieder wurden in besonderen
Anthologien und Liederschätzen gesammelt und den Zeitgenossen zur Beurtheilung vorgelegt. In einzelnen Broschüren
wurden die Schäden der aufgeklärten Gesangbücher rück-
sichtslos aufgedeckt.*) Das Verlangen nach Rückkehr zum

---

*) R. Stier, Die Gesangbuchsnoth. Eine Kritik unserer modernen Gesang-
bücher mit besonderer Rücksicht auf die preuß. Provinz Sachsen. Leipzig 1838.

Alten wurde immer allgemeiner. Und so erschien denn im Jahre 1829 zu Berlin das erste Reformgesangbuch unter maßgebender Mitwirkung Schleiermacher's. Außerdem stehen am Schluß der Vorrede noch ·die Namen Brescius, Küster, Marot, Neander, Ritschl, Spilleke, Theremin, Wilmsen.

Allein das Buch befriedigte nach keiner Seite. Man war wie in den meisten landeskirchlichen Gesangbüchern, die seitdem in den dreißiger und vierziger Jahren neu erschienen sind, bei der Reform auf halbem Wege stehen geblieben. Man schuf, um allen religiösen und kirchlichen Glaubens= richtungen möglichst gerecht zu werden, ein Mixtum com- positum. Außer zahlreichen ältern Liedern fanden auch eine Menge rationalistischer Aufnahme. Damit war es von vorn= herein um die Einheit und Reinheit der Lehre geschehen. Das Hauptgebrechen bestand jedoch darin, daß man nicht blos an der Form der alten Lieder aus sprachlichen und ästhetischen Rücksichten ganz unnöthig gefeilt und geglättet, sondern sich sogar an dem Texte derselben aus dogmatischem Interesse allerhand abschwächende oder verwischende Korrek= turen gestattet hatte. Ein Schmolk'sches Lied beginnt mit den Worten: »Der Tod ist todt, das Leben lebet«. Dafür setzt das Berliner Gesangbuch: »Der Tod entflieht, nun siegt das Leben«. Zu dieser Korrektur bemerkte ein Mann aus dem Volke mißbilligend: »Wenn der Tod todt ist, so sind wir vor ihm sicher. Aber wenn er blos entflieht, so kann er auch wiederkommen«.

Die Frage im Betreff der 'Zulässigkeit solcher Verän= derungen überhaupt ist seitdem eine brennende geworden. Kein Gesangbuchsredaktor kann sie umgehen. Sie hat be= reits ihre eigne Literatur. Doch gehen die Meinungen selbst unter sonst Gleichgesinnten noch immer nicht unwesentlich aus einander. In alten Gesangbuchsvorreden werden nicht

selten »insonderheit Lutheri und anderer unverdächtiger Theo=
logen Lieder« als ein Stück des Glaubensbekenntnisses an=
gesehen. Lutherische Dogmatiker wie Valentin Löscher waren
nicht abgeneigt, für die rechtgläubigen kirchlichen Gesang=
bücher in ähnlicher Weise ein bindendes Ansehen zu fordern,
wie für die kirchlichen Bekenntnißschriften. Mag dies nun
auch eine zu weitgehende Forderung sein, so sind doch darin
alle einig, daß die Glaubenssubstanz der alten Lieder für
unantastbar, ihr rein biblischer und bekenntnißmäßiger Lehr=
inhalt für unverletzlich zu gelten hat. Die alten Glaubens=
und Zeugnißlieder, die ausgesprochenermaßen ein Korrektiv
des wechselnden Zeitgeistes sein wollten, in Ablagerungs=
stätten desselben umzuwandeln, ist einfach eine geschichtliche
Fälschung. Welch ein Sturm sittlicher Entrüstung würde
sich im antikirchlichen Lager erheben, wenn irgend ein luthe=
rischer Pfarrer auf den Einfall gerathen sollte, die »Götter
Griechenlands« von Schiller in einen Hymnus auf das
apostolische Zeitalter umzudichten und dies sein Elaborat
unter Schiller's Namen in die Schullesebücher einzuschmug=
geln, um die Jugend auf andere Gedanken zu bringen!
Noch hat unsers Wissens niemand an solch weltliche Lieder=
revolution gedacht. Aber was im Betreff der weltlichen
Klassiker als ein frommer Betrug gebrandmarkt werden
würde, das kann doch im Betreff der kirchlichen unmöglich
als eine That preiswürdiger Ehrlichkeit gutgeheißen werden.
Mag man die alten Lieder überhaupt verwerfen, wenn sie
dem fortgeschrittenen Zeitbewußtsein nicht mehr entsprechen
und ganz neue an ihre Stelle setzen. Dabei ist wenigstens
Konsequenz. Glaubt man aber der dichterischen Beihülfe
der Altvordern noch immer nicht entbehren zu können, so
lasse man ihre Lieder doch wenigstens als geschichtliche Zeug=
nisse unvermischt und unverfälscht. Der Einwand, daß es

sich ja bei einem Gemeindegesangbuch nicht um eine litera=
rische Urkundensammlung handelt, ist allerdings beachtens=
werth. Die Gemeinde steht in einem andern Verhältniß zu
ihren Kirchenliedern, wie der Literarhistoriker zu den gesam=
melten Werken eines Dichters. Die Gemeinde legt an ihre
Lieder das Richtscheit des Wortes Gottes nach Maßgabe der
kirchlichen Bekenntnisse. Aber eben darum muß sie fordern,
daß die schriftwidrigen Lieder entfernt, die schriftmäßigen
dagegen intakt erhalten werden.

Das gilt wie gesagt von dem Inhalte der Lieder. Ein
wenig anders liegt die Frage in Bezug auf die Form der=
selben. Es fehlt nicht, um einen Schleiermacher'schen Aus=
druck zu brauchen, an Altsingern, denen ein Gesangbuch nur
dann genügt, wenn an den Liedern aus dem XVI. und XVII.
Jahrhundert auch formell nicht ein Jota geändert ist. Der
im Jahre 1851 von Stip herausgegebene »Unverfälschter
Liedersegen« will mit seinen 876 Kernliedern auch was
sprachliche Treue anlangt als ein Mustergesangbuch angesehen
werden. Bei näherer Prüfung ergibt sich jedoch, daß der
Herausgeber wie es scheint beim besten Willen nicht im
Stande gewesen ist, das von ihm nachdrücklich betonte Prin=
zip der ursprünglichen Lesarten überall streng durchzuführen.*)
In der dritten Strophe des Liedes »Wie schön leuchtet der
Morgenstern« wird beispielsweise Christus genannt gratiosa
coeli rosa. Dies ist die ursprüngliche Lesart. Der un=
verfälschte Liedersegen verweist dieselbe jedoch unter den Text
und substituirt dafür allerdings ganz entsprechend »Süß und
holde Himmelsrose«. In dem Gerhardt'schen Liede: »Ich
bin ein Gast auf Erden« lautet der Schluß der zehnten
Strophe ursprünglich: »Je länger ich hier walle, je wen'ger

---

*) Vgl. Mützell a. a. O. S. VIII.

find ich Luſt die meinem Geiſt gefalle, das meiſt iſt Stank
und Wuſt«. In dem genannten Geſangbuch leſen wir ſtatt
deſſen: »Je länger ich hier walle, je wen'ger find ich Freud,
die meinem Geiſt gefalle, das meiſt iſt Herzeleid«. Wir
ſind mit dieſer Aenderung vollſtändig einverſtanden, aber
eine Aenderung iſt's doch. Solcher und ähnlicher Aenderungen finden ſich indeß nicht wenige ſelbſt in den korrekteſten
neuern Geſangbüchern. Die Frage iſt eben, ob man bei
der Wiederherſtellung des urſprünglichen Liedertextes die
Pietät ſo weit treiben ſoll, nicht blos das gute Alte, ſondern
auch das wirklich Veraltete, nicht blos das Ungewöhnliche,
ſondern ſogar das Unrichtige beizubehalten. Darum handelt
es ſich, ob man der Gemeinde der Gegenwart ein Geſangbuch zumuthen kann von abſoluter ſprachlicher Treue auch
in Bezug auf die Lieder des XVI. und XVII. Jahrhunderts.
Es gab eine Zeit, da hielt man ſolch Unternehmen für
ſelbſtverſtändlich. Gegenwärtig weiß jeder Sachkundige, daß
es unausführbar iſt, und zwar ſchon aus dem ganz einfachen
Grunde, weil ſich in ſehr vielen Fällen die originale Lesart
überhaupt nicht mehr mit Sicherheit feſtſtellen läßt. Es iſt
das Verdienſt Ph. Wackernagel's, durch ſeine umfaſſenden
hymnologiſchen Sammelwerke dies überzeugend nachgewieſen
zu haben. Dazu kommt, daß ein Kirchengeſangbuch, wenn
es lebensfähig ſein ſoll, die äſthetiſche und ſprachliche Entwicklung um ſeiner ſelbſt willen nicht vollſtändig ignoriren
kann. Man wird Bedenken tragen mit Meyfart zu ſingen:
»O Fleiſch, du Madenaas«. In Norddeutſchland wenigſtens
würde es zu einem argen Mißverſtändniß führen, wenn
man Chriſtum »niederträchtig« nennen wollte. Daß er gar
unſer »Advokat« und wir »Konſorten« der Engel ſeien wird
überall nur Kopfſchütteln erregen. Fremdwörter wie »for-
miret«, »harmoniret«, »Polizei« u. dgl. dürften gleichfalls

nicht zu verewigen sein. An der biblischen Terminologie wird jedoch unter allen Umständen festgehalten werden müssen. Das Biblische ist zu jeder Zeit das Angemessene und volksthümlich Verständliche. Aber selbst bei dieser Voraussetzung ist die Gefahr groß, wiederum in den rationalistischen Fehler der rein subjektiven Willkür zurück zu verfallen und an den Liedern so lange herumzubessern, bis die monumentale Form derselben völlig zerstört ist. Es gehört jedenfalls ein feiner kirchlicher und poetischer Takt, vornämlich aber eine umfassende geschichtliche Sprachkenntniß und ein eindringendes Verständniß der gesammten kirchlichen Volkslyrik dazu, um die etwaigen Unebenheiten eines alten Kirchenliedes als solche zu erkennen und mit schonender Hand eine Ausgleichung derselben zu versuchen. Wohin es führt, wenn man sich bei diesem Geschäft einseitig durch die Rücksicht auf den sog. gebildeten Geschmack leiten läßt, dagegen die kirchliche Tradition sowie das Schönheits= und Sprachgefühl des Volkes gänzlich ignorirt, zeigt unter anderm Knapp's Liederschatz in höchst lehrreicher Weise. Zum Glück jedoch sind es gerade die eigentlichen Kernlieder, an denen ein gesunder, für den Reiz originaler Volkspoesie empfänglicher Sinn entweder gar nichts, oder doch nur äußerst wenig auch in formeller Beziehung auszusetzen haben dürfte.

Zu den nach durchaus gesunden Prinzipien bearbeiteten neuern Gesangbüchern gehört vor allen Dingen das »deutsch evangelische Kirchengesangbuch« der sog. Eisenacher Konferenz vom Jahre 1854. Dasselbe enthält 150 Kernlieder, darunter 120 völlig unveränderte. Die Lieder stammen aus allen Perioden der kirchlichen Liederdichtung, mit alleiniger Aus= nahme der rationalistischen und der neuern Zeit. Nach der Absicht der Herausgeber (Vilmar. Bähr. Wackernagel. Daniel. Geffcken) sollten durch dies Gesangbuch, welches von

fast allen deutschen Kirchenregierungen gut geheißen wurde,
die bestehenden Landeskirchengesangbücher durchaus nicht
verdrängt werden, es sollte in demselben vielmehr nur ein
Liederkern oder Liederstock geboten werden, der allen Gesangbüchern bei allen sonstigen Eigenthümlichkeiten und Ver-
schiedenheiten fest und gemeinsam sein und bleiben sollte.*)
Das Gesangbuch sollte an seinem Theile die Einheit der
deutschen Nation fördern helfen.   Denn die Gesangbuchs-
zersplitterung ist doch in der That noch immer groß.   In
der Provinz Schlesien sind über 50 Gesangbücher, und
allein in den neun Gemeinden der Diözese Sprottau 7 verschiedene Gesangbücher im Gebrauch.   Und was am meisten
zu beklagen ist, in keinem derselben finden sich die gleichen
Lieder.   Die Eisenacher Gesangbuchs-Kommission hat die
fast unglaubliche Thatsache festgestellt, daß blos 6 Lieder
allen Gesangbüchern Deutschlands gemeinsam sind, nämlich:
»Allein Gott in der Höh« — »Befiehl du deine Wege« —
»Ein feste Burg« — »Jesus meine Zuversicht« — »O
Gott du frommer Gott« — »Wer nur den lieben Gott
läßt walten«.   Aber selbst diese sechs Lieder weichen im
Texte mannigfaltig von einander ab.   »Sonst sang ein
Handwerksbürschlein aus Aalen mit seinen Zunftgenoßen
aus Göttingen, Bremen, Hamburg oder Berlin ein geistliches
Lied in brüderlicher Eintracht.   Seitdem es aber so viele
Varianten gibt, als wir Städte zählen, seitdem verstummt
diese geistliche Liedereintracht, und alle Einheit des Glaubens

---

*) In Koch's Gesch. d. Kirchenliedes Bd. VII. S. 139. 3. Aufl. 1872
findet sich die Bemerkung, daß das Eisenacher Gesangbuch unter anderm auch
im Herzogthum Sachsen-Altenburg seit 1856 als Anhang im kirchlichen Gebrauch
sei. Dies ist ein Irrthum. In Sachsen-Altenburg besteht noch immer das im
Jahre 1807 von dem Generalsuperintendenten Demme besorgte Gesangbuch
ohne jeglichen Anhang.

und des Geistes würde unter uns aufhören, wenn Luther's
Bibel nicht wäre« (Schubart).*) Der Eisenacher Gesang=
buchs=Entwurf, welcher [diese Buntscheckigkeit in schonender
Weise auf ein erträgliches Maß zurückzuführen bestimmt war,
ist indeß an dem kirchlichen Partikularismus und Indivi=
dualismus gescheitert. Er ist wie die heilige Alliance ein
schöner Traum geblieben.

Dennoch ist die Zahl der guten, mindestens erträglichen
Gesangbücher, die seit 30 Jahren in vielen lutherischen und
reformirten Gemeinden nicht blos Deutschlands, sondern auch
der Ostseeprovinzen, der Schweiz, Frankreichs und Ame=
rika's wieder zur Einführung gelangt sind, eine gar nicht
unbeträchtliche. Und die Reformbewegung ist noch immer
im Fluß. Eine Anzahl Gesangbuchsentwürfe aus jüngster
Zeit harren ihrer Einführung.**) Dabei ist erfreulich, daß
man auch der äußern Ausstattung des Gesangbuchs wieder
größere Sorgfalt zuwendet und es namentlich wieder mit
Dichternamen und Jahreszahlen ausstattet, damit der
geschichtliche Sinn der Gemeinde auch durch das Gesangbuch
genährt werde. Nur sollte man sich endlich auch noch dazu
entschließen, den architektonischen Rhythmus des Strophen=
baus wieder herzustellen, damit jede einzelne Strophe für
sich ein künstlerisch abgerundetes Bild darstellt und damit
das Auge des andächtigen Lesers oder Sängers mit voller
ästhetischer Befriedigung auf dem Blatte ruhen kann. Noch
stößt freilich die Gesangbuchs=Reform überall, wo sie beabsichtigt

---

*) Es ist dies der auch als geistlicher Dichter bekannte Daniel Schubart,
welcher zehn Jahre lang auf der Festung Hohenasperg gefangen gehalten wurde.

**) Eine sehr empfehlenswerthe kleine Liedersammlung aus neuerer Zeit ist:
Liederlust der Zionspilger. Herausg. von Pf. Böttcher. 2. Aufl. Leipzig
1869.

wird, auf große Schwierigkeiten. Das rationalistische
Gesangbuch wird von den Trägern des Zeitgeistes gewöhnlich
als ein unantastbares Heiligthum, ja als ein theures Erbe
der Väter hingestellt, welches sich die Gemeinde um keinen
Preis wieder dürfe entreißen lassen. Das patriotische
Bestreben hingegen, dem Volke wieder zu einem wahrhaft
deutschen Gesangbuche zu verhelfen, wird gemeiniglich als
ein Ausfluß des krassesten Obskurantismus und hierarchischer
Herrschsucht, als ein monströser Anachronismus, ja als ein
Attentat auf Glauben, Vernunft und Sittlichkeit verdächtigt.
Das Ding an sich ist nach Arthur Schopenhauer der Wille,
in diesem Falle der Widerwille gegen den Glauben der alten
Lieder.

Die Gesangbuchsfrage kann nur in Verbindung mit der
kirchlichen Frage überhaupt gelöst werden. Daß sie aber
überall im Sinne der gesunden Lehre gelöst werde, ist nicht
blos ein kirchliches und christlich sittliches, sondern ebenso ein
nationales Kulturinteresse.*) Denn das Gesangbuch ist ein
Volksbuch von ganz eminenter Wichtigkeit. Es liegt dem
gemeinen Manne näher als selbst die Bibel. Es ist nicht
nur ein Kirchenbuch, sondern ganz besonders auch ein Haus=
und Familienbuch, ein unentbehrliches Noth=, Trost= und
Hülfsbüchlein und als solches von maßgebendem Einflusse auf
Sprache, Sitte, Bildung und Denkungsart eines sehr
beachtenswerthen Theils der Nation. Das Gesangbuch ent=
hält in sich, wenn auch theilweis nur potentiell, all die
natürlichen sowohl als volks= und heilsgeschichtlichen Mo=
mente, aus deren Ertrag sich die Volkspersönlichkeit zusammen=
setzt. »Einst hatten wir eine wahre Volkspoesie, welche

---

*) Vgl. des Verf. Aufsatz: Die nationale Bedeutung des Gesangbuchs.
Ev. Kirchenzeitung. Jahrg. 1870. No. 81 ff.

zugleich echt christlich und deutsches Gemeingut war. Sie war ein nationales Band, eine poetische Bildungsschule fürs Volk, ein gemeinsames Bekenntniß des Glaubens, eine Vereinigung der Gemeinden, ja der Kirchen. Diese mächtigen Hebel alle hat die Kirche sich aus der Hand winden, von einer falschen Aufklärung sich abschmeicheln lassen; nur das Mittel sie wieder anzusetzen, ist ihr geblieben — die Gesangbücher« (B. v. Strauß).

Die lebendige Gemeinde hat ein Recht auf ein gutes Gesangbuch, denn sie hat ein Recht zu existiren. Gut aber nennen wir das Gesangbuch, wenn es materiell auf dem Grund der lutherischen Bekenntnisse steht, also ebenso all= gemein christlich wie speziell konfessionell ist; wenn es die Einheit und Reinheit der Lehre, den Reichthum und die Mannigfaltigkeit des Lebens in positiver, unzweideutiger Weise zum Ausdrucke bringt; wenn es die Kontinuität der kirchlichen Poesie in ihren Hauptvertretern und so weit möglich auch die Liedertradition der Provinzialgemeinde aufrecht erhält; wenn es endlich formell den Orginaltext der Lieder thunlichst intakt darbietet.

Mit dem Gesangbuche war nun aber im XVIII. Jahr= hundert selbstverständlich auch das Choralbuch verwässert worden. So ergiebig jedoch der Rationalismus an neuen Melodien war und so unermüdlich, die alten zu verbessern, so wenig hat er mit seinen gesanglichen Leistungen etwas anderes dokumentirt als die gänzliche, trostloseste Verkom= menheit der kirchlichen Gesangskunst. Seine Choräle sind zum Sterben langweilig. Die alten Kernlieder nehmen sich in denselben aus wie Nibelungen in Schlafrock und Pantoffeln.

Wollte man daher mit der Reform der Lieder nicht auf halbem Wege stehen bleiben, so mußte man dieselbe gleich= zeitig auch auf die Melodien ausdehnen. Denn erst mittelst

der ursprünglichen Singweisen können die in ihrer Ursprüng=
lichkeit wieder hergestellten Lieder zur vollen Wirkung kommen.
Dieser Erkenntniß sind zunächst höchst dankenswerthe geschicht=
liche Studien auf dem Gebiete des Kirchengesangs entsprungen.
Sodann ist man aber auch hie und da bereits wieder
dahingelangt, mit der Einführung des sog. rhythmischen
Gemeindegesangs Ernst zu machen. Allerdings findet der=
selbe auch unter Kunstkennern noch fortwährend zahlreiche
Gegner. Man glaubt ihn aus allerhand künstlerischen,
historischen und erbaulichen Gründen beanstanden zu müssen.
Es ist sogar behauptet worden, der musikalische Takt übe
eigentlich nur eine Wirkung auf rohe und ungebildete
Naturen, da ja auch Pferde und Elephanten im Takte
marschiren lernen. Wir lassen den Streit auf sich beruhen.
So viel ist gewiß, daß die feierliche Würde des Gottesdienstes
durch den rhythmischen Choral in keiner Weise beeinträchtigt
wird. Bei geschickter Handhabung desselben hat sich vielmehr
noch immer nur dies ergeben, daß die Gemeinden wieder
angefangen haben singen zu lernen als wie die Alten sungen,
in frischer Andacht, in schwunghafter Begeisterung. Wer
das für einen Gewinn hält, der wird nicht umhin können,
mit den zahlreichen frommen Wünschen, zu welchen der kirch=
liche Zustand der Gegenwart auffordert, auch den nach all=
gemeiner Wiedereinführung der rhythmischen Gesangsweise zu
verbinden.*)

Doch wir kehren wieder zur geistlichen Dichtung zurück.
Außer Arndt und Schenkendorf kommen zunächst einige
Dichter in Betracht, welche mit ihrer Jugend noch der ratio=
nalistischen Zeit angehören, wie Joh. Fr. v. Meyer († 1849),

---

*) Vgl. v. Tucher, Ueber den Gemeindegesang der evangel. Kirche. Leipzig
1867.

eine edle, mystisch gerichtete Persönlichkeit. Er singt wie Angelus Silesius und Novalis hauptsächlich von der Seligkeit in Jesu. Sein Glaubensbekenntniß hat er niedergelegt in dem tief empfundenen Liede: »Ich habe viel gelitten, doch Jesus litt noch mehr. Was er so hart erstritten ist mir nun Kraft und Wehr. Hinan zu seinem Hügel, du müder Sinn, hinan, und lern in diesem Spiegel, wie man ertragen kann«. An ihn reiht sich Wilhelm Hülsemann mit seinem bekannten Königsliede: »Vater, kröne du mit Segen unsern König und sein Haus«, und Karl August Döring, gestorben 1844 als Prediger in Elberfeld. Er war ein Mann der innern Mission. Er suchte wie Zinzendorf überall Seelen für den Herrn, namentlich auch durch Verbreitung christlicher Volksschriften und erbaulicher Traktate. Selbst auf Reisen trieb er die Arbeit eines geistlichen Säemanns. Die Zahl seiner geistlichen Lieder ist eine überaus große. Doch sind die meisten ohne tiefern poetischen Gehalt und auch formell nur mittelmäßig. Von einem der gelungensten lautet die Anfangsstrophe: »Seele willst du selig ruhn? Ruh allein in Gottes Willen. Eignes Sorgen, Wirken, Thun wird den Geist dir nimmer stillen: Uebergib Gott alle Last, was du bist und was du hast.« Erwähnung verdient auch Chr. Heinrich Sachse, gest. 1860 als Konsistorialrath und Hof= prediger in Altenburg. Für den Reformationsalmanach vom Jahre 1817 lieferte dieser gemüthvolle Dichter die ersten poetischen Beiträge. Von seinen Liedern haben einzelne in den Kirchengesangbüchern Aufnahme gefunden, namentlich das in seiner schlichten Einfalt ergreifende Grablied: »Wohl= auf, wohlauf zum letzten Gang«.

Einen Fortschritt in der Entwicklung der geistlichen zur mehr kirchlichen Dichtung bezeichnet Friedrich Rückert und zwar durch sein im Jahre 1824 zuerst veröffentlichtes

Adventslied: »Dein König kommt in niedern Hüllen«. Daß
Rückert unter den weltlichen Lyrikern der neuern Zeit die
erste Stelle einnimmt, ist allgemein anerkannt. Wir tragen
kein Bedenken, ihm auch unter den kirchlichern Lyrikern um
seines Adventsliedes willen eine hervorragende Stelle einzu=
räumen. Wir sehen von Rückert's persönlicher Stellung zur
Kirche hier gänzlich ab. Ein Kirchengänger war er jeden=
falls und mit seinem Fühlen und Denken wurzelte er durchaus
im Christenthum, obwohl er gelegentlich die unmuthige
Aeußerung hingeworfen hat: »Bricht einst mein Lebensmuth,
dann könnt ihr vielleicht mich erwerben, denn eure Lehre ist
gut zu nichts auf der Welt als zum Sterben«. Aber das
muß betont werden, daß in ihm sich endlich wieder einmal
ein weltlicher Lyriker ersten Ranges auch der kirchlichen Poesie
zugewendet hat. Schiller und Goethe sind bekanntlich an
ihr vorübergegangen. Von den reich gedeckten Tischen dieser
Dichter ist für die Kirche nichts abgefallen. Wohl machen
sie in ihren Dichtungen gelegentlich auch von kirchlichen
Motiven Gebrauch, aber dieselben sind fast regelmäßig der
römisch=katholischen Kirche entlehnt. In Rückert's Dichter=
garten ist dagegen in dem genannten Adventsliede eine
Blume erblüht, welche jedem lutherischen Gesangbuch zur
Zierde gereicht. Es fehlt zwar noch manches daran, daß
der Duft dieser Blume wieder ein ganz unvermischter, rein
kirchlicher sei, aber es ist doch wenigstens der Duft einer
Blume von der heimathlichen Flur der Volkspoesie. Das
Lied behandelt die Ankunft des Herrn, seinen Königszug
durch die Welt, die Herrlichkeit, den Segen und die Unent=
behrlichkeit seines Kommens in durchaus objektiver Weise.
Der Dichter hält sich einfach an die heilsgeschichtlichen That=
sachen, die jeder Christ kennt, und faßt das Ergebniß der=
selben in einen Gebetswunsch zusammen, der sich beim Blick

auf die Weltlage einem jeden von selbst aufdrängt. Die Tonart, aus welcher das Kirchenlied zu gehen hat, ist damit jedenfalls wieder getroffen, die Rückkehr zum historischen Stil angebahnt. Leider ist es jedoch bei dieser Anbahnung geblieben. Die neuern und neusten Dichter bewegen sich in der Hauptsache noch fortwährend auf dem Gebiet des lyrischen Genrebildes, der minutiös ausgemalten Gefühlssituationen.

Bei den dichtenden Frauen versteht sich das allerdings sozusagen ganz von selbst. Es ist aber bezeichnend für die neuere geistliche Lyrik, daß sich dieselbe wieder wie im XVII. Jahrhundert auch von Seiten der Frauen einer liebevollen Pflege erfreut. Wir erinnern nur an Agnes Franz, Louise Hensel (später katholisch), Louise v. Plönnies, Eleonore Fürstin Reuß. Im übrigen sind es vorwiegend Geistliche, in deren Händen die geistliche Poesie ruht, unter ihnen manche, die wie H. Möwes, die Schlachten der Befreiungskriege mit= geschlagen, oder wie Albert Knapp († 1864) und Philipp Spitta*) († 1859) während ihrer Universitätszeit der sog. allgemeinen deutschen Burschenschaft angehört haben, die zu dem Zwecke gestiftet ward, eine jede geistige und leibliche Kraft in christlich=deutscher Weise zum Dienste des Vaterlandes auszubilden.

Knapp und Spitta sind aber jedenfalls als die tonan= gebenden Repräsentanten der neuern geistlichen Lyrik überhaupt zu betrachten. Jener gehört dem Süden, dieser dem Norden Deutschlands an. Beiden ist das Evangelium von der gekreuzigten Liebe der Kern und Stern ihres Lebens. Beide singen als geborne, geistgesalbte Dichter in überaus zahl= reichen Liedern von dem Einen, das noth ist, jedoch in ver= schiedener Weise. Knapp's Poesie verräth den an den

---

*) Spitta, ein Lebensbild von Münkel. Leipzig 1861.

deutschen Klassikern geschulten Dichter. Es ist mehr eine
Poesie für die Gebildeten. In Spitta's »Psalter und
Harfe« dagegen kann sich jede Christenseele ohne Ansehung
ihres Bildungsgrades erbauen. Knapp hat es vielfach
geflissentlich auf die Hervorbringung von Kirchenliedern
abgesehen. Spitta ist mehr ein Dichter für die Privat=
andacht des Hauses. Knapp strebte eine Reform des Kirchen=
liedes an, eine Versöhnung des alten kirchlichen Geistes mit
den modernen Bildungsformen. In diesem Sinne schuf er
nicht nur eigene Lieder und gründete in dem »Christoterpe«
genannten Taschenbuche ein Centralorgan für verwandte
poetische Bestrebungen, sondern änderte auch höchst willkürlich
an den alten überlieferten Kirchenliedern, um sie den Zeit=
genossen mundrecht zu machen. In der Vorrede zu seinem
»Evangelischen Liederschatz«, der über 3000 Nummern ent=
hält, darunter mehrere Hundert Knapp'sche Originallieder,
hat er sich über seine hymnologischen Prinzipien des weitern
ausgesprochen. Spitta erkannte seine Lebensaufgabe je
länger je mehr nicht sowohl in literarischer, als in pasto=
raler Wirksamkeit. Was ihm der Herr an Geist und Leben
gab gestaltete sich zur Predigt und Lehre, selten zu einem
geistlichen Lied. Doch haben nicht wenige seiner bekanntesten
und beliebtesten Lieder, namentlich das nach Luk. 10, 9
gedichtete »O selig Haus, wo man dich aufgenommen« in
neuern Gesangbüchern Aufnahme gefunden. In viel um=
fänglicherem Maße ist dies aber der Fall mit den Liedern
Knapp's. Ihnen hat namentlich auch die reformirte Kirche
eine besondere Berücksichtigung zu Theil werden lassen. »Eines
wünsch ich mir vor allem andern« — »Der du zum Heil
erschienen der allerärmsten Welt« — »Einer ist's an dem wir
hangen« — »An dein Bluten und Erbleichen« — Das
sind Knapp'sche Lieder. Sie lesen und singen sich durchaus

fließend. Ihr Inhalt ist ein rein biblischer. Aber sie haben
eine zu moderne Physiognomie. Ihre Sprache ist nicht die
»treuherzige Altvatersprache«, ihre Poesie nicht die volksthümlich lutherische. Sie gleichen den neuern kirchlichen
Glasmalereien, denen bei aller Technik und Farbenpracht doch
jenes Etwas fehlt, welches den Zauber und das Geheimniß
der alten Kunst ausmacht. Es drängt sich einem bei
Betrachtung vieler Knapp'schen Lieder immer von neuem
der störende Zwischengedanke auf, daß sich der Dichter bei
seinen Inspirationen zu sehr von Erwägungen hat leiten
lassen, die der Poesie fremd sind und darum der Unmittelbarkeit und Unbefangenheit derselben nothwendig Eintrag
thun mußten. Ein kirchlicher Dichter hat zunächst nur
kirchliche Rücksichten zu nehmen. Durch neue Formen allein
wird schwerlich jemand für die alte Wahrheit gewonnen.
Die Form, die immer zeitgemäß ist, ergibt sich von selbst
aus dem Inhalte. Wenn sich die Vermittlung der kirchlichen
Poesie mit den ästhetischen Zeitbedürfnissen nicht von selber
macht, so muß sie eben unterbleiben. Machen läßt sie sich nicht.

Wenn wir nun von einer Reihe anderer geistlicher Dich-
ter der Neuzeit, wie G. Jahn, V. v. Strauß, J. Sturm,
K. Gerok blos die Namen nennen, so soll damit über die
Bedeutung derselben ein Urtheil nicht abgegeben sein. Wie
erfolgreich dieselben in die Entwicklung der neuern geistlichen
Lyrik eingegriffen haben kann in jeder nicht ganz einseitigen
Literaturgeschichte nachgelesen werden. Doch eignen sich auch
von ihren frommen Liedern für den allgemein kirchlichen
Gebrauch nur wenige*).

---

*) In dem Gesangbuchs-Entwurf der Magdeburger Kreissynode vom J.
1870 ist beispielsweise J. Sturm mit einem Liede (»Laß fahren deine Sorgen«)
und Strauß mit zwei (»Der Winter ist vergangen« — »Nun zieht mit Macht
der Herbst daher«) vertreten.

Zu den wenigen neuern Dichtern aus dem Volke gehört der Spezereihändler Fr. Weyermüller zu Niederbronn im Elsaß. In den Liedern dieses Mannes regt sich in der That wieder der alte frische und fröhliche Zeugen= und Bekennergeist aus den Tagen und in der Sprache der Väter. Seine Lieder sind dem gesammten Elsässer Kirchen= volk aus der Seele gesungen und dürfen daher mindestens auf das Prädikat provinzieller Kirchlichkeit Anspruch machen. H. Kurz urtheilt über ihn: »Weyermüller hat vorzüglich darnach gerungen, im Sinne des alten Kirchenliedes zu dichten, und es ist ihm so weit gelungen, als es in unserer Zeit überhaupt möglich ist. Er hat namentlich den kirchlichen Volkston glücklich getroffen, was schon daraus erhellt, daß manche seiner Lieder im Elsaß vom Volke gesungen werden.*)

Ein Lied dagegen, dem wir den Charakter einer fast ökumenischen Allgemeinheit zusprechen möchten, hat unter den Neuern Dr. Adolf v. Harleß veröffentlicht. Wir meinen das Gebetslied: »In Aengsten ruf ich Herre dich! Die Fluthen gehen über mich, mit meiner Noth bin ich allein, hilf, Herr, erhöre du mein Schrei'n! Kyrieleis«. Es ist nicht der Refrain, der diesem Liede den kirchlichen Stempel aufdrückt. Es ist vielmehr der altkirchliche einfältige Bibelton, die ruhige, objektive Haltung, das ungesuchte Ineinander der gläubigen Erfahrung und der christlichen Heilsgeschichte, worin die kirchliche Weihe desselben begründet liegt. »Zu deinem Fuß die Sünderin goß ihre Salb mit Weinen hin — Herr, ew'ger Gott, barmherz'ger Hort, sprich auch zu mir ein Friedenswort. Kyrieleis«. Das erinnert an die besten Zeiten des XVII. Jahrhunderts.**)

---

*) H. Kurz, Geschichte der deutschen Literatur. Bd. IV. S. 72.

**) A. v. Harleß, Aus dem Leben in Lied und Spruch. Stuttgart 1865. S. 180.

Nicht gering ist die Zahl derjenigen geistlichen Poesien, welche dem nach den Befreiungskriegen neu erwachten Eifer für die Heidenmission und der wachsenden Ausbildung des christlichen Vereinslebens ihre Entstehung verdanken. Im Jahre 1816 bildete sich, hauptsächlich unter Mitwirkung des Dr. Blumhardt, die Baseler Missionsgesellschaft; ihr folgte die Berliner, die rheinische, die norddeutsche, die Leipziger und die Hermannsburger. Im Jahre 1849 wurde durch Dr. Wichern der Centralausschuß für die innere Mission gegründet. Bibel= und Gustav=Adolfs=Vereine entstanden in großer Zahl.*)

Ein äußerst fruchtbarer Missionsliederdichter ist Dr. Ch. G. Barth, der »von seiner einsamen Zelle aus die ganze Welt mit den Armen seiner missionirenden Liebe umspannt« hat. Auch R. Stier, der berühmte Bibelerklärer, hat eine Anzahl Missions= und Vereinslieder gedichtet. Aus dem christlichen Vereinsleben sind nicht minder viele von den innigen, geistgesalbten Liedern des Berliner Pastors Knak hervorgegangen, wie die vielgesungnen: »Ich hab von ferne, Herr, deinen Thron erblickt«. — »Laßt mich gehn, laßt mich gehn« — »Zieht in Frieden eure Pfade«. In diesen und ähnlichen Liedern, die sich durchaus auf dem Boden der allgemeinen Christlichkeit bewegen, ist vor allem wieder der frische, einfältige Volksliederton erstrebt und zum Theil auch erreicht. Ihre Bestimmung ist, bei außergottesdienstlichen Gelegenheiten, unter freiem Himmel, auf der Reise, in Feld und Wald gesungen zu werden. Zu diesem Behufe sind sie mit ältern geistlichen Volksliedern vereinigt in besondern

---

*) Vgl. Lehmann, Die Werke der Liebe, Vorträge über das Arbeitsgebiet der innern Mission in der Gegenwart. Leipzig 1870. — Plitt, Kurze Geschichte der lutherischen Mission 1871.

Liedersammlungen (Reisepsalter. Missionsharfe) dem jungen und alten Volke zugänglich gemacht worden. Man irrt sich aber wohl nicht in der Annahme, daß durch diese geistlichen Vereinslieder nicht blos das kirchliche Leben gefördert, sondern auch dem kirchlichen Lied und Gesang ein unmittelbarer Dienst erwiesen wird. Aus dem volksthümlichen Gesang hat sich der kirchliche ursprünglich entwickelt. Auf Straßen und Märkten ist er erklungen. Bei keiner Feier des öffentlichen oder häuslichen Lebens hat er gefehlt. Im Laufe der Zeit ist jedoch der Wirkungskreis desselben immer ausschließlicher auf den kirchlichen Gottesdienst eingeschränkt worden. Und auch die geistlichen Volkslieder hat man als einen Schwarm gemeinschädlicher Vögel aus den Gärten und Lustwäldlein des öffentlichen Lebens verscheucht. So hat das Volk allmählich zu singen verlernt. Nicht einmal seine nationalen Lieder hat es in Uebung behalten. Aus der Atmosphäre des öffentlichen Lebens ist der erwärmende Zusatz des geistlichen und kirchlichen Volksgesangs mehr und mehr ausgeschieden worden. Dadurch hat das Volksleben selbst eine fühlbare Einbuße erlitten. Es ist ärmer geworden an idealer Schwungkraft und behaglicher Heimathsfreude. Dadurch ist aber auch der frische Luftzufluß von außen gehemmt worden, dessen die kirchliche Lyrik bedarf, wenn aus den Funken ein Feuer werden soll. Wie nun aber die Gesangvereine auf das weltliche Lied befruchtend eingewirkt haben, so arbeiten die christlichen Vereine mit ihrem Gesangleben dem kirchlichen Liede in die Hände schon seit geraumer Zeit. Denn diese Vereine bieten wieder, wenn auch noch in sehr verkleinertem Maßstabe, das Bild eines wahrhaft christlichen Gemeinschafts- und Volkslebens auf dem Boden der Freiheit und der Freiwilligkeit. In ihnen ist die Einigkeit im Geist nicht mehr blos vorausgesetzt, wie zumeist in den kirchlichen

Gemeinden der Gegenwart, sondern hat sich thatsächlich voll=
zogen. Es lebt in ihnen wieder ein Gesammtgeist, von dem
sich der Dichter kann erfüllen und erwärmen lassen. Und
wenn die Bächlein dieser Vereinspoesie sich bisher auch nur
in den anmuthigen Auen der allgemeinen Christlichkeit hin=
schlängeln, so haben sie doch die Tendenz, sich zu kirchlicher
Allgemeinheit zu erweitern. Von dem allen abgesehen ist
aber schon dies ein Gewinn, daß wieder ein nicht ganz
unbeträchtlicher Bruchtheil des christlichen Volkes auch bei
außerkirchlichen Festen Gott im Himmel Lieder singt, wie in
den Tagen der Reformation. Und noch lange nachher. So
schreibt Joh. Heermann aus der ersten Hälfte des XVII.
Jahrh.: »Ach, wie lieblich klingt's in den Ohren Gottes,
wenn die Handwerker in ihren Werkstätten, wenn gottesfürch=
tige Hausmütter in der Kirche, bei dem Rocken und Nähe=
läblein, wenn Kinder und Gesind über ihren Berufsgeschäften,
wenn Acker= und Bauersleut auf dem Felde, wenn Gärtner
und Tagelöhner in der Scheuer, im Walde und auf den
Wiesen, und wo sie sonst arbeiten, wenn Reisende auf der
Straße fein geistliche Lieder dem Herrn zu Ehren anstimmen
und singen«.

Bei den Herrnhutern ist dies von Anfang an der Brauch
gewesen. Ihren Dichtern hat es daher nie an der nöthigen
Anregung gefehlt, aus der Gemeinde heraus zu dichten.
Von Garve's († 1841) Liedern sind manche ein Gemeingut
der evangelischen Kirchen geworden. Als besonders trefflich
heben wir nur das Missionslied hervor: »Weit durch die
Lande und durch die Inseln weit« mit der Schlußstrophe:
»Zieht in Frieden, die ihr zu scheiden scheint; im Norden,
Süden fühlt euch mit uns vereint! Mit Blicken und mit
Herzensflammen treffen wir immer in ihm zusammen«.

Auch in der reformirten Kirche quillt der Born der

heiligen Poesie noch stetig fort. Der Verfasser des »Elias
der Thisbiter« Fr. W. Krummacher ist nicht nur ein echt
christlicher und deutscher Mann, sondern auch ein glücklicher
Dichter. »Nur tiefer hinein! Es wir doch das Unglück nicht
bodenlos sein« so denkt Fr. Engstfeld. Von den geistlichen
Alpenrosen der Meta Heußer=Schweizer aber behauptet A.
Knapp, daß sie alle übrigen von Frauen weit überträfen.

Was sodann die katholische Kirche anlangt, so hat sie
auf dem Gebiete der geistlichen Kunst= und Volkspoesie in
neuerer Zeit nicht Unrühmliches geleistet. Bekannt sind die
tiefgeschöpften Lieder der Annette von Droste=Hülshof.
Bekannt ist namentlich auch die poetische Fruchtbarkeit der
Konvertiten. Was das katholische Volk singt ersieht man
unter anderm aus dem »Festkalender in Bildern und Lie=
dern«, welchen F. G. v. Pocci, Görres und deren Freunde
herausgegeben haben.

Ferner haben außer den verschiedenen Sekten sogar die
Deutschkatholiken und die »freien protestantischen Gemeinen«
eine eigne lichtfreundliche Poesie zuwege gebracht. Ganz
entsprechend dem »großen« Satze: »Ich bin ein Mensch; alles
weitere ist nichts« (Uhlich) feiern sie einträchtig das Denken,
damit es »segnend durch Irrthum bricht«. Ihre Lieder
fließen gleichmäßig aus »Bibelbuch und Alkoran«. »Messias
ist allein der Geist! Er wird Erlösung bringen, der Geist
aus Gott, der Geist in dir, mit seinen Himmelsschwingen«.
So läßt Ed. Baltzer den »Chor der Alten« in der freien
protestantischen Gemeine singen.

Als ein Gewinn für die geistliche Poesie muß es endlich
angesehen werden, daß selbst namhafte weltliche Dichter wie
Freiligrath, Geibel und sogar H. Heine (in der bekannten
Apotheose Jesu Christi) gelegentlich auf das Gebiet derselben
hinüberstreifen. Dadurch wird wenigstens dies erreicht, daß

der Wellenschlag religiöser Dichtung auch die Ufer derjenigen Bildungskreise mäßig berührt, die für geistliche Strömungen sonst nur schwer zugänglich zu sein pflegen.

Wärme, Tiefe und Innigkeit bei großer Formvollendung wird man der neuern geistlichen Poesie nicht absprechen dürfen*). Doch ist sie in der Hauptsache eine Poesie der Gebildeten, nicht des Volkes. Nur in einzelnen ihrer Erzeugnisse klingt, wie wir gesehen haben, der altkirchliche Volkston wieder an. Dies ist ein Mangel. Ungerecht würde es jedoch sein, ausschließlich die Dichter für denselben verantwortlich zu machen. Es ist nicht in jeder Zeit jedes Lied möglich. Dies gilt insbesondere von dem kirchlichen Liede. Die Entwicklung desselben ist bedingt durch die kirchliche Entwicklung überhaupt. Begonnen hat dieselbe mit der Erneuerung des religiösen Lebens in und nach den Befreiungskriegen. Dann ist das religiöse Leben naturgemäß mehr und mehr zum kirchlichen fortgeschritten. Seit den vierziger Jahren etwa ist es erlaubt, von einer beginnenden Wiedergeburt des kirchlichen Bewußtseins zu reden. Doch ist dieselbe durchaus noch keine allgemeine. Sie schreitet allerdings fort, aber nur unter beständigem Ringen und Kämpfen. Dagegen hat der Unglaube und Abfall von der Kirche in rapidem Verlauf schon fast sinfluthartige Dimensionen angenommen. Nach außen Kampf ums Dasein, nach innen Geburtswehen, das dürfte die Signatur der Kirche schon seit Jahrzehnten sein. Geschehen ist kirchlicherseits schon viel, aber es mangelt noch immer die rettende That.

---

*) Seinecke, Evangelischer Liedersegen von Gellert bis zur neuesten Zeit. Dresden 1862. — J. Sturm, Jahrbuch religiöser Poesien Jahrgang 1870 ff.

Die geistliche Poesie ist nur eine naturgetreue Photo=
graphie dieses Entwicklungsprozesses in seinen verschiedenen
Stadien. Rein individuell im Beginn zeigt sie mehr und
mehr das Bestreben, sich zu objektiver Kirchlichkeit zusammen=
zufassen. Das ist alles. Mehr kann man aber auch
billigerweise von ihr gar nicht erwarten. Die Voraus=
setzungen, unter denen allein das wahre Kirchenlied zu
Stande kommen kann, sind zur Zeit noch nicht wieder vor=
handen. Es fehlt namentlich der alle Schichten und Bestände
des Volkes gleichmäßig erfüllende kirchliche Gesammtgeist, das
Gefühl der kirchlichen Zusammengehörigkeit. Dasselbe lebt
nur noch oder vielmehr wieder in einem Bruchtheile des
Volkes, in großen kirchlichen Vereinen isolirt, unter den
Deutschen in der Diaspora oder im Auslande. Es fehlt
das große kirchliche Volk, welches in geschlossenen Reihen
hinter den Sängern stände, mit dessen Gedanken sie blos
zu denken, dessen Empfindungen sie blos das rechte Wort
zu leihen brauchten, um für ihre Lieder eines durchschlagenden
Erfolges sicher zu sein. Es fehlt die Möglichkeit, aus dem
ganzen Volke herauszudichten. Wo sollen da die kirchlichen
Volkslieder herkommen? Il a vu les croyances de son
temps et il a publié son livre. So urtheilt St. Beuve
über Rénan. Dem Rénanschen Buche ähnlich würden die
Lieder sein, in denen die Dichter dem Zeitbewußtsein den
einen Mund und die eine Zunge zu leihen versuchen wollten.*)
Man kann daher blos die bessere Zukunft poetisch antizi=
piren oder mit Hülfe der dichterischen Imagination den
Geist des XVI. und XVII. Jahrh. reproduziren. Aber man

---

*) Koopmann, Das evangel. Christenthum in seinem Verhältniß zur
modernen Kultur. Hamburg 1866. — W. Menzel, Kritik des modernen Zeit=
bewußtseins. Frankfurt 1869.

kann nicht Trauben lesen von den Dornen. Den Dichtern bleibt, so weit sie original sein wollen, nur übrig, den geistlichen Liebsamen auszustreuen, aus dessen Halmen eine spätere Zeit die vollen Garben des Kirchenliedes binden wird. Die gesammte neuere geistliche Lyrik ist eine Saat auf Hoffnung.

Was die kirchliche Ausreifung derselben erschwert ist jedoch nicht blos die Ungunst der äußerlichen Witterung. Ein nicht geringes Hinderniß liegt in dem eigenthümlichen Mißverhältniß zwischen Angebot und Nachfrage. Sogar in den eigentlich christlichen und kirchlichen Kreisen nämlich ist das Bedürfniß nach neuen Liedern im ganzen nur ein geringes. Man hat vorläufig noch genug an den alten. Man kann gar nicht wünschen, daß sich die Gemeinden an neue Lieder gewöh= nen, bevor sich nicht die alten wieder vollständig eingelebt haben. Auch fehlt es nicht an solchen, welche die Meinung ver= treten, daß von allen seit Gellert produzirten geistlichen Liedern auch nicht ein einziges gesangbuchsfähig sei. Dazu kommt, daß das gegenwärtige Geschlecht überhaupt mit einer gewissen lyrischen Indolenz behaftet ist. Unser Zeitalter ist, ästhetisch angesehen, mehr ein musikalisches als poetisches, sein Lieblingsinstrument das encyklopädische aber charakterlose Klavier.*) Wo ist doch beispielsweise die patrio= tische Lyrik des jüngsten Befreiungskrieges geblieben? Mit geschwellten Segeln, wie ein gewaltiges Meerschiff, brauste sie ungestüm daher. Aber so groß auch die augenblick= liche Wirkung derselben war, so unbedeutend sind die Spuren, welche sie im Gedächtniß der Zeit zurückgelassen hat. Mit geringen Ausnahmen ist sie schon nach nur

---

*) Riehl, Kulturstudien aus drei Jahrhunderten. S. 364.

wenigen Jahren einer nicht unbedenklichen Vergessenheit anheimgefallen. Die Wogen sind darüber hingegangen.

Das nämliche Schicksal ist aber auch der geistlichen Poesie aus jener Zeit zu Theil geworden, wie denn überhaupt aus der erfolgten nationalen Wiedergeburt irgend ein nennens= werther kirchlich=poetischer Gewinn bis jetzt wenigstens sich noch nicht ergeben hat. Der Odem Gottes, welcher in jenen denkwürdigen Tagen alle deutschen Herzen und Harfen so mächtig bewegte, hat zunächst nur eine Fülle rein geist= licher Klänge hervorgerufen, aus denen wir, als einen der ursprünglichsten und ergreifendsten, den folgenden hervorheben wollen.

> Wir sind nicht werth, Herr, deiner Gnade,
> Nicht würdig der Barmherzigkeit!
> Du führst uns lauter Wunderpfade,
> Gibst Sieg in jedem heißen Streit.
> Um Hülfe haben wir geschrieen —
> Du gabst viel mehr als wir begehrt,
> Und wir bekennen auf den Knieen:
> O Herr, mein Gott, wir sind's nicht werth!

> Du setztest uns zu Sieg und Segen
> Den König, der im Silberhaar
> Noch mit uns zieht auf Siegeswegen,
> Noch anführt seiner Treuen Schaar.
> Beschimpft von Thoren und von Knaben
> Ward dein Gesalbter nicht geehrt,
> Und daß wir solchen König haben —
> O Herr, mein Gott, wir sind's nicht werth!

> Du ziehst als Licht= und Wolkensäule
> Dem deutschen Israel voraus,
> Und treibst durch unsre Hand in Eile
> Die Feinde aller Orten aus.
> Wir aber huldigten der Lüge,
> Sind falschen Götzen zugekehrt,

Und dennoch gibst du Sieg auf Siege --
O Herr, mein Gott, wir sind's nicht werth!

Du sendest deine Strafgerichte
Auf jenes gottvergess'ne Land;
Es schafft im Sturm der Weltgeschichte
Ein einig Deutschland deine Hand.
Und haben wir dein nicht vergessen?
Und sind wir nicht von Wahn bethört?
Und dennoch Segen unermessen —
O Herr, mein Gott, wir sind's nicht werth!

Wir kämpfen gegen freche Lüge
Und gegen Trug und falschen Schein,
O laß die Frucht von Kampf und Siege
Die alte deutsche Treue sein!
Und deine Gotteskraft erneue
Dein Volk, daß es zu dir sich kehrt
Und dir bekennt in Dank und Reue:
O Herr, mein Gott, wir sind's nicht werth!

(Eleonore Fürstin Reuß, geb. Stolberg-Wernigerode.)

Dagegen hat der deutsch=französische Krieg manchen Beitrag zur Liedergeschichte geliefert. So geschah es, daß als die Preußen in das elsässische Dorf N. einrückten, sämmtliche Bewohner in den nahen Bergwald geflüchtet waren. Unten rückten die Preußen ein, oben auf dem Bergrande standen die flüchtigen Einwohner und schauten mit Angst und Furcht herab auf die Soldaten. Was nun beginnen? Selbst der Pfarrer, der allein zurückgeblieben war, bemühte sich umsonst, die Leute zur Rückkehr zu bewegen. Da ließ der preußische Oberst die Regimentsmusik aufspielen: »Ein feste Burg ist unser Gott«, dann: »Was Gott thut, das ist wohlgethan«, endlich: »Jesus meine Zuversicht«. Die Klänge hallten in der Ferne wider. Immer voller ward der Gesang der preußischen Männer. Da wich droben das Entsetzen und die Furcht. Näher und immer näher kamen die Flüchtlinge. Sie fühlten, Leute, welche unsere Choräle blasen und singen, können uns nichts Uebles thun. Die Lieder erwiesen sich als treffliche Quartiermacher in Herz und Haus der Dorfbewohner, die ferner nicht mehr ans Fliehen dachten. Dies nebenbei.*)

Wenn nun weiterhin auch zugegeben werden muß, daß es vorwiegend ideale Mächte sind, von welchen das Volks= leben noch fortwährend bestimmt wird, so ist doch ein Lied heutzutage kein Ereigniß mehr. Die Poesie hat schon längst aufgehört, einer der Hauptkanäle zu sein, mittelst deren dem Volke neue, befruchtende Ideen zugeführt werden. Das funktionirende Gehirn unsers Bürgerthums sind nach Lassalle die Zeitungen. Die Prosa der Tagesliteratur, der Broschüren und Leitartikel hat das Wort. Die gebundene Rede übt nur insofern eine vorübergehende Wirkung, als sie sich zum Organ der Zeitströmung macht. Das kann die geistliche Lyrik nicht. Ihre Aufgabe besteht vielmehr darin, ein Korrektiv des Zeitgeistes zu sein. Dazu erweist sie sich jedoch als völlig unzureichend, denn ihr Geltungsgebiet ist ein zu beschränktes. In diesem Umstande, dessen sich die Dichter selber am besten bewußt sind, liegt aber nothwendig etwas Lähmendes nnd Entmuthigendes. Das Dichterwort kommt meist leer zurück. Es findet wohl bei einzelnen gleichgestimmten Seelen, nicht aber im breiten Volksboden die rechte Resonanz. Darüber macht man sich auch kirchlicher= seits keine Illusionen und beeilt sich darum auch aus diesem Grunde nicht, den neuern Liedern durch freundliches Ent= gegenkommen Muth zu machen. Man freut sich ihrer, inso= fern sie Zeugnisse sind von der noch immer schöpferischen Kraft des lebendigen Christenthums, aber irgend eine be=

*) Nach dem »Volksblatt für Stadt und Land« 1870. S. 1664.

stimmende Einwirkung auf den Gang der sittlich-religiösen und kirchlichen Entwicklung erwartet man von ihnen im allgemeinen nicht.

Und doch muß gesungen werden. Der Glaube will es. Das Verstummen der geistlichen Poesie würde in Deutschland wenigstens gleichbedeutend sein mit dem Aufhören des Christenthums überhaupt. Noch rauschen die Harfen. Wenn die Noth der Zeit, welche zur Entscheidung drängt, anstatt die Saiten zu stimmen, dieselben vielmehr verstimmt also daß der Ton wehmüthiger Jüngerklage nur selten unterbrochen wird durch den zuversichtlichen Jubel- und Siegesruf des alten Kirchenliedes, so mag die Noth wohl noch nicht tiefgehend genug sein. Um den Abend wird es helle werden. Aus dunkler Nacht wird das Morgenlicht hervorbrechen, in dessen Widerschein die verjüngte Kirche ihr neues Lied singt.

> Der Sommer ist hart vor der Thür,
> Der Winter ist vergangen,
> Die zarten Blümlein gehn herfür.
> Der das hat angefangen,
> Der wird es wohl vollenden. (Luther).